LOCUS

LOCUS

from

vision

from 112

蘋果橘子創意百科：何時搶銀行等 131 個驚人良心建議

When to Rob a Bank:
... And 131 More Warped Suggestions and Well-Intended Rants

作者：李維特 Steven D. Levitt
杜伯納 Stephen J. Dubner
譯者：許恬寧
責任編輯：邱慧菁
封面設計：三人制創
內頁插畫：LargeLabs
法律顧問：董安丹律師、顧慕堯律師
出版者：大塊文化出版股份有限公司
台北市 10550 南京東路四段 25 號 11 樓
www.locuspublishing.com
讀者服務專線：0800-006689
TEL：(02) 87123898　FAX：(02) 87123897
郵撥帳號：18955675　戶名：大塊文化出版股份有限公司

總經銷：大和書報圖書股份有限公司
地址：新北市新莊區五工五路 2 號
TEL：(02) 89902588 (代表號)　FAX：(02) 22901658
製版：瑞豐實業股份有限公司
初版一刷：2015 年 10 月
初版三刷：2017 年 9 月

定價：新台幣 350 元
Printed in Taiwan

蘋果橘子創意百科

何時搶銀行等131 個驚人良心建議

When to Rob a Bank:

... And 131 More Warped Suggestions and Well-Intended Rants

《蘋果橘子經濟學》
《蘋果橘子思考術》作者
李維特 Steven D. Levitt
杜伯納 Stephen J. Dubner

許恬寧 譯

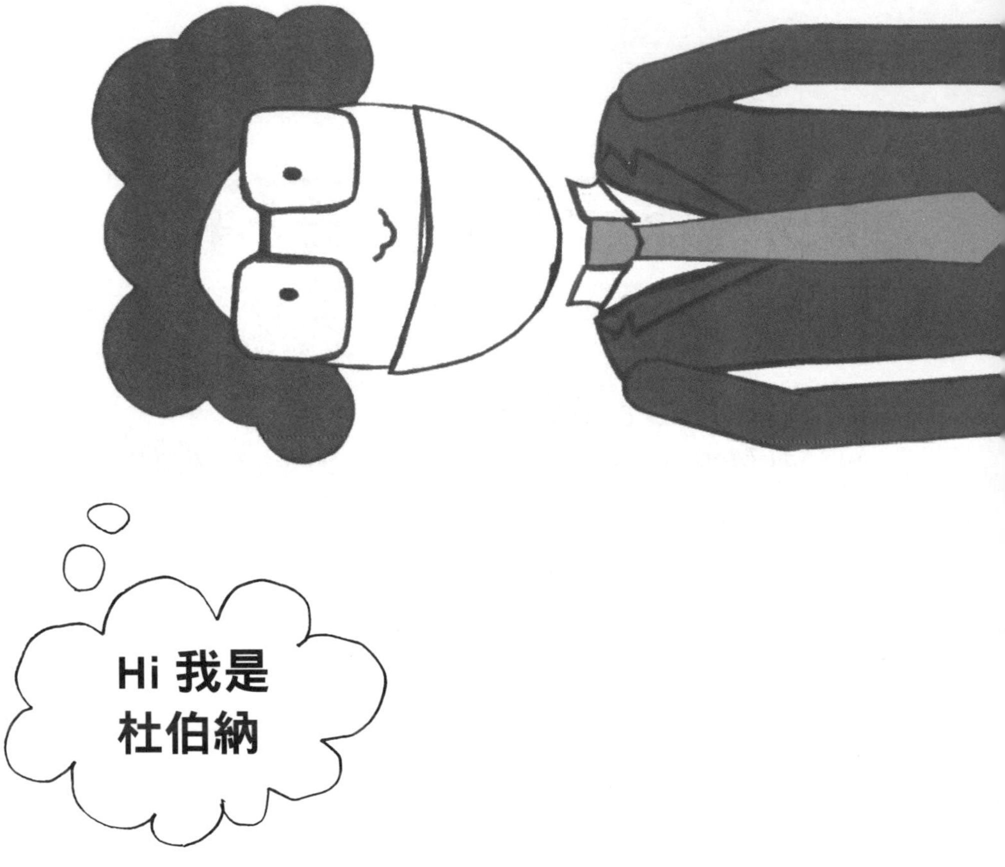

Authors’ Illustrations: LargeLabs

這本書要獻給我們的讀者。
你們的熱情支持不斷為我們帶來驚喜，
我們一輩子銘感五內。

目錄

導讀

流氓經濟學家又來了！這次教你如何當恐怖分子、搶銀行？

林明仁

十年前，李維特與杜伯納寫了一本連他們也不確定會不會有人買的書：《蘋果橘子經濟學》。沒想到一出版就「紐約/倫敦紙貴」，全球暢銷。於是他們再接再厲，又接連出版了《超爆蘋果橘子經濟學》與《蘋果橘子思考術》，以幽默的寫作風格、流暢的文筆，將經濟學許多探討人性如何對誘因結構做出反應，即使是在最意想不到之處的研究（許多是李維特自己的作品），介紹給一般讀者。透過書籍與巡迴講座，他們也將《蘋果橘子經濟學》的思考方法推廣到全球各地，颳起了一陣「蘋果橘子」旋風。

對於一個「蘋果橘子」門徒來說，替老師的書導讀作序本是天經地義，畢竟每隔四年，就有人把新的研究成果摘要再加上新的詮釋角度出版，的確讓閱讀充滿了樂趣，也讓教學輕鬆許多。但是三連發的結果，卻已經把導讀者逼到牆角了！我可以提供的故事，不管是八卦的、還是學術的，都愈來愈少了——這其實也是經濟學的基本原理：邊際產出遞減。所以，當我聽到居然才隔一年多，他倆的第四本「蘋果橘子」著作又將出版，第一個反應是：「％＃＄＆＠……有這麼多東西可以寫嗎？」

幸好這本《蘋果橘子創意百科》，並不像《蘋果橘子經濟學》或《超爆蘋果橘子經濟學》那樣，將有趣但嚴謹的學術研究成果，做成「經普」（經濟學普及）書籍來介紹，也不如《蘋果橘子思考術》般，試圖把這些思考方法及過程，轉譯成一系列的步驟與要點。在這本書中，他們將過去十年來經營部落格，在網路上與粉絲互動、你來我往相互討論的過程，經過編輯篩選，把相同主題的部落文集結成章出版。

或許，讀者不免會問：部落格文章不是在網路上就可以免費閱覽？爲什麼要集結成書？兩位作者早就預測到這個鄉民們一定會有的疑惑，也在本書的前言中就已經對讀者打了預防針：「爲什麼本來不用錢的山泉水，在經過瓶裝水工廠包裝後，會變成一年一千億美元的龐大產業？」這又是一個很基本的經濟學原理：利潤很大一部分來自「加值」，不論是瓶裝水帶來的方便，或是編輯可以幫你省下的時間——雖然經濟學家可能會很直接回答：如果嫌貴，可以直接回去一頁頁瀏覽未經編輯整理，純度不高的部落格。

簡言之，這是一本經過整理的「實驗手冊」，記載著「蘋果橘子經濟實驗室」裡的成員們以此方法探索日常生活的實驗數據，以及這些數據如何與經濟學理論相互對話的過程。或者輕鬆一點，也可以看成是作者與粉絲們「虛擬見面握手會」的活動紀錄，而事實可能更接近後者。

雖然整本書是以部落格節錄與對話的形式而成，但是其基本精神——使用經濟學的思考方式，來看待日常生活中的所有問題（這句話在經濟學大師蓋瑞．貝克（Gary Becker）於去年中去世後，更是令人感慨萬千）——盡量讓所有的推論過程遵循學理基礎，並簡短加以介紹已有的研究結果，這點還是與前三本一致的。而作者從經濟學的角度切入，回答讀者們提出的在生活中千奇百怪的問題，也處處展現了機智、敏銳，與傳統智慧不同的看法！

舉例來說，在第一章〈我們只是想幫忙〉，就從作者們在部落格上問的瘋狂問題：「如果你是恐怖分子，會對美國採取什麼攻擊行動？」開始。這對道德魔人來說，當然是大不敬的做法，到底是什麼樣的賣國賊，會去想「要如何攻擊自己的國家」這種大逆不道的問題？

然而，如果我們想要有效地防止恐怖分子的攻擊，難道不是應該從「他們」的角度下手，想像「他們」的目標是什麼嗎？他們可以選擇的各種攻擊策略的機會成本為何（成本效益分析）？美國政府受到不同攻擊時，反應又會是什麼（賽局理論）？這個反應是我想要的嗎？只有穿上恐怖分子的鞋，才能找出最有效率的反恐策略。有趣的是，在與鄉民們互動後（當然也少不了正義魔人的謾罵，但有當年墮胎降低犯罪率事件的經驗之後，李維特已經是百毒不侵了），他反而得出「與恐怖攻擊和平共處」才是最好策略的結論。

原因如下：從人命傷亡的角度來看，恐怖攻擊的傷害遠小於酗酒或車禍，但大部分的人對發生機率很低，可是一旦發生就死傷慘重的事件，會給予過高的評估（行爲經濟學），而這種傾向又可能會使政府採取過多的措施。舉例來說，機場現在多了脫鞋安檢，若以一個人需要多花一分鐘穿脫鞋以通過安檢計算，美國一年總共花費一千年的時間在穿脫鞋子上，大概等於十四個人的一生。九一一事件後的許多反恐法案與監視器的裝設，也有侵犯人民自由與隱私權的疑慮。通過了這麼多即便在立法原因失去作用多年後還會繼續存在的法案，也會導致資源錯置，傷害經濟成長。對大學主修經濟的賓拉登（Osama bin Laden）來說，這眞是瓦解美國帝國主義最有效的方法！與美國人相較，可能也是因爲他們對炸彈攻擊已經很有經驗的緣故，所以以色列人就理性許多。舉例來說，以色列人搭公車不大在乎炸彈攻擊，因爲機率很低，最好的證據就是公車司機並沒有風險貼水（risk premium）！

第二章〈恐怖「韋恩」與「巧手」先生〉，討論的則是名字與職業的關係。如果讀者還記得，在《蘋果橘子經濟學》第六章中，就曾討論過「名字經濟學」了。作者們認爲，早在初次見面交換名片時，人們彼此就已經透過名字「傳送訊號」（signaling）。故事是這樣的：當高社經地位人家，將女兒取名爲愛蜜莉（Emily）之後，這個名字便會沿著社會階層的階梯往下擴散，等到低社經地位家庭的小孩都叫愛蜜莉時，高社經地位的父母便開始將命名改爲麥迪遜（Madison）。接著，麥迪遜再度往下擴散，取代愛蜜莉，直到又被取代爲止。因此，菜市場名的人平均教育水準較低，並不是因爲名字不好，而是因爲她與父母的社經地位是負相關的緣故。台大經濟系駱明慶教授分析台灣大學聯招的榜單結果就發現，名字與他人重複情況愈嚴重者，考上公立大學的機率就愈低！

第三章〈高油價萬歲！〉，討論了寫信罵人、下載流行歌曲，以及芝大所在地海德公園的哈羅德炸雞餐廳（Harold's Chicken Shack, Hyde Park）的定價策略——他們的東西眞的很好吃！但是用防彈玻璃和柵欄把消費者和顧客隔絕起來的內部裝潢，讓我每次在消費時，都有必須隨時準備提防有人打劫的恐懼。不過，整章一言以蔽之就是「每樣東西都有一個價格（你買不買得起是另外一回事），而比你有更多資訊的人會盡可能吃定你！」

第五章〈杞人憂天〉則呼應了《超爆蘋果橘子經濟學》中的「酒走比酒駕更危險的說法」，提出「騎馬比賽車手更容易受傷」與「防詐騙措施大部分都是小題大作」等論點，最後則以打臉總是愛說「石油將耗盡、油價將創天高、經濟即將崩潰，人類要爲自己破壞地球環境付出代價」的人作爲結尾。我特別喜歡這一章的內容，因爲沒有比靠著講一些等他死後才能驗證眞僞的話，但現在就可以名利雙收的末世論者，更讓經濟學家厭煩的了！

接下來的幾章，兩位作者分析回答了人爲什麼要作弊（因爲欺騙是一種本能的經濟行爲）、愛用本地食物爲什麼對環境造成更大的傷害、《瀕臨滅絕物種保護法》爲何反而讓瀕臨絕種的動物更容易絕種、撲克牌比賽的賽局理論與運動賽事中的誘因、搶銀行的最佳時機（答案雖然是早上，但搶銀行的投資報酬率低到爆，靠這行吃飯肯定餓死）、性工作者經濟學、海盜的民主制度經濟學，以及蝦子經濟學等千奇百怪的問題。這些乍聽之下似乎荒謬，但其實充滿智慧的對答，就留給各位讀者細細品味了。

在導讀的一開始，我把這本書比喻成實驗室的「實驗手冊」，我想對這個比喻再作一些說明。李維特在《蘋果橘子經濟學》中，展現了對重要問題的發掘能力、對分析資料的純熟技巧、對推理過程的嚴謹邏輯，以及對最後結論的新穎詮釋，的確讓讀者閱讀起來有絕無冷場、拍案叫絕之感。但就如同任何創作在最後完美登場之前，都得先歷經過無數次的排演、剪輯一樣，這些最後發表在經濟學五大期刊上的文章，也都是在研討會報告與審稿過程中，歷經過無數次的殘酷試煉、最後幸運生存的作品。

在芝大經濟系的研討會上，只在教科書上出現的大神級人物，被底下一堆已經念完文章、準備來踢館的諾貝爾獎＋克拉克獎得主，知識霸凌到在黑板上萬箭穿心的景況，可是天天上演。而一篇文章有五篇評審報告，來來回回地修改了好幾回還是被拒絕，對這些人來說也是家常便飯。李維特曾經跟我說，他一年眞正開始動手做的想法，大概有二十個（想了但在三天內決定做不成的當然更多），最後只有兩個會成爲端上舞台的作品。但是，沒有那十八次胎死腹中的練習，又怎麼能成就最後這兩個發光發熱的作品？

所以，最初的有趣想法最後能夠走多遠，經常是說不準的。如果碰的是沒有人做過的研究，那百分之九十的時間都是在鬼打牆！一開始許多瘋狂的想法，有的立馬就被打槍，有的討論到一半便中途夭折，不過也有一些幸運的想法，在經過初步的討論之後，會出現有那麼一點「可以繼續想下去」的味道。我們能夠對世界多了解些什麼，其實都是在這樣跌跌撞撞中前行的結果。大部分文字記載的（不論是論文或自傳），都是最後的亮麗成果，對於之前那些有時原地轉圈、有時漫無目的的痛苦過程，可能是因爲一定只能展現自信、完美的一面吧，學者們通常都把它們掃到地毯下。

這本充滿瘋狂想法的書，有一個很重要的目的，就是將想法在由生到死，特別是在一開始還不是很成熟時的所有討論過程，詳細地記錄下來，讓讀者自己在用經濟學思考日常生活問題時，不必因爲不能很快弄出漂亮的故事而感到沮喪。現在，你已經知道，即使像李維特這種天才型的經濟學者，在開始思考一個自己一無所知的問題時也會遇到的挫折。只有這樣，你才能回到不怕犯錯的童心，用好奇、無所畏懼的態度，「一日蘋果橘子，終身蘋果橘子」，享受經濟學思考的樂趣！

（本文作者爲台大經濟系教授，芝加哥大學經濟學博士，本書作者李維特爲其指導教授）

前言

部落格和瓶裝水有什麼共通之處？

十年前，《蘋果橘子經濟學》（*Freakonomics*）即將出版之際，我們兩位作者決定成立一個官網，最後取了一個沒啥創意的名字，就叫做「蘋果橘子經濟學網站」（freakonomics.com），而那個網站恰巧提供網誌功能。

李維特這個人一向落後時代數年，從沒聽過「部落格」（blog）這種東西，更別說是看別人的網誌，或是自己來寫。杜伯納向他解釋什麼叫部落格，但他不置可否。

杜伯納告訴他：「試一試也無妨。」那時，這兩個人才剛開始合作，李維特還不知道往後杜伯納想說服他做什麼稀奇古怪的事，都會說這句話。

就這樣，我們倆小試身手，貼出第一篇文章：

向大家介紹我們的心肝寶貝

每個爲人父母者，都覺得自己的孩子是世上最漂亮的心肝寶貝。演化似乎對我們的腦子做了點事：如果你日復一日看著自家孩子的臉，會愈看愈漂亮。別人的孩子臉上黏著一坨食物時，你感到噁心，但如果是自家的娃，你會覺得那樣還滿可愛的。

是這樣的，我們已經看著《蘋果橘子經濟學》的稿子看了很久，以至於我們開始覺得這本書好美——就算是黏著食物殘渣還是什麼的都一樣，瑕不掩瑜。因此我們開始想，或許眞的有人會想看這本書，而且看了之後，還想要發表心得。「蘋果橘子經濟學網站」就這樣誕生了！我們希望這個網站會是一個歡樂的大家庭（或至少是歡樂的辯論園地）。

後來，我們的網站眞的變成一個歡樂的大家庭！相較於我們寫書的手法，我們的網誌一般來說較爲隨性，講比較多自己的私事，立場也較爲鮮明。我們可能給讀者明確的答案，也可能只是拋出問題。我們寫下論點還不成熟的東西，接著事後後悔，也或者寫下經過仔細推敲的東西，但依舊後悔。不過，大致來講，這個部落格讓我們兩人得以用開放的心胸，不斷探索這個奇妙的世界。

我們部落格上的文章，大多和前述這篇開張文還有我們的書不一樣，不是由兩人合寫，而是分別執筆。我們有時會請朋友貢獻文章（甚至請來敵人），有時還召開「合議庭」，請好幾位聰明人士一起解答難題，或是舉辦問答時間，來賓包括心理學大師丹尼爾・康納曼（Daniel Kahneman），以及高級應召女郎「愛莉」（Allie）等人。《紐約時報》（*The New York Times*）曾多年給了這個部落格一個家，讓我們的文章看上去很有那麼一回事。不過，《紐約時報》最後恢復理智，再次放我們孤零零地在這個世界上，該幹什麼就幹什麼去。

這些年來，我們一直問自己，爲什麼要繼續寫部落格？我們找不出什麼好答案。寫部落格沒錢拿，而且也沒有任何證據顯示，部落格幫助我們賣出更多書。事實上，部落格還可能打擊銷量，因爲我們每天都免費贈送文章。不過，隨著時間過去，我們終於知道自己爲什麼要寫下去：因爲讀者喜歡這個部落格，而我們熱愛讀者，他們的好奇心還有聰明的腦袋，尤其是他們的玩心，讓我們不斷寫下去。後文將以充分證據證明，他們是多麼有活力的一群人。

偶爾會有讀者建議我們，何不把部落格的文章集結成書？但我們覺得不太好吧，直到不久前的某一天，我們突然不這麼覺得。是什麼改變了我們的想法？那一天，杜伯納送孩子去參加緬因州的夏令營，在荒山野嶺之中，他們看到一間巨大的波蘭泉（Poland Spring）瓶裝水工廠。杜伯納從小生長在鄉下地方，他一直不懂爲什麼有那麼多人願意花大錢買瓶裝水，金額是驚人的一年一千億美元左右。

突然間，集結部落格文章出書的點子，似乎不那麼莫名其妙了。我們決定仿效波蘭泉、依雲（Evian）礦泉水，以及其他瓶裝水的傳統，也就是包裝原本免費供應的東西，然後向你收錢。

不過，我們也不是什麼都沒做，就等著數鈔票。我們的確花費好一番功夫，把整個部落格從頭到尾再讀一遍，挑出最好的文章——好險！八千篇大多普普通通的文章中，還是有幾篇不錯的。我們重新編輯那些文章，進行必要修改，然後分門別類安排在不同章節，讓整本書看起來有點樣子。

舉例來說，第一章〈我們只是想幫忙〉探討是否該廢除學界的終身聘制度，也討論了民主制度的替代方案，以及如何像恐怖分子那樣思考。在第二章〈恐怖「韋恩」與「巧手」先生〉中，我們討論了一些不可思議的名字，不只取得好，更是人如其名到令人驚奇的程度。在最後一章〈一日蘋果橘子，終身蘋果橘子……〉中，則是講一旦你開始用經濟學家的方式思考，就很難關掉那種模式，不論你腦中想的是嬰兒配方奶粉、動畫電影或是臭掉的雞肉。

在讀這本書的時候，各位將被迫知道我們兩位作者腦子裡不停打轉的東西，像是高爾夫、賭博，還有令人頭大的一美分硬幣。過去幾年，我們把自己稀奇古怪的念頭化為文章，享受到莫大的樂趣。希望大家也會喜歡一窺我們的腦袋，透過「蘋果橘子」的視野來看這個世界。

1 我們只是想幫忙

史上最好的點子——幾乎無一例外——最初聽起來都像瘋子在說話。即便如此，許多聽起來很瘋狂的點子，眞的只是瘋了。到底要如何才能知道一個點子究竟是好點子，或者只是瘋人之語？擁有部落格的好處，在於你擁有一個園地，可以把最瘋狂的點子放上去，測試一下輿論，看看文章被掃射的速度有多快。在我們發表過的文章中，回應最快速、大量、罵聲最多的一篇，就是本章的第一篇。

如果你是恐怖分子，你會如何發動攻擊？

美國運輸安全管理局（Transportation Security Administration, ＴＳＡ）近日宣布，攜帶隨身行李登機的禁令目前大多維持原樣，但取消不准攜帶打火機的規定。其實，我覺得不准民眾帶牙膏、體香劑和水通過機場安檢似乎很瘋狂，但不准帶打火機則聽起來沒那麼怪。不曉得這下子規定一變，打火機廠商是否急著進行遊說？他們可能贊成這項改變，也可能希望維持原狀，因爲從一方面來說，如果每天有兩萬兩千個打火機被沒收，聽起來可以刺激銷售，但從另一方面來說，如果旅行時不能帶打火機，人們的購買意願也許會下降。

聽完林林總總的安檢規定後，我開始想，如果我是資源有限的恐怖分子，我會用什麼辦法製造出最大的恐慌？首先，我會思考人們究竟怕什麼？答案是：人們害怕自己成爲恐怖攻擊的受害者。所以，如果是我的話，我要讓每個人都覺得恐怖攻擊的對象是他們，就算受害的機率其實很小。

人類一般會高估微乎其微的可能性，因此恐怖行動帶來的眞實風險與人們的恐懼情緒，兩者其實完全不成比例。

再者，我會製造一種錯覺，讓民衆覺得世界上存在恐怖分子大軍，辦法是一次發動多起攻擊，接著短期內又再來一遍。

第三，除非恐怖分子一直堅持執行自殺任務（我無法想像他們會這麼做），最好的辦法就是擬定計劃，盡量讓旗下的恐怖分子在行動時不會被殺或被抓。

第四，我會試圖破壞貿易，因爲貿易中斷後，人們就有更多無事可做的時間，思考自己究竟有多害怕。

第五，如果眞的想讓美國痛苦，你的行動就必須讓美國政府通過一堆代價高昂的法條，最好是在那些法條早已失去作用之後，還會天長地久地存在——假設它們一開始眞的有什麼用處。

我覺得，這個世界的共通原則是：事情愈簡單愈好。我猜，這項原則也適用於恐怖主義。二〇〇二年華盛頓特區狙擊手攻擊事件造成大恐慌後，我父親想出我聽過最棒的恐怖主義計劃。他說，基本上就是武裝二十個恐怖分子，發給他們步槍和車輛，要他們在事先計劃好的時間，同時在全美的大小城鎭與郊區四處掃射，到處亂竄。這樣一來，沒人知道他們下次的攻擊地點，也不知道他們何時會再發動攻擊，不需要耗費多少資源，就能造成意想不到的大混亂，而且很難緝捕歸案。當然，這種攻擊方式所造成的傷害，比不上對紐約市投下核彈，但想辦法搞到幾把槍，絕對比搞到核彈簡單。

我確定有很多讀者有比這更好的點子，歡迎大家告訴我。把你的點子張貼在這個部落格，也是在服務社會，因爲我想會看這個部落格的讀者，反恐怖主義者一定多過眞正的恐怖分子。大家公開交流點子就能讓反恐怖主義者有機會在事前想好，萬一恐怖分子眞的採取相關計劃時，可以有什麼對策。

這篇文章刊登於二〇〇七年八月八日，也就是「蘋果橘子經濟學部落格」在《紐約時報》網站開張的那一天。同一天，杜伯納接受《紐約觀察家報》（*The New York Observer*）的訪談，對方問為什麼「蘋果橘子經濟學部落格」是《紐約時報》第一個決定刊登的外部部落格？杜伯納不愧是待過報社的人，知道該如何中肯又不失幽默地回答這類問題：「他們知道我不會在部落格上下達某種伊斯蘭追殺令。」但李維特這篇徵求恐怖攻擊計劃的文章，卻被視為追殺令，引來鋪天蓋地的謾罵，逼得《紐約時報》不得不在爆增數百則留言後，關閉留言功能。其中最常見的留言是：「你一定是在開玩笑吧！幫恐怖分子出點子？你以為這樣很聰明，是嗎？自以為是的白痴。」這種留言讓李維特決定隔天再試一遍。

關於恐怖主義，我想說的是……

我們的部落格文章刊在《紐約時報》網站的第一天，就招來無數負評。上次有這麼多人寫信罵我們，是大概在十年前我們探討墮胎與犯罪率之間的關聯時。這次寫電子郵件給我的人，無法決定我究竟是白痴，還是賣國賊，或者兩者都是。請讓我重新表達一次。

那些罵我的留言，有很多則都令我納悶，不解一般美國人究竟認爲恐怖分子每天都在做什麼。我想，恐怖分子每天都在想該如何展開恐怖攻擊，你得把他們當成毫無腦子的笨蛋，才會認爲在華盛頓特區發生槍擊事件後，他們沒想過或許找狙擊手來製造騷動是個不錯的點子。

重點是：恐怖分子可以採取無數種簡單到不行的策略。距離美國上次發生重大恐怖攻擊事件，已經有六年的時間，這表示恐怖分子要不是無力發動攻擊，就是他們的眞正目標並非製造恐懼。還有另一個原因，則與執法機關與政府的防治手段有關，我後頭再做解釋。

罵我的那些電子郵件，有很多都要求我寫文章解釋如何阻止恐怖分子，但答案明顯到令人不舒服：如果恐怖分子想用低階、低科技的方式製造恐懼，那將會讓我們防不勝防。

伊拉克目前的情形就是那樣，以色列就某種程度上來說也是。從前要求獨立的愛爾蘭共和軍（Irish Republican Army，IRA）也是類似的情形。

所以，我們能做什麼？美國和英國、以色列一樣，如果面臨這種局面，只能想辦法與恐怖分子共處。如果從人命傷亡的角度來看，相較於車禍、心臟病、殺人與自殺，低階的恐怖主義實際上造成的傷害相對還比較少，是我們的恐懼造成眞正的損失。

就像通貨膨脹失控國的人民很快就學會與通膨共處，恐怖主義也是一樣。在以色列搭公車時死於恐怖攻擊的風險很低，根據經濟學家蓋瑞．貝克（Gary Becker）與尤納．魯賓斯坦（Yona Rubinstein）的研究，經常在以色列搭公車的人不太在乎炸彈威脅，而且在以色列當公車司機，薪水並沒有比較高。

日子還是要繼續過下去，但我認爲我們還能做幾件事。如果恐怖威脅來自國外，我們可以進行嚴格的安檢，不讓危險人物入境，這是明顯的答案。或許比較不明顯的答案是，在潛在的危險人物入境後，我們可以密切追蹤他們，例如若是有人持學生簽證入境，卻沒有到學校註冊，就值得進一步調查。

另一個選項是用英國用過的方法：到處裝監視器。不過，美國人不喜歡這樣，所以這個點子大概行不通，而且我也懷疑這種錢花得值不值得。但是，從英國最近發生的恐怖攻擊事件來看，裝監視器的用處是至少在事件發生後，可以指認嫌疑犯。

我在芝加哥大學（University of Chicago）的同事羅伯特・佩普（Robert Pape）做過研究，最能夠預測恐怖行動的指標是「占據他人土地」。由此來看，美國駐軍伊拉克大概無益於減少恐怖主義，雖然駐軍可能有其他目的。

無論如何，我覺得美國目前的恐怖主義情勢，有兩種解讀方式。

第一種解讀：恐怖分子目前並未在美國製造重大傷亡，主要原因是政府的反恐行動成功了。

另一種解讀則是：恐怖主義的風險其實沒那麼高，我們耗費過多的力氣反恐，至少表面上看起來在反恐。對政府官員來說，必須「看起來」積極反恐的壓力，大過實際上要終結恐怖主義的壓力。要是有人扛著火箭筒射下飛機，那不是美國運輸安全管理局局長的責任，但要是牙膏爆炸讓飛機墜毀，那他的麻煩可就大了！所以，我們在牙膏上花了很多心力，雖然牙膏大概不是什麼重大威脅。

同樣的道理，要是眞的發生恐怖攻擊，中情局（Central Intelligence Agency，ＣＩＡ）探員不會有麻煩，但如果他們沒有事先提出詳盡的書面報告，警告可能發生攻擊事件，他們的麻煩可就大了！而且應該要有人追蹤他們提出的警告，但沒人追蹤，因爲報告堆積如山。

我猜想，比較可能的答案是第二種解讀：其實恐怖主義的威脅沒那麼大。這是樂觀看待世界的一種想法，但大概會讓我變成一個白痴或一個賣國賊，或是白痴賣國賊。

逃漏稅大戰？

《紐約時報》的一流記者大衛・凱・約翰斯頓（David Cay Johnston），報導過一系列美國賦稅政策等金融議題，他說美國國稅局（Internal Revenue Service，IRS）目前把追討欠稅的工作，外包給第三方，也就是討債公司。「這項私人討債計劃預計將可協助追回十年間的十四億美元欠稅，討債公司可以留下三億三千萬美元，也就是一美元可以抽成二十二至二十四美分。」

或許討債公司抽成抽太凶，民眾可能也不喜歡討債公司取得自己的財務紀錄，但最令我訝異的是，國稅局其實知道誰沒繳稅，也知道錢在哪裡，卻因爲人手不足，無力追討，不得不出高價請人代勞。

國稅局自己也坦誠，讓外人去收稅，確實比自己收貴很多。約翰斯頓報導，前國稅局局長查爾斯・羅索蒂（Charles O. Rossotti）曾告訴美國國會，如果國稅局可以雇用更多人：「每年只需要花兩億九千六百萬美元，就能收到超過九十億美元，也就是一美元只需要三美分的成本。」

就算羅索蒂把數字誇大了五倍，還是比外包給抽二二%的第三方划算許多。但負責監督國稅局預算的國會，一向不願意給國稅局更多資源，以做好他們分內的事。我和李維特曾在《紐約時報》的專欄上談過這件事：

> 國稅局所有官員的主要任務……是向美國國會和白宮討資源。讓國稅局自行追討人民欠政府的每一分錢，有明顯的好處，但對大部分必須拉攏民意的政治人物來說，支持國稅局擁有更多資源收稅，則有明顯的壞處。邁克・杜卡基斯（Michael Dukakis）在一九八八年競選美國總統時，曾經試過支持國稅局，結果該怎麼說呢？嗯……應該是效果不好吧！*
>
> 國稅局只能靠自己執行沒人喜歡的稅法，民眾則知道自己事實上可以逃稅。國稅局已經盡力了，能做多少算多少。

美國國會爲何會採取這種態度？或許我們的議員是一群歷史通，充滿共和國的精神，把引發美國獨立運動的波士頓茶黨事件（Boston Tea Party）銘記在心。他們害怕要是加強執法的話，民衆會起義。不過別忘了，我們是在談收稅，不是稅法；收稅是國稅局的事，稅法才是國會的責任。換句話說，國會很樂意制定稅率，但不想讓民衆覺得他們是站在強搶稅金的壞警察那邊。

所以，他們或許應該幫「收到全部稅金」的工作換個名字，既然國會同意花那麼多錢在「反恐戰爭」（War on Terror）與「反毒戰爭」（War on Drugs）上，或許是時候發起「反稅戰爭」（War on Taxes）了——喔，不對！是「反逃漏稅戰爭」才對。如果他們能讓逃漏稅徹底汙名化，強調「稅差」（tax gap）——應該收到的稅與實際收到的稅之間的差額——幾乎等同聯邦赤字，讓國稅局獲得充足人力徵收原本就該收到的稅，這樣在民衆耳裡聽起來是不是好得多？或許，他們可以把逃漏稅者的照片印在牛奶盒上，或是郵局的傳單上，甚至把他們列為美國的頭號通緝犯，不曉得這樣是否有用？如果好好營造出「反逃漏稅戰爭」的氛圍，能否就此解決稅收短差的問題？

目前我們只能接受國稅局把討稅的工作交給討債公司，他們可以追回部分的稅，但也只是部分而已。這表示有很多錢，很多課稅得來的錢，而且是從乖乖繳稅好國民身上課來的錢，就這樣被丟進水裡。

＊杜卡基斯後來敗給老布希，一般認為老布希的「不加稅」政策是勝選主因。

如果世上沒有公共圖書館，你願意蓋一棟嗎？

討厭圖書館的人請舉手。沒錯，我想沒人舉手。怎麼可能有人討厭圖書館？

有一種人可能討厭，那就是賣書的出版社。我這樣說可能有錯，但如果你是愛書人，請聽聽我的說法。

最近，我和幾間出版社的人共進午餐。其中一位女士剛開完全美圖書館會議，她的工作是把自己負責的書系盡量推銷給所有圖書館。她說，總共有兩萬名圖書館員參加了那場會議，只要能成功打進某個大型圖書館系統，例如只要芝加哥或紐約願意進某本書，銷量就能多出好幾百本，因爲很多分館一次會進好幾本同樣的書。

這聽起來是件好事，對吧？

嗯……也許不是。作者經常哀歎一件事，那就是有人跑到簽書會上說：「喔！我眞的好喜歡你這本書，我在圖書館借的，還叫所有朋友一定要去圖書館借！」我們作者會不禁心想：「眞是太感謝了，但爲什麼不用買的？」

當然，圖書館的書是買來的沒錯，但假設一共有五十個人會讀那本書，如果圖書館沒書，那五十個人當然不會全都跑去買，但就算只有五個人買，如果圖書館有進，就等於作者和出版社少賣四本書。

我們還可以從別的角度來看這件事。你可以主張，圖書館除了會多進幾本書之外，長期而言，圖書館至少會透過下列幾種方式，增加整體的圖書銷售：

一、圖書館幫助年輕人養成閱讀的習慣，等他們長大後就會買書。

二、圖書館讓民眾有機會接觸到平日不會閱讀的書，他們有可能之後跑去買同一位作者的其他書，甚至會購買已經在圖書館看過的書來收藏。

三、圖書館有助於培養社會大眾的閱讀文化，如果沒有圖書館，可能就更不會有人討論、評論與報導書籍，書就更賣不出去。

不過，我要討論的是這件事：假如世界上沒有公共圖書館這種東西，但跑出像比爾・蓋茲（Bill Gates）那樣的人，提倡在全美各地的城市與鄉鎮蓋圖書館，就像二十世紀首富安德魯・卡內基（Andrew Carnegie）曾經做過的事，那會怎樣？

我猜，書商大概會大力反對，想一想今日的智慧財產權論戰就知道了。你能想像現代的出版社會願意只收一本書的錢，然後讓買下那本書的人把書無限次借給陌生人？

我不覺得他們會願意。或許他們會提出授權合約：購買一本書得付二十美元，在第一年之後，每年還得支付兩美元的流通借閱費。我確定這可以發展出五花八門的合約條款，我也確定，就像許多逐漸發展出來的體系，如果圖書館是今天才出現的發明，一定會長得完全不一樣。

何不取消大學的終身聘制度（包括我的）？

如果在某個年代，發給經濟學教授終身聘書有道理，那個年代絕對已經過了。大學的其他學門大概也是一樣，還有中小學教師，更是不該採取終身聘制度。

終身聘制度會帶來什麼事？這種制度會扭曲人們努力的動機。身處終身聘制度的人士在事業早期面臨強大的誘因（因此辛勤工作），之後就永久面對薄弱的誘因（因此平均而言沒那麼努力）。

對某些模型來說，這種誘因架構很合理。舉例來說，如果需要很多資訊才能上手，一旦上手之後就能一直保持能力，那麼後期的努力便不是很重要，像學騎腳踏車就是這樣。然而，學術界並不適用這種模型。

從社會的角度來看，獲得終身職後繼續努力的誘因變弱，似乎不是一件好事，因爲學校擺脫不了這些不做事的受雇者，至少是沒做到他們受雇來做的事。此外，讓獲得終身職之前的努力誘因如此強大，大概也不是一件好事，因爲就算沒有終身聘制度，年輕學者也有衆多理由努力工作，好幫自己打造良好的事業基礎。

所謂的「終身聘可以保護『政治不正確』的學者」，我覺得這個說法很荒謬。我可以想像那種情境，但實在想不出適用這種說法的眞實案例。終身聘的確可以保護不工作或糟糕的學者，但經濟學有什麼高品質的研究有爭議到學者因此被開除？就算有，市場的功用就在於此。如果有學術機構不喜歡某位學者的政治主張或做法，並因此開除對方，總會有其他學校願意聘請他們。舉例來說，近年來經濟這門領域出現了假造資料、挪用款項的學者，但後來依舊找到很好的工作。

終身聘制度有一個隱而不顯的好處：讓系所下定決心開除平庸者的承諾機制（commitment device）。開終身聘審查會議時，有終身職而不開除，代價高於無終身職。如果解雇人很痛苦，在無終身職的情況下，阻力最小的方法就是永遠說你明年會開除這個人，但永遠沒開除。

請你想像一下，一個很在乎績效的環境，例如職業橄欖球隊、外匯交易員等，如果你們很在乎績效，大概就不會想提供終身聘，所以爲什麼要給學者終身聘？

最好的情況是所有學校聯合起來，捨棄終身聘的制度。系所在炒人魷魚之前，可以給對方一到兩年的時間，讓對方證明自己的價值。讓沒有生產力的人自動離開，或是被迫離開，這樣其他來自終身聘年代的經濟學者也會變得更努力。我猜，在取消終身聘之後，學者的薪水和工作流動性不會有太大變化。

如果不是所有學校同時取消終身聘制度，而是只有一家學校單獨取消，會發生什麼事？我想，那所學校大概也能得到取消這種制度的好處。那所學校大概得多付一點薪水才能留住人才，以彌補缺少終身聘保障的缺點。但重點是，終身聘的價值和你有多優秀成反比，如果你遠比其他人優秀，就算終身聘制度被廢除，你也幾乎不會有什麼風險。因此，如果是非常優秀的人士，只需要少量加薪就能夠留住他們，以彌補沒有終身聘的缺點。相反地，如果是非常糟糕、不具生產力的經濟學者，將需要高出許多的津貼，才有辦法讓他們留在不再有終身聘的系所。這對大學來說簡直是太棒了！因爲所有糟糕的老師最後都會離開，優秀人才則會留下，而且其他學校的優秀老師，也會想來這間沒有終身聘的學校領取更高薪水。

如果芝加哥大學告訴我，他們要取消我的終身聘，但會幫我加薪一萬五千美元，我會很樂意做這筆交易，而且我相信很多人都會樂意。大學可以靠著放棄一個不具生產力、先前有終身聘的學者，把省下的錢分給其他十位學者。

爲什麼空服員沒小費可領？

想一想哪些服務人員平時會拿到小費？飯店人員、計程車司機、服務生、在機場外幫忙搬行李的人，有時甚至連在星巴克（Starbucks）工作的夥伴都會拿到。但空服員卻拿不到小費，爲什麼？

或許是因爲人們覺得他們的薪水已經夠高，不需要給小費，也或許是因爲人們就是覺得，空服員是那種無論如何都不會接受小費的雇員，或者基於某些原因，航空公司禁止他們收取小費。也許可以追溯到以前大部分空服員都是女性、大部分乘客都是男性的年代，再加上飛機上有某些神祕（虛構）的傳說，人們喜歡想像好色的生意人與性感的空中小姐，若是在下飛機時「給錢」，可能會讓人質疑空姐們是做了什麼才拿到小費。

即便如此，我還是覺得很奇怪，爲什麼很多服務人員做的事和空服員類似，但他們可以拿到小費，空服員卻沒有，尤其是空服員通常一次要服務很多人，不停地拿著飲料、枕頭、耳機等東西在飛機上走來走去。好吧！我知道現在大多數人的搭機體驗不是很好，也知道有時空服員的態度差到令人訝異，但就我個人的經驗來說，大部分空服員都是十分優秀的服務人員，而且他們時常處於耗盡人類耐性的情境下。

要說明一點，我並不是在提倡多讓一種勞工得到小費，只是我最近很常搭飛機，看到空服員有多麼辛苦，所以納悶他們爲何沒有小費，至少我個人沒看過有人給空服員小費。此外，我最近五次搭飛機時，會問空服員是否拿過小費？每個人都說從來沒有這種事，而他們回答的語氣，有的像在嘲弄，有的則有點想拿的感覺。

我想，等一會兒我搭飛機回家的時候，不要問空服員是否拿過小費，而是直接給他們錢，看看會發生什麼事。

後記：我真的那麼做了，結果失敗。對方告訴我：「空服員不是服務生」，那位女士義憤填膺的樣子，讓我覺得自己很糟糕，居然還試著塞錢到她手上。

想解決紐約市的「塞機」問題？關閉拉瓜地亞機場就對了！

美國運輸部（Department of Transportation）剛剛取消紐約市三座機場的起降時段拍賣計劃，這個點子原本想借用市場力量來紓解紐約市的塞機情形，但航空業強力反彈，還威脅告上法院，結果運輸部部長雷・拉胡德（Ray LaHood）不得不取消競標計劃。

拉胡德表示：「我們仍舊真心想解決紐約地區的塞機問題。我和航空公司、機場與消費者代表談過，也和民選官員談過，我們整個夏天都在討論最好的解決辦法。」

紐約市的三大機場：甘迺迪機場（John F. Kennedy International Airport, ＪＦＫ）、紐華克自由國際機場（Newark Liberty International Airport, ＥＷＲ）與拉瓜地亞機場（LaGuardia Airport, ＬＧＡ），都是出了名會塞機的機場，班機延誤的情形數一數二，而且由於太多航班都把紐約市當成中繼站，所以在紐約市的誤點還會影響到各地交通。

最近一次拉瓜地亞機場又誤點的時候，我跟某大航空公司的一個休班駕駛聊了一下，對方的專業知識很豐富，我所能想到的航空問題都能回答。我問他，要如何解決紐約市的塞機問題？他說很簡單，關閉拉瓜地亞機場就對了。

他說，問題出在三座機場的空域呈圓柱狀延展，由於這三座機場靠得很近，所以會影響彼此的空域。會塞機不只是因爲班機數量太多，也是因爲駕駛們必須在空中「穿針引線」，小心翼翼繞行，以免相撞。

他說，如果少了拉瓜地亞機場空域的那塊圓柱，紐華克和甘迺迪機場的飛機航行，就不用那麼綁手綁腳了。由於拉瓜地亞機場的載運量比其他兩座機場少很多，所以要關閉機場的話，當然是選它。

不過，有個問題：由於拉瓜地亞機場離曼哈頓很近，所以是紐約市政要搭飛機的首選，不大可能關閉，至少在近期內不大可能。但我這位新交的駕駛朋友強調，如果眞的關閉，紐約市的空中交通大概會從噩夢一場變成美好之旅。

我必須承認，我也最喜歡拉瓜地亞機場，因爲我就住在曼哈頓，十五分鐘左右就能到了。但對紐華克和甘迺迪機場的航運來說，事情就沒那麼舒服、方便了。

雖然拉瓜地亞機場對我來說很方便，但如果關閉它可以解決紐約市的塞機問題，我個人絕對第一個支持！假設我和紐約市每個搭飛機的人，不管是利用哪座機場，平均每搭一次飛機就得多浪費三十分鐘的時間等待（這是很樂觀的假設），來回就得多浪費一個小時。如果我每次都得改去紐華克或甘迺迪機場，從我家到機場來回多花的時間大概還不到一個小時，所以如果飛機不再誤點，我花的時間頂多是一樣多。至於住得離紐華克或甘迺迪機場比較近的人，則明顯可以省下更多時間。解決紐約市無可避免的塞機問題之後，全美國將可省下許多時間，讓飛機再度成爲有效率的交通工具。

恢復徵兵制爲何是個爛點子

《時代》（*Time*）雜誌刊登了一篇很長的報導，標題是〈恢復徵兵制並非萬靈丹〉（"Restoring the Draft: No Panacea"）。

經濟學家傅利曼（Milton Friedman）如果聽到要恢復徵兵制，一定會激動到從墳墓裡跳起來。如果問題出在自願到伊拉克打仗的年輕人不夠多，合理的解決辦法是：一、從伊拉克撤軍；或是二、調高軍職人員的待遇，讓民衆願意當兵。

徵兵制完全是在走回頭路。首先，徵兵制會讓軍隊出現「錯誤」的人——一、對軍旅生活沒興趣的人；二、缺乏軍事能力的人；三、覺得做其他事比較有價值的人。從經濟學的角度來說，這三者都是不想當兵的合理理由。當然，我知道還有其他觀點，例如覺得自己欠國家一份情，或是對國家有義務等，但如果有人這麼覺得，他們大概會考慮投入軍旅生涯。

市場的作用之一，便是透過薪資讓不同人做不同事，所以我們應該付軍人很高的薪水，以補償他們承擔的風險！對於被徵招的人來說，徵兵是一筆很大、很密集的稅。經濟理論告訴我們，這對我們想達成的目標來說，是十分缺乏效率的做法。

當然，評論者很可能會主張，把經濟條件不好的孩子派到伊拉克去送死，本質上不公平。我同意，有的人含著金湯匙出生、有的人生來就窮，這確實不公平，但美國是個收入不均的國家，說徵兵制比募兵制合理的人是低估志願役軍人選擇的能力。加入國軍的男男女女，是在衡量過自己的選項之後，才做出這種抉擇。徵兵制或許是想減少不平等的情形，但在一個充滿不平等的世界，讓人們選擇自己的出路勝過強制規定他們該怎麼做。

有個很好的例子就是，美國陸軍最近提供兩萬美元的「立刻出發」（quick ship）獎金，願意在簽約後三十天內接受基本訓練的人，就可以得到這筆錢。美國陸軍已經有好一陣子徵不足每個月的募兵人數，最近第一次達到目標，這筆獎金很可能是原因。

如果政府還得在戰爭時期支付優渥的薪水，那就更好了！換言之，就是讓上戰場的薪水由市場來決定，而且軍人還可以選擇離開軍隊的時間，就像大部分的工作那樣。如果政府必須這麼做，打仗的成本將直線上升，更精確反映出戰爭的眞正成本，我們也就更能評估軍事行動的好處是否眞的勝過成本。

評論者還說，如果有更多有錢白人當兵，我們大概就不會出兵伊拉克了。這大概是眞的，但並不代表徵兵就是個好點子。徵兵將大幅降低打仗的效率，這理論上會減少戰爭次數。但如果能有效打一場戰爭，那麼那場戰爭就值得打，即使不值得用無效率的方式打。我得特別說明一下，我並不認爲這場仗眞的值得打，只是理論上如此而已。

附帶一提，美國目前仰賴的預備軍官體系，也不是什麼好點子。基本上，這種體系讓政府在不需要預備軍人的時候支付太多錢，在眞正需要他們的時候又支付太少錢，把全部風險從政府轉嫁到預備軍人身上。從經濟學的角度來看，這種結果完全不合理，因爲理論上個人不喜歡、也不應該喜歡風險。理想上，比較合理的制度應該是在和平時期付預備軍人非常少錢，在打仗時付很多錢，這樣預備軍人被徵招上戰場也能坦然面對。

給英國健保的蘋果橘子建議

我和杜伯納合著的《蘋果橘子思考術》（*Think Like a Freak*）第一章，提到我們兩人曾在大衛・卡麥隆（David Cameron）當選英國首相之後，有過一次尷尬的會面。簡單來講，事情的始末是我們和卡麥隆開玩笑，建議他用買車的原則來思考健保缺錢的問題，結果證實：首相並不是你可以開玩笑的人！

那個故事惹惱了某些人士，例如經濟學部落客諾亞・史密斯（Noah Smith）罵了我們一頓，並替英國健保（National Health Service, NHS）說話。

我先說，我對英國健保沒意見，而且我絕不會替美國的制度說話。聽過我評論「歐巴馬健保」（Obamacare）的人，就知道我不是熱情支持者，我一向都不支持。

但各位不需要太多經濟學知識，也不需要盲目相信市場機制，也能想像得到一樣東西如果不用錢的話（包括健保），人們會過度使用。我可以保證，如果美國人得自掏腰包付醫院服務的瘋狂價格，美國GDP流向健康照護的比例將會少很多，英國當然也是一樣。

史密斯的文章最後寫道：

我不認為李維特有模型，他只有一個簡單的論點：「所有市場都是一樣的」，而且他先入為主強烈相信這件事。

的確，光是看《蘋果橘子思考術》那本書的話，史密斯無從得知我們倆其實有英國健保的模型，而且還在卡麥隆離開後向他的團隊提出那個模型。

別的不提，那個模型的好處是很簡單、好懂：

英國政府在每年的一月一日，寄給英國居民每人一張一千英鎊的支票。他們可以自由運用那筆錢，如果是未雨綢繆型的人就會把那筆錢留著，好支應未來的健康支出。我的模型設定如果是兩千英鎊以下的健康支出，個人要自付百分之百的醫療費；兩千至八千英鎊的部分要自付五〇％；每年超過八千英鎊的部分則全由政府支付。

從國民的角度來說，最好的結果是不需要用到醫療照護，自己留著那一千英鎊，最後每年有超過一半的英國居民醫療支出將不到一千英鎊。對個人來說，最糟糕的情形則是看醫生的費用超過八千英鎊，他們將損失四千英鎊——總共得自付五千英鎊，減掉年初拿到的一千英鎊。

如果消費者對價格敏感（也就是說，他們符合最基本的經濟學原理，需求曲線往下走），總健康照護的總支出將會減少。我和杜伯納在TGG公司（The Greatest Good）跑了模擬，估算總健康照護成本大約可減少一五％，換算起來是減少近兩百億英鎊的支出。減少的原因包括：一、競爭導致效率增加；二、消費者將不再使用價值不高的健康服務，而他們先前之所以會用，免費是唯一的原因。

但如果是重大疾病，每個人依舊能夠得到保障。

所有政府方案都一樣，對有的人有利，對有的人不利。在我的模型中，大部分的英國人會過得比從前好，但在某些年分必須支付高額醫療費用的人則吃虧，因爲我提出的健保體系只提供部分保險，目的是保住讓消費者做出審慎選擇的誘因。這樣一來，健保制度將得和生活中的其他事一樣，電視壞掉的時候，我得買新電視，相較於電視沒壞的人，我的錢變少了。屋頂萬一需要修理得花很多錢，相較於不需要換屋頂的人，我的錢變少了。這和公平正義無關，只是這個世界通常以這種方式運作。

當然，這項簡單的提案還可以做更多更盡善盡美的調整，例如讓老年人在年初時拿到的錢比年輕人的多，或是讓罹患慢性病的人士拿到更多錢等。

我不曉得這種方案在政治上可不可行，但我做過一些非正式的英國民意調查，每次我在倫敦搭計程車時都會問司機是否支持我的提議。可能司機都很客氣吧！大約七五％的人說會選我的方案，不會選目前的制度。

也許，該是時候再見英國首相一面了……。

民主制度的另一種可能？

又快到美國總統大選的時候了，每個人的腦子裡似乎都是政治，但經濟學家和多數人不同，大多對投票沒啥興趣。對經濟學家來說，個人的單一選票影響選舉結果的機率非常低，所以除非投票很好玩，否則沒啥理由出門投票。除此之外，投票還會產生幾種理論上的結果，其中最有名的是「阿羅的不可能定理」（Arrow's Impossibility Theorem），又稱「阿羅悖論」，也就是我們很難設計出一種能有效滿足所有選民偏好的政治制度／投票方式。

探討民主制度優劣的理論，大多讓我呵欠連連。但在去年春季時，我的同事葛蘭・懷爾

（Glen Weyl）提出了一個點子，解釋得非常簡潔、聰明，讓我驚訝以前怎麼可能都沒人想過這個點子？懷爾提出的投票方式是：每位投票者愛投幾次票就投幾次票，重點是每次投票都得付錢，金額是投票次數的平方，所以每多投一張票，都會比上一張貴。假設投第一張票是一美元好了，那麼投第二次票就是四美元，第三次是九美元，第四次是十六美元，以此類推，第一百張票要一萬美元。不論你有多喜歡某位候選人，最終都會選擇投有限次數的票。

這種投票方式的特別之處在哪裡？答案是：人們的投票次數，將與他們有多關心選舉結果成正比。這種投票方式不只能看出你喜歡哪位候選人，還能看出你有多喜歡。依據懷爾的假設，最後的結果會是「帕雷托效率」（Pareto efficiency），也就是社會無法在不損及他人利益的情況下有利於某些人。

當然，首先會出現的反對意見就是：這種投票制度明顯對富人有利。相較於我們目前的投票方式，這種批評在某種程度上是對的，雖然大家不願意承認，但經濟學家會說，有錢人占用的資源本來就什麼都比別人多，爲什麼要把政治影響力當成例外？以我們目前的競選捐款制度來說，富人的影響力無疑比窮人的大很多，如果限制選舉支出，懷爾的投票方式搞不好會比我們目前的制度還民主。

懷爾的點子可能會招來另一種批評：那會帶來強大的買票誘因吧！花錢買一堆沒興趣投票的選民的第一張票，會比花錢買我的第一百張選票便宜許多。如果我們讓選票具備金錢價値，人們很可能透過金融交易的角度來看待選票，並且願意買賣。

由於美國長期以來都採取「一人一票」的制度，所以我想大型的政治選舉不大可能採用懷爾的點子。雪梨科技大學（University of Technology, Sydney）的雅各·哥瑞（Jacob Goeree）與張晶晶（Jingjing Zhang）兩位經濟學家，也探索過類似的點子，他們在實驗室環境下測試，效果不錯。如果參與者能在「標準投票方式」與「出價投票方式」當中二擇一，他們通常會選擇出價投票的方式。

像這種付費投票的方式，適用於多人在兩個選項中做抉擇的情境，例如一群人在決定要看哪部電影、要去哪間餐廳，或是同住一個屋簷下的人在決定要買兩台電視中的哪一台等。在此類情境下，從投票者那裡收到的投票費，最後將重新平均分配給每一個人。

我希望各位可以試試這種投票方式。如果你試了，非常歡迎你告訴我結果！

如果付政治人物更高薪，會出現更好的政治人物嗎？

每當看著不夠理想的政治體系時，總會教人忍不住心想：也許政治人物的表現總是差強人意，是因爲這份工作沒有吸引到對的人，如果我們大幅提高政治人物的薪水，或許可以吸引到更好的人才。

不過，這種主張並不受歡迎。首先，政治人物要加薪的話，提案者會是他們自己，而這是政治自殺的行爲，尤其是在經濟不景氣的時候，你能想像報紙頭條會怎麼寫嗎？

但這還是値得討論的想法，對吧？提高民選官員及其他政府官員的薪水，將可以做到幾件事：一、彰顯這份工作的眞正重要性；二、吸引因高薪而投奔其他領域的人才；三、讓政治人物得以專注於手邊的工作，而不是擔心自己的收入；四、讓政治人物不會那麼容易受到金錢的誘惑。

有些國家已經採取支付政府人員高薪的做法，像是新加坡。維基百科（Wikipedia）這樣表示：

> 新加坡的內閣成員是全世界薪水最高的政治人物，他們在二〇〇七年加薪六成，總理李顯龍的薪水因而大增爲新幣三一〇萬，那是美國總統歐巴馬（Barack Obama）四十萬美元年薪的五倍。雖然曾有民眾一度抗議他們才管這麼小的國家，薪水卻這麼高，但新加坡政府採取堅定的立場，認爲加薪才能確保效率，讓新加坡「世界級」的政府得以遠離貪腐。

雖然新加坡最近大砍政治人物的薪水，但相對來說依舊很高。

話說回來，是否有證據顯示，給政治人物比較高的薪水之後，施政品質眞的會變好？克勞迪歐·費拉滋（Claudio Ferraz）與弗瑞德里可·費南（Frederico Finan）的研究報告主張，巴西的市政眞的因此變好：

> 我們的主要研究結果顯示，支付較高的薪水會增加政治上的競爭，改善立法委員的品質，評量標準包括教育、先前的職業與從政經驗。除了人才數量增加之外，我們發現薪水也會影響政治人物的表現。從政可以得到的好處愈高，他們也會有相對應的行爲反應。

費南、艾內斯托·達波（Ernesto Dal Bó）與馬丁·羅西（Martin Rossi）較爲近期的另一份研究發現，當墨西哥城市的公務人員領到較高的薪水時，工作品質也比較好：

> 我們發現，依據 I Q、個性，以及對公部門工作的偏好等評估標準來看，高薪會吸引更多有能力的申請者——換言之，我們並未發現動機發生逆向選擇效應（adverse selection effects）的證據。此外，高薪也造成求職者接受率的增加，勞工供給彈性大約是二，顯示某種程度的買家壟斷。距離與不理想的市政工作內容會強烈影響接受率，但高薪可以解決不受歡迎的城市招不到人的問題。

我無意主張如果支付美國政府官員更多錢，我們的政治體系一定會變好。但道理其實是一樣的，就像我們不該虧待學校老師，讓他們領取的報酬少於在其他領域發展的同等人才，我們也不該期待會有足夠能在其他領域賺更多錢的人，來填補優秀政治人才與公務員的缺。

其實，我一直在想另一個更爲極端的點子：何不採取「利誘」的方式，讓政治人物在執政時，如果做出對社會有益的施政時，可以領到很多錢？

政治的一大問題是，政治人物本身的誘因通常與選民的有很大的出入。選民希望政治人物解決的難題通常必須具備長期視野，包括交通、健康照護、教育、經濟發展與地緣政治事務等，但政治人物卻有諸多自私自利的強烈誘因，例如成功當選、募款、整合勢力等多數在短期內就得看到成效的事。我們厭惡政治人物的許多作爲，但他們只不過是對政治體系放在他們眼前的誘因做出反應。

無論表現如何，政治人物領的錢都是一樣的，所以他們很容易利用自身職務，謀取不利於民衆福祉的個人利益。但如果採取不同的薪酬制度，讓他們有強烈誘因做對民衆好的事呢？

如果是我的話，我會這麼做。我會依據政治人物提出的法案，提供他們有如股票選擇權的東西。如果民選或官派官員長年努力執行的計劃，替公共衛生、教育或交通運輸帶來良好的施政結果，一旦結果獲得確認，五年或十年後，就給他們一張大支票。想一想，你寧願選擇哪一個：不管美國教育部長是否做過什麼有用的事，一律給他們二十萬美元的年薪；或者，如果他們做的事讓美國的測驗分數提高十％，十年後就給一張五百萬美元的支票？

我曾經向幾位民選政治人物提過這個點子，他們不覺得這是一個完全瘋狂的點子，至少他們很有禮貌假裝不覺得我是個神經病。最近，我有機會和參議員、前美國總統候選人約翰．麥肯（John McCain）提起這個點子。他非常仔細聽我說話，不斷地點頭、微笑，一副很認真的樣子。我想不到他對這件事這麼有興趣，就一直講、一直講，詳盡地解釋一切。最後，他跟我握手，告訴我：「小杜，這個點子太棒了，祝你他媽的好運！」

語畢，他轉身離去，臉上依舊在微笑。我從來沒有在被潑了一身冷水後，還感覺這麼棒。我想，要當個厲害的政治人物，就是要有這種功力才行。

2 恐怖「韋恩」與「巧手」先生

出書後開部落格是很棒的一件事，因爲你可以延續書中開啓的對話。書籍一旦出版，就不大能更動內容，但如果是部落格的話，就可以每天更新、每小時更新。更棒的是，你會得到一支讀者大軍，他們願意上窮碧落下黃泉，幫你找到證實或反駁書中內容的故事。

比方說，《蘋果橘子經濟學》裡有一章叫〈換個名字會更好?〉，我們兩個作者在那一章討論名字如何影響人的一生。很多讀者開始研究這個問題，其中花最多功夫的是下列這位女士。

下次你女兒帶新男友回家時，一定要問清楚對方的名字

最近，我收到德州史都華女士（M. R. Stewart）寄來的有趣包裹。這位女士說，自己是爲

四隻比特犬感到自豪的母親與祖母。

史都華女士有個不尋常的嗜好：專門蒐集某種類型的新聞剪報，還把自己最近期的發現影印了一份寄給我。我打開包裹，裡面全是德州地方報紙在過去幾年的報導，那些報導有兩個共通點：

一、全是嫌疑犯的報導。

二、每樁案件的嫌疑犯，中間名全是「韋恩」（Wayne）。

我得承認這類案例的數量多到讓我嚇一跳。爲了保護無辜的嫌疑犯，後文不列出姓氏：

艾瑞克・韋恩・XXXX：性侵

奈森・韋恩・XXXX：綁架、毆打、殺人

羅南・韋恩・XXXX：殺害三人

大衛・韋恩・XXXX：無照從事護理工作十年

賴瑞・韋恩・XXXX：殺人

保羅・韋恩・XXXX：竊盜

麥可・韋恩・XXXX：竊盜

傑洛米・韋恩・XXXX：殺人
蓋瑞・韋恩・XXXX：知道自己是愛滋帶原者，還故意進行不安全的性行爲
布魯斯・韋恩・XXXX：殺人
約書亞・韋恩・XXXX：襲警
比利・韋恩・XXXX：殺人
比利・韋恩・XXXX：暴力攻擊
比利・韋恩・XXXX：殺人未遂與搶劫
肯尼斯・韋恩・XXXX：性侵
傑瑞・韋恩・XXXX：殺人未遂
東尼・韋恩・XXXX：搶劫、加重攻擊罪（在一名祖母的孫兒面前攻擊對方）
賴瑞・韋恩・XXXX：入侵住宅
理查・韋恩・XXXX：與警方對峙
查爾斯・韋恩・XXXX：殺人

或許你也能替其他的英文中間名，蒐集到這麼驚人的清單，但我覺得可能性不高。英文中間名是「韋恩」的人，還有個令人毛骨悚然的模仿對象：芝加哥惡名昭彰的連環殺手小約

翰・韋恩・蓋西（John Wayne Gacy, Jr.）。

史都華女士蒐集的剪報，還包括和「韋恩」押韻的英文中間名，包括四個「迪韋恩」（DeWayne）、四個「杜恩」（Duane），還有兩個「德韋恩」（Dwayne）。

我看完包裹後，把兩個最大的女兒叫了過來（她們六歲），要她們以後不准交英文中間名是「韋恩」的男朋友。奧莉維亞（Olivia）喜歡班上的湯瑪斯（Thomas），她明天會去確認他的中間名。

叫「王子殿下・摩根」的人

由於《蘋果橘子經濟學》有一章討論不尋常的名字，例如一個發音爲「坦普提絲」、意思爲「妖婦」（Temptress）的十五歲女孩，還有另一個發音爲「夏提德」、意思是「笨蛋」（Shithead）的自創名字，以及「檸檬果凍」（Lemonjello）、「橘子果凍」（Orangejello）這種可愛、逗趣的名字，後來常有讀者寄來類似的例子。

我覺得最精彩的來信是匹茲堡的大衛・汀克（David Tinker）的投書，他寄來《奧蘭多守望報》（*Orlando Sentinel*）的報導：佛羅里達州的布希內爾市（Bushnell），有一個十六歲的學生運動員，名字是「王子殿下・摩根」（Yourhighness Morgan）。而且事情不只如此，「王子殿下」

的弟弟叫「帥哥」（Handsome），他還有名叫「王子」（Prince）、「型男」（Gorgeous）的堂兄弟。

說句題外話，我是在農場長大的，我們家有一隻豬就叫「帥哥」。

這位「王子殿下」通常會把自己的英文姓名縮寫成「Y H」，或是寫上暱稱「Hiney」——顯然叫他「Hiney」的親朋好友，不覺得這個字的意思是「臀部」或「屁股」，在我家的話是。

我眞的好喜歡「王子殿下」這個名字，也要想辦法讓我的孩子這樣叫我。

另外，《聖地牙哥論壇報》（*San Diego Tribune*）有一則令人惋惜的幫派殺人報導也有怪名，這是由維吉尼亞州夏律第鎮（Charlottesville）的詹姆士・維納（James Werner）提供給我們的。被害者叫「香檳王・香檳」（Dom Pérignon Champagne），他的母親則叫「完美的・恩格伯格」（Perfect Engelberger）。

來自天堂的名字

全天下的孩子誰沒用過自己的名字做實驗，例如試試看倒過來寫會怎樣？好吧！我承認，我小時候曾在學校報告上署名「納伯杜」。顯然，去年至少有四四五七個父母，也對自己的寶貝做了這種事，幫她們取名爲「Nevaeh」（納維亞），也就是「Heaven」（天堂）倒過來拼。本身就有奇妙名字的珍妮佛・老八・李（Jennifer 8. Lee）寄給我們《紐約時報》的報導，報導說「Nevaeh」（納維亞）這個新名字的命名次數暴增，在一九九九年時才八例，到了二〇〇五年變成四四五七例。

美國姓名學會（American Name Society）會長、內布拉斯加州貝勒威大學（Bellevue University）心理學教授克里弗蘭・肯特・伊凡斯（Cleveland Kent Evans）表示：「在過去幾個世代，『Nevaeh』這個名字是最驚人的命名現象……一堆父母取這個名字的原因可以回溯到單一事件：基督教搖滾樂團花錢找死（P.O.D.）的主唱桑尼・山多佛（Sonny Sandoval）在二〇〇〇年的MTV節目上，向觀眾介紹他剛出生的女兒『Nevaeh』，並解釋她的名字是『天堂倒著寫』的意思。」

老八・李的來信只有一點有待商榷，她說「Nevaeh」（納維亞）是美國排名第七十受歡迎的女嬰名字，目前比「莎拉」（Sara）還熱門——這個說法並沒錯，只是有一點會誤導人，那就是「莎拉」較常見的拼法是「Sarah」，而它目前仍高居排行榜第十五名。

難以預測的寶寶命名

那麼，我們能否預測哪些名字會變得熱門或冷門？我和李維特試圖預測過十年後可能會熱門起來的男女嬰名字，我們觀察一般大衆傾向選擇哪些最先在高教育程度、高收入父母當中開始熱門的名字，但潮流會受到無形因素影響，命名的潮流也是一樣。

不過，如果要選一個在過去幾年很熱門、但一定會退燒的名字，你可能會選「卡崔娜」（Katrina），畢竟誰想讓自己的孩子跟幾乎夷平一整座城市的颶風同名？

事實也的確如此。卡崔娜颶風過後的十二個月，卡崔娜這個名字受歡迎的程度暴跌，全美僅剩八五〇例，排名從女孩名的第二四七名跌至第三八二名——的確是跌了很多沒有錯，但怎麼沒有跌更多？

你可能會想，也許是因爲住得離災區遠、家鄉沒被侵襲的父母，對颶風災害的感受沒那麼強。如果這是你的答案，你猜錯了！

在受災情形最嚴重的兩個州，相較於颶風來臨前十二個月，反而有「更多」父母把自己的孩子命名爲卡崔娜。路易斯安那州新生兒命名爲卡崔娜的人數，從八人增至十五人，密西西比州則從七人躍升至二十四人。不過，我猜實際的命名率更高，因爲當時兩州正在待產的民衆有許多被安置到其他地方，她們很可能在別處將孩子命名爲卡崔娜。

或許，路易斯安那州的新手父母把孩子命名爲卡崔娜，是爲了記念自己經歷過那次颶風存活下來，是某種治療心理創傷的儀式。也或許，他們把孩子命名爲卡崔娜，是爲了記念死於那次颶風侵襲的親朋好友或無家可歸的人。無論如何，有一件事是確定的：在我認識的人之中，沒有人預測到在颶風過後，路易斯安那州與密西西比州的卡崔娜命名次數會上升。人們總是希望能夠預測未來，但總是預測不準。在幾年前生孩子的人，大概也沒料到這種結果。

「職業名字」

有些人的職業和他們的名字恰巧一樣，古時候這種「反映出職業的名字」（aptonym）並非巧合，你做什麼職業就取那個姓，所以今天很多人姓「天納」（Tanner，「皮革工人」之意）或「泰勒」（Taylor，「裁縫師」）。

雖然古人會用職業來當姓氏，但以今日的美國文化來說，這種例子很罕見，所以我昨天非常興奮，因爲我在翻閱最新一期的《好玩意》（*Good*）雜誌時，看到版權頁上列出兩位研究人員（雜誌的研究人員通常是確認內容事實的工作人員），猜猜看其中一人叫什麼？她叫「本頁・可刊」（Paige Worthy）。眞的很妙，如果內容無法通過「本頁・可刊」這關，眞的就刊不了，至少在《好玩意》雜誌是這樣。

這會不會是個玩笑？我覺得不是，因爲版權頁上的其他名字看起來都很正常。我眞心希望「本頁．可刊」不是一個捏造出來的假名字。不曉得各位能否提供比「本頁．可刊」更能精準、巧妙反映出職業內容的名字？

後記：我們兩個作者在這篇部落文的最後舉辦了一場比賽，邀請讀者分享他們聽過最棒的「職業名字」。比賽結果由「命名專家藍絲帶委員會」的專家決定，也就是李維特和杜伯納，優勝者將可獲得蘋果橘子紀念品一份。

「職業名字」大賽的優勝者是……

我們最近發表了一篇有關「本頁．可刊」的部落文，並且邀請大家分享相關例子，結果反應很熱烈，一共收到將近三百封的回覆。從這三百封回覆提供的樣本來看，美國的牙醫、直腸肛門科醫師與眼科醫師的名字最容易和自己的職業有關。接下來，各位會看到本次大賽最精彩的例子，但先讓我們從帶來這次比賽的「本頁．可刊」女士開始說起。

「本頁．可刊」X 2

沒錯，眞的有這個人，而且她就叫這個名字。她不但是《好玩意》雜誌的研究人員，還是《奔馳》（*Ride*）與《王者》（*King*）兩本黑人男性雜誌的編輯——《奔馳》是汽車雜誌，《王者》是某些人暱稱爲「黑美人」（Blaxim）的流行雜誌。「本頁．可刊」來信告訴我們：「喔，對了！我是白人女性。」她目前住在紐約，家鄉在堪薩斯城（Kansas City）。她說：「我在堪薩斯城的時候，曾替小型的地方報《太陽論壇報》（*Sun Tribune Newspapers*）工作過。當時，我身兼編輯與版型設計人員，所以我的名字更是加倍合適。」

結論是：「本頁．可刊」眞有其人。由於她的名字是完美範例，所以可以拿走任何她想要的蘋果橘子紀念品。接下來，我們就來看看其他的獲勝者：

一個名叫「巧手」的自慰者

讀者羅比（Robbie）回文告訴我們，除了前共和黨參議員賴瑞．克瑞格（Larry Craig）涉嫌透過公廁縫隙，偷窺與搭訕一名便衣刑警而鬧得沸沸揚揚的公廁事件之外，愛達荷州最近也有一樁鬧上法院的公廁隱私案件。簡單來講，事情是這樣的：

有一名警察透過公廁隔間上一個四英寸（約十公分）大的洞，看見被告在隔間內手淫，於是以「猥褻行爲」的罪名逮捕他。法院判定，儘管廁所的隔間上有個縫隙，但「巧手」（Limberhand）先生有權在公廁內享有隱私權。

你沒看錯，這個在公廁內因自慰被捕的人名叫「巧手」。

順帶一提，和「褲帶下」有關的名字之中，有一位讀者得到佳作：「我曾經編輯過一篇和陰莖增長術有關的醫學期刊文章，作者是鮑伯·「殘根」醫師（Dr. Bob Stubbs）。最棒的是，他是向中國的『長』醫師（Dr. Long）學習這門外科醫術的。」

一個名叫「我會埋」的禮儀師

讀者保羅·A（Paul A.）來信：「印第安納州伯魯市（Peru）有一位禮儀師姓『艾肯伯里』（Eikenberry），發音同『I can bury』，意思是『我很會埋東西』。由於他是葬儀社的合夥人，所以那間葬儀社也以他爲名，叫……（請下鼓聲）……『我會埋艾迪』（Eikenberry-Eddy）。」

順帶一提，和「六呎風雲」（*Six Feet Under*）禮儀服務有關的名字之中，有一位讀者得到佳作：「在我德州阿馬里洛（Amarillo）的家鄉，有家葬儀社叫做『裝箱高手兄弟』（Boxwell Brothers）。無人能勝過這個名字。」

還有賣保險的「以防萬一」先生

我不確定這則是不是眞的，但我假設讀者凱爾．S（Kyle S）是個誠實的人：「我的州立農業保險（State Farm）業務員就叫『以防．萬一』（Justin Case）……。」我想，這個名字就不用多做解釋了。

最後，雖然我之前說只頒三個獎，但有太多牙醫的名字眞是太「專業」了，因此不得不多增一個名額。我最喜歡的例子是下列這個：

「補銀牙」醫師

讀者史考特．穆內（Scott Moonen）寫道：「我以前都到『尤金．銀牙』醫師（Eugene Silvertooth）那裡看牙齒，他從小到大的綽號一直是『補銀牙』（Chip Silvertooth）。」

順帶一提，和「牙醫」有關的名字之中，讀者安舒曼（Anshuman）得到佳作：「可惜我不住舊金山了，所以不得不和原本的牙醫說再見。我的牙醫叫『少一點．牙垢』（Dr. Les Plack），他天生就該當牙醫，對吧？」

3 高油價萬歲！

如果有一件事是經濟學家認爲自己無所不知的，那就是價格。對經濟學家來說，萬事萬物皆有價，每樣東西上都貼了一個價格。當一般人想到價格時，會想到自己在商店裡抱怨的標籤；經濟學家則認爲價格是世上的邏輯眞理，所以在過去幾年間，我們兩個針對價格這個主題當然有很多事想講。

寫信罵人：一封五塊錢

有個網站，一個很蠢的網站，我實在不想免費幫它打廣告，叫做「你討厭誰」（www.WhoToHate.com）。只要付五美元，說出你討厭的那個人，該網站就會寫信告訴對方有人討厭他。我今天收到這個網站的來信，也就是說，有人討厭我到願意付五美元，讓我收到罵我的電子郵件。

從經濟學的角度來看，這個網站提供了非常值得探討的產品。花了五美元的人，是否因爲說出自己心中的仇恨而覺得有用（雖然完全匿名）？或者，有用的部分來自於收到信的人發現，原來有人這麼討厭自己而感受到痛苦（是收件者眞的感受到，還是花錢的人想像對方會感受到）？

對已經尋找各種方式討厭我的人來說，只有前述第一種可能將使他們得到滿足感，因爲我每天本來就會收到一堆罵我的信，所以情感上不會受傷害，其他那些信件所表達的恨意，遠遠超過今天那封奇妙的五美元「討厭你」電子郵件。事實上，我看到信之後還笑了，因爲恨我的人叫我「加州李維特」，其實我只在幾年前訪問史丹佛時，在加州住過一小段時間而已。

這封信讓我開始思考很多問題，或許這個寫信罵人的網站，可以收比五美元高很多的價格，例如要付五十美元才會幫忙轉達，那將可以顯現出你眞的很討厭一個人。不過，也許討厭你的人，寧願寄十封五美元的信，製造出每個人都有點討厭你的氛圍，而不要寄一封五十美元的信，製造只有一個人非常討厭你的感覺。

我感到憂心的是，可能會有青少年利用這個網站霸凌身邊的人。對一天只會收到幾封信的人來說，如果收到十封或十二封匿名的罵人信件，心情可能會變得很沮喪。

好消息是，顯然沒有太多人討厭人到願意付五美元來讓對方知道自己被討厭了。目前最被怨恨的前十名排行榜中有幾個是名人，我在這裡自動略過從來沒聽過的名字，以防在無意間傷害到我剛說的無辜青少年。這些在該網站上最顧人怨的人士，包括：

布希總統（George Bush）（七封）
希拉蕊・柯林頓（Hillary Clinton）（三封）
歐普拉（Oprah Winfrey）（三封）
女權主義領袖葛羅莉亞・史坦能（Gloria Steinem）（三封）
參議員芭芭拉・鮑克瑟（Barbara Boxer）（兩封）

討厭布希的人有這麼多，卻只有七個人願意掏出五美元！而且你只需要被兩個人討厭，就能登上排行榜的前十名了。對我來說應該不難，因爲我已經收到一封了。

如果毒販向沃爾格林藥局學兩招，那就發財了！

不久前，我和休士頓的席瑞爾・沃夫（Cyril Wolf）醫師聊天。沃夫醫師的家鄉在南非，但他給我的感覺，完全是美國數十年前的老派紳士，現在已經很難看到像他這種家庭醫師。

我問他好幾個問題，例如他最近在看診時，有什麼地方不一樣，以及美國的「管理式照護」（managed care）對他造成什麼影響等。突然間，他咬牙切齒，語氣十分憤慨。他說，他在幫病人看病的時候，出現一個很簡單但很大的問題，那就是許多已經變成學名藥的藥物，依舊貴到讓病人買不起。他也說，很多人目前沒有保險，得自己出錢買藥，但就算是學名藥，在沃爾格林（Walgreens）、愛克德（Eckerd）、CVS等連鎖藥局的價格，都讓人吃不消。

沃夫醫師因此開始四處調查價格，結果發現好市多（Costco）和山姆會員商店（Sam's Club）的學名藥價格，遠低於其他的連鎖藥局。即使把好市多和山姆會員商店的會費算進來，價差依舊十分驚人，而且顯然不必得是這兩間店的會員，也可以到它們的藥局買藥，只是會員的價格折扣更多。在休士頓的藥局，九十粒裝的百憂解（Prozac）學名藥，在各通路的價格如下：

沃爾格林：一一七美元

愛克德：一一五美元

CVS：一一五美元

山姆會員商店：十五美元

好市多：十二美元

沒錯，我沒打錯數字。一瓶一樣的藥，在沃爾格林要賣一一七美元，在好市多只要十二美元。一開始我不大相信，我問沃夫醫師，怎麼可能有人跑去沃爾格林買，不去好市多買？一瓶藥整整差了一百多美元，而且每個月可能都得買一次？

沃夫醫師的答案是：退休的老人家如果習慣到沃爾格林配藥，就會一直到同一家店配，因爲他們以爲每家藥局的學名藥價格都差不多。這眞是驚人的資訊不對稱與價格歧視！

我準備寫文章探討這件事，也蒐集了相關資料，例如休士頓的電視台報導了沃夫醫師的發現，底特律的電視新聞記者也蒐集了大量的比價資料，《消費者報導》（*Consumer Reports*）做了調查，加州參議員黛安．范士丹（Dianne Feinstein）也針對相關主題提出研究報告。

不過，我一直把這件事擱在腦後，直到我讀到《華爾街日報》（*The Wall Street Journal*）詳盡的連鎖店價差報導。雖然大部分的價差沒有沃夫醫師舉的例子那麼離譜，但依舊相差很多。在該篇報導中最有趣的，大概是下列這段話：

> CVS接到記者打去的電話後，宣布基於「持續性的價格分析」，降血脂藥辛伐他汀（simvastatin）的價格，將從原本的一〇八．九九美元調降至七九．九九美元。

原來要這樣講啊！下次我再被孩子抓到原本說好要買二十美元的玩具，結果拿了兩美元的東西，我就會告訴他們，爸爸是基於「持續性的價格分析」喔。

買車大鬥智（新手可以參考一下）

我在週末買了輛新車，換掉開了十年的老爺車。先前我和杜伯納曾在《蘋果橘子經濟學》和《超爆蘋果橘子經濟學》（*SuperFreakonomics*）兩本書中，深入討論過網路如何影響資訊不對稱的市場。這次買車的事，讓我有機會到新車市場，觀察我們在書中探討的角力因素。

事情就跟我想的一樣。我已經知道自己想買哪一款車，在十五分鐘內，沒花半毛錢，就靠著「TrueCar」和「Edmunds」等賣車網，知道我要的車大概需要花多少錢，並請地方上的車商報價。

才沒過幾分鐘，就有一家車商通知我，可以按進價少算我一千三百美元。這個價格聽起來還不錯，但我還沒來得及叫孩子一起去看車，又有另一家店打來。對方聽到第一家店的報價之後，又砍了幾百美元。我回撥給第一家店，結果進入語音留言，所以我們一家人就去了第二家店。我心想，接下來還得花很多功夫討價還價，不過還沒出門之前，就有個好的開始。

我上次買車的時候學到很多事，知道車商會在報價單上玩各種把戲，業務會假裝跑去跟經理商量價格等。上次我們家需要買車的時候，我很討厭這種過程，不過這次我當成在做研究，迫不及待想參加勾心鬥角的買車鬥智。

或許，這次我這麼興致勃勃地想要殺價，是因爲上次我居然不小心占了個大便宜。上次我請車商傳眞估價單給我，讓我知道買車大概需要花多少錢——沒錯，是用傳眞，那是網路還不盛行的年代。但我搞烏龍，把那張傳眞紙留在家中，我以爲自己記住價格，所以努力殺價到那個數字，不斷威脅對方我不買了，一直討價還價，一來一往。最後，車商用跟我「記憶中」只差幾百美元的價格賣給我。等我回到家的時候，才發現原來是自己記錯了，搞錯了兩個數字，傳眞的數字比我討價還價後的數字還高了兩千美元。在車商那裡，由於我「以爲」合理的價格應該要再低個兩千美元，所以非常努力殺價，最後也得到低到驚人的價格。簡單來說，把傳眞紙忘在家中，價值數千美元。

所以，這次我信心滿滿，跑到車商那裡就開始殺價。不過，這次業務告訴我，他們家的售價比進價還低很多，他偷偷摸摸地給我看蓋著「機密」字樣的價格文件，強調要是賣掉那輛車，他們會賠多少錢又多少錢。我回他，他知道，我也知道，他所說的進價，根本不是車商付車廠的錢。我要他直接開出最好的價格。結果，他消失了一會兒，假裝跟主管報備，但大概是去看棒球賽目前誰領先幾分。

在那個業務消失的期間，第三家店也用電子郵件寄來報價，比第二家的現場最低價又低了一千五百美元。等到那個業務回來後，他跟我說頂多只能再降兩百美元。我說：「少兩百美元還是太貴了，剛剛有一家店跟我報至少再低一千美元的價格。」我拿手機給他看那封電子郵件，他先是大肆批評了那家店，然後再次去找他的主管。主管向我保證，剛才那個便宜兩百美元的價格，眞的是他們的最低價了，然後用十幾個理由解釋，爲什麼他們家的價格已經很漂亮了。

我說：「嗯……你說得很有道理，但如果你不降價，我就要走了。我要去另一家店。」根據我的推測，我們這齣戲應該已經演到一半了。大概再過十五分鐘，再稍微地吵一下，價格就會降到第三家提出的報價。雖然支付那個價格大概還是太貴，但我願意到此爲止。

我再說了一次：「我要走了。」

經理說：「好吧！如果你在另一家店沒買成，你可以回來，我們還是會提供剛才說的那個價格。」

我起身，要孩子收拾東西走人，表演討價還價一定得上演的戲碼。但那家店的人只是平靜地看著我，好像忘了他們也要演才對。不過，他們不記得自己的台詞沒關係，我記得我的，所以我再次撂狠話：「我們都知道，今天一旦我從這裡走出去，就不會再回來了。」

對方只說：「我們願意冒這個險。」

就這樣，我走出大門。

我嚇了一跳。這家店用網路報價給我，眞的只降了兩百美元，就微笑地看著我去找別人。我想，這表示第三家眞的開了很低的價格給我。後來，我沒力氣再演一次討價還價的戲碼，所以就直接接受報價，週二就把新車給開回家。

兩千五百萬美元免談，五千萬的話，我會考慮考慮

至少就我個人而言，不是有太多問題會讓我回答：「若是兩千五百萬美元，門都沒有，五千萬的話，我會考慮一下。」兩千五百萬美元已經是連想都無法想的天文數字，如果有第一個兩千五百萬已經太棒了，我不確定我需要第二個兩千五百萬做什麼。

但美國參議院最近則希望，阿富汗或巴基斯坦的人民不是這樣想的。議員們受不了已經懸賞了兩千五百萬美元，居然還抓不到賓拉登（Osama bin Laden），於是以八十七比一的表決結果，把賞金提高到五千萬美元。唯一和大家意見不和的那一票，來自肯塔基州的共和黨參議員吉姆．邦寧（Jim Bunning）。

就某方面而言，你得爲美國政府的這一步鼓鼓掌。對巴基斯坦的農民來說，五千萬美元是難以想像的天文數字；但對美國政府來說，攻打伊拉克光是一個月就得花費一百億美元，五千萬眞的不算什麼。如果攻打伊拉克的主要目的是瓦解海珊（Saddam Hussein）政權，當初要是懸賞不管用什麼辦法，只要有人能夠讓他下台，就給一千億美元的獎賞，那該有多便宜。搞不好海珊會願意自己下台，因爲既可以擺脫治理國家的麻煩，又可以輕鬆地讓一千億美元落袋，搬去住在設備齊全的法國豪華莊園。

我和杜伯納先前寫過文章，探討靠懸賞鼓勵人們解決問題有什麼好處，例如找出疾病的治療方法，或是改善 Netflix 影音服務公司的運算法等。但如果我無法分別兩千五百萬美元和五千萬美元的差異，我實在想不出爲什麼提高賞金就能讓搖擺不定的巴基斯坦人，願意跟美國政府合作。

更重要的是，但這點很難做到，如何讓人們相信美國眞的會付賞金？我相信，光是決定賞金要付給誰、要給多少，就是件非常麻煩的事。舉例來說，如果我做了統計分析，將賓拉登可能的藏身地點縮小到一千碼（〇．九公里）的範圍之內，然後由美國海軍的海豹特種部隊（Navy SEALs）出手逮到他，那我可以獲得賞金嗎？我不大確定。我猜，知道賓拉登線索的巴基斯坦農民，也和我有相同疑慮。

後記：美國政府最後的確並未頒發任何獎金。ABC 新聞（ABC News）報導：「二〇一一年五月二日那天，殺掉這位蓋達組織（al Qaeda）領袖的巴基斯坦突擊行動，背後的功臣是電子情資，而不是線人……CIA與軍方從未成功讓蓋達人員窩裡反，交出賓拉登。」

百事可樂願意付多少錢得到可口可樂的祕密配方？

最近可口可樂(Coca-Cola)有幾個不肖員工，被逮到試圖把公司機密賣給百事可樂(Pepsi)。百事可樂舉報壞人，還跟警方合作，一起演戲抓住他們。

百事可樂的高階主管是否爲了「做正確的事」，放棄這次對可口可樂有害、對自己十分有利的機會？

昨天，我和朋友兼同事凱文・墨菲（Kevin Murphy）一起吃午餐，他提出一個有趣的論點：對百事來說，可口可樂的祕密配方一文不值。他的理由如下：

假設百事可樂知道可口可樂的祕方，還把它公布出去，讓所有人都能做出喝起來像可口可樂的飲料，那種情況就很像是處方藥的專利過期、學名藥問世的時候。正牌可口可樂的價格將大跌，但大概不會完全跌到山寨版可口可樂的價格。如果眞的發生這種事，可口可樂就糟了，但對百事來說也不是一件好事，因爲如果可口可樂變得非常便宜，喝百事的人會改喝可口可樂，所以百事的利潤也會下滑。

那麼，如果百事得到可口可樂的祕密配方，但不讓大家知道配方內容、自己留著，做出跟可口可樂喝起來味道一模一樣的飲料呢？如果百事眞的說服民衆，讓大家認爲他們的新版可樂，喝起來跟可口可樂的一模一樣，那麼新版的百事可樂和眞正的可口可樂，就會變成經濟學家口中的「完全替代品」（perfect substitutes）。在消費者的心中，如果兩樣商品完全一樣時，通常會導致激烈的價格競爭，以及極低的商品利潤，所以不論是眞正的可口可樂，或是百事新版的可口可樂，都不會獲得多少利潤。在可口可樂的價格下跌後，原本喝百事可樂的消費者可能會改喝可口可樂，或是百事新版的可口可樂，不論是哪種結果，利潤都會比原本的百事可樂低很多。

所以，如果百事可樂獲得可口可樂的祕密配方，還採取行動的話，兩家可樂公司的營運狀況都會變糟。也許百事高層交出偷可口可樂祕方的嫌犯時，的確是秉持著良心與誠信在做事。也或者，他們只是優秀的經濟學家。

我們可以停用一美分硬幣嗎？

一美分硬幣的事，原本只是隨口討論的話題，後來卻演變成一場運動，杜伯納就此成為廢除一美分硬幣運動的非官方代言人。他在《六十分鐘》（*60 Minutes*）節目上，稱美國人有「一美分情結」（pennycitis），而一美分的用途有如「手掌上長著五隻半手指頭」。下列是數篇反一美分硬幣文章的節錄。

因爲它的成本超過價值

每次我拿到一美元所找的零錢時，都會叫收銀員留著一美分硬幣，不用找給我。一美分不值得浪費我的、她的，還有你的時間。有時，收銀員爲了不想有短溢收的問題，還是會堅持找錢給我。我也會禮貌收下，然後把錢丟進離自己最近的垃圾桶——丟錢是違法的嗎？如果違法，那我想我們也要開始逮捕把錢丟進許願池的人。

如果我：一、每天都把小額零錢塞進口袋；二、把所有小額零錢帶到銀行或超市的數幣機投入換鈔，那留著一美分硬幣或許還有點用處，但我不是這兩種人，所以一美分對我來說沒用處。我不是個會留著零錢的人，加上想到通膨之後，多年來我都提倡廢除一美分硬幣，還有五美分硬幣最好也不要再用了。話說，我們兩個作者小時候玩大富翁，從來都沒用過一美元的玩具鈔，你們用過嗎？

有各式各樣的理由，可以解釋爲什麼應該停用一美分硬幣，但或許你們只需要知道，美國政府鑄造一美分的成本遠超過一美分就可以了。想一想，每次我們鑄造一美分的時候都在虧錢，而且一美分又沒有任何有意義的用途，光用膝蓋想就知道應該要停用一美分硬幣。不論對鑄幣者或對消費者來說，通貨膨脹讓一美分變成了一種負擔。

不過，除了扔掉小額零錢外，還可以採取一個妙招，那就是「重新校準」一美分，讓一美分值五美分。這項計劃的提倡者是法蘭索瓦．維爾德（François Velde），他是芝加哥聯邦準備銀行的經濟學家。掌控美國貨幣的大人們，如果能夠認眞看待這個主張，將是好事一件。然而，就我對一美分和政治的認識，以及從人們墨守成規的程度來看，我不會抱太大希望。

一美分的小力量

爲什麼美國人還在用一美分硬幣？一個很大的原因是：遊說人士的力量。最近，我上了《六十分鐘》節目的「美分常識」（"Making Cents"）單元，在電視上討論繼續使用一美分硬幣是多麼荒謬的一件事，該節目也請來贊成繼續使用一美分硬幣的來賓，節目內容的摘要如下：

馬克．威勒（Mark Weller）是「美國人愛用美分」（Americans for Common Cents）組織的發言人，此一支持一美分硬幣的團體表示，如果回收一美分，一年得花美國人六億美元……威勒表示，如果少了一美分硬幣，慈善活動也會受到影響，因爲美國人將不再那麼常捐出美分硬幣。一美分每年讓全美得到數千萬美元的善款，可以用於醫療研究、教育、遊民……

不過，威勒也大方承認，他這麼關切人們可能不再捐錢，主要是因爲跟他本人有利害關係：威勒是受雇於賈登鋅（Jarden Zinc）公司的遊說人。這家位於田納西州的公司專門販售空白幣餅，讓造幣廠可以印上林肯頭像。

我想，與其浪費時間反對一美分硬幣，我倒不如買點鋅的期貨。

你會停下腳步去撿一美分嗎？

一美分硬幣去留問題的辯論，正反意見依舊兩極。學童們蒐集的一億個一美分硬幣，被當成展示品放在洛克斐勒中心（Rockefeller Center），後續用作慈善用途。在此同時，許多人則一如往常，繼續支持廢除一美分硬幣。

我堅決支持廢除。除了因循苟且與懷舊之外，我實在是想不出有什麼理由應該留著一美分，這種硬幣只會帶來「無謂損失」（deadweight loss），浪費社會成本！

我看過最荒謬的一美分支持論，出現在《紐約時報》近期的全版廣告。維珍通訊（Virgin Mobile）說自己的簡訊服務，便宜到連一美分都派得上用場。廣告標題寫著：

「新法規想廢除一美分。

再來呢？世上美好的東西他們都要禁止？」

我注意到廣告裡有一行字：

美國人實際上怎麼想？六六％*的美國人想保留一美分硬幣，七九％的人會停下腳步，從地上撿起一美分。

*資料來源：第八屆硬幣之星國家貨幣年度民意調查（The 8th Annual Coinstar National Currency Poll）。

如果你仔細查一下補充的星號注釋內容，就可以發現硬幣之星（Coinstar）是超市的零錢機公司。你可以把零錢罐裡的錢，通通倒進數幣機，然後拿著收據，到收銀台那裡換成紙鈔。如果你用了這台機器，硬幣之星顯然會抽八．九％的服務費。

雖然「硬幣之星國家貨幣年度民意調查」號稱由獨立的市場研究機構執行，對於靠硬幣賺錢的公司所贊助的調查，會得出有三分之二的美國人「都想留著一美分硬幣」的結論，我並不感到意外。

最新發現：用來鋪地板會更有價值！

我從來沒想過要當反對一美分硬幣的人，但事情就這樣發生了。現在一有機會，我都會公開大聲疾呼。雖然我還是深深覺得一美分硬幣毫無用處，但終於有人想出該如何善用一美分，讓我重新考慮我的主張：我們可以用一美分硬幣來鋪地板！

紐約新開幕的標準飯店（Standard Hotel），就是那棟聳立在高架公園（The High Line Park）上的建築，裡頭的燒烤餐廳地板就是用一美分硬幣鋪成的。標準飯店告訴我們，每平方英尺需要用到二五〇〇個一美分硬幣，他們總共用了四十八萬個硬幣。

各位讀者如果想要重新裝潢家裡，用一美分硬幣來鋪地板的話，每平方英尺的成本是二·五美元，比其他材質要便宜許多，例如玻璃瓷磚要二十五美元，亮面大理石要十二美元，瓷質磚要四美元，就連核桃木也比較貴，要五美元。這些數據讓我們知道，一美分硬幣當成貨幣來用時是多沒價值。一美分雖然是錢，但如果拿來鋪地板的話，比其他所有材質都便宜。

你抗議，我捐款，一起支持計劃生育！

反墮胎運動向來清楚人們如何回應誘因，這個陣營的人知道在診所外頭抗議，能有效增加尋求墮胎的社會與道德成本。

費城一間支持墮胎的計劃生育診所，想出非常聰明的反制妙招，叫「一抗議一捐款活動」（Pledge-a-Picket）：

> 每當有人集結在我們洛克街（Locust Street）的健康中心外頭抗議，我們的病患都遭受到言語攻擊。求診人士會看見使自己心生恐懼的標語……我們被叫成「殺人兇手」，被說是罪大惡極，他們說我們會因爲自己的所作所爲最後付出「終極代價」。
>
> 爲了反制，我們決定這麼做：每出現一名抗議者，由各位自己決定要捐多少錢，最少十美分。每當抗議者出現在我們的人行道上，「賓州東南地區計劃生育組織」（Planned Parenthood Southeastern Pennsylvania，ＰＰＳＰ）都會計算他們的人數，每天記錄下來……我們會在健康中心外面放一個牌子，追蹤捐款的數目，讓抗議者充分意識到自己的行爲將讓ＰＰＳＰ獲得多少力量。在這個爲期兩個月的活動尾聲，我

們將寄給大家最新的抗議行動進度，提醒大家捐款。

我預測，全美的墮胎診所很快就會跟進這種做法。我認爲，這個辦法很聰明的地方在於：把贊成墮胎者因爲抗議人士感受到的義憤塡膺與無助，化爲對支持者有利、對反對者不利的經濟誘因。我認爲捐款數目會衝高，因爲潛在的捐款人看到抗議者時，反而會覺得他們來得好，或是至少不會感覺那麼不舒服，會覺得自己能夠做點什麼來支持墮胎。另一方面，如果我是抗議者，我會痛恨這個點子，因爲我那麼辛苦跑去抗議，卻反而幫助計劃生育一臂之力，抗議的效用因而減少。

遺失七千兩百億美元，拾獲請物歸原主，還現金爲佳

依據標準普爾／凱斯希勒房產價格指數（S&P/Case-Shiller index of housing prices）的數據，美國的房價在二〇〇七年大約下跌六％。我大致算了一下，意思是說，有房子的人損失了七千兩百億美元的財富。除一除，那大約是每個美國人損失兩千四百美元，一般屋主則損失一萬八千美元。

然而，如果和股市下跌來比，一年損失七千兩百億美元看起來不算什麼。美國股市的總市值和房市總值規模一樣，介於十兆美元與二十兆美元之間，但美國股市曾在一九八七年十月的一週內，損失超過三成市值。此外，七千兩百億美元這個數字，大約是美國政府在伊拉克戰爭頭幾年所花的錢。

如果你是屋主，房價下跌會讓你多不舒服？你應該會很沮喪，但我想如果是下列情境，你會更加沮喪：房價去年完全沒跌，但某天你從銀行領出一萬八千美元，準備用這筆現金購買新車，但有人偷走你裝著這筆錢的皮夾。不管是哪種情形，最後你的個人財富總數是一樣的，都是少了一萬八千美元，無論是因為房價下跌或因為錢被偷而造成的損失，但後者帶來的沮喪感比前者強很多。

有許多原因可以解釋，為什麼因為房屋等資產而損失金錢比較不痛。首先，那種損失不是很具體，因為其實沒有人知道自己的房子真正值多少錢。第二，如果別人的房子也貶值，痛苦程度也會比較低——我聽過一個非常有錢的人說，他不在乎自己的絕對財富有多少，只在乎自己在《富比士》（*Forbes*）富人榜上排名第幾。第三，如果房價下跌，其實也不是你的錯，但如果是自己決定要帶著一萬八千美元現金到處亂晃，你會懊惱自己為何要那麼做。第四，錢在小偷手上，比錢直接蒸發還糟糕——房價下跌時發生的事。其他還有種種可能的理由。

經濟學家理察．塞勒（Richard Thaler）提出「心理帳戶」（mental accounts）的概念。他說在人們心中，不同資產無法互換，雖然原則上可以。舉例來說，雖然我的經濟學者朋友們都取笑我，但我還眞的有心理帳戶。對我來說，打撲克牌贏來的一美元，比股市上漲帶來的一美元價值高很多；同樣的道理，因爲玩撲克牌而輸的每一美元，都讓我比較痛苦。

即使是不承認自己會被心理帳戶影響的人，其實也常常受到影響，我有一個朋友就是這樣。有一次，他賭NFL美式足球賽下注下得特別高，比他平常賭的錢多，但相較於他的整體財富，該數字算是相當、相當小。結果他贏了一筆錢，隔天他就拿那筆錢，買了一支高級的高爾夫球桿。

說了這麼多，到底關房價什麼事？嗯，如果房價再度上揚，而且價格上揚的形式是一小包現金像早報那樣被丟到你家門前，不是透過房屋漲價的形式，人生會變得更加美好。我想，申請了房屋淨值貸款的人，很早以前就知道這件事。

加拿大的流行歌手和賣貝果的人，有什麼相同之處？

我們兩個在《蘋果橘子經濟學》中，介紹過原是經濟學家、後來轉行賣貝果的保羅・費爾曼（Paul Feldman）。加拿大歌手兼作曲家珍・西貝利（Jane Siberry）和費爾曼一樣，決定用榮譽付款的方式，提供自己的商品。她給歌迷四種選項：

一、免費聽歌（珍送大家的禮物）

二、自己決定（現在就付錢）

三、自己決定（完全決定好了之後再付錢）

四、公定價（目前一首歌大約是〇・九九美元）

然後她很聰明，把到目前爲止的付款方式統計數據公布出來讓大家知道：

%接受珍的禮物：一七%

%自己決定價格：三七%

%稍後再付錢：四六%

平均每首歌的價格：一・一四美元

%低於建議售價：八%

%依據建議售價：七九%

%超過建議售價：一四%

西貝利更聰明的地方是：在下拉付款方式的選單時，網頁會列出目前每首歌的平均價格——再次提醒大家，嘿，你可以偷走這首歌，不過最近其他人付了這麼多錢。

西貝利女士顯然充分掌握了誘因的力量，她的做法至少帶來幾件有趣的事：人們可以在聽完音樂之後，再決定要付多少錢，想想那首歌對他們來說値多少；從數據來看，當大家選了前述這個選項，會爲每首歌支付最多錢；此外，西貝利採取經濟學家喜歡的浮動定價機制，讓消費者而不是賣方來決定價格。

不過，我想唱片公司不會輕易大規模採取這種模式。到網站下載西貝利作品的歌迷，大概遠比一般的音樂下載者死忠。但唱片業現在這麼慘，如果未來更常出現這種賣歌的方式，我不會感到意外。

兩天後……

來自西貝利的犀利回應

顯然，西貝利不喜歡別人幫忙炒作她的網站。她的網站隨你下載歌曲，要付多少錢你自己決定。我喜歡這個點子，所以寫了一篇部落文介紹，但今天西貝利在她的社交網站MySpace 上寫道：

ABC 新聞寫了一封電子郵件告訴我，蘋果橘子經濟學網站發表了一篇文章，讓我的網路商店「自己決定價格」政策再次引發關注。我不想被關注。我想，我要把定價方式改成「你要付多少錢隨你便，但我不會讓你知道結果。」

太可惜了！西貝利女士。看來，我和李維特碰上流行歌手時，總是沒好結果。大家還記得嗎？上回李維特宣布英國創作歌手湯瑪斯．道比（Thomas Dolby）要發行新專輯，結果查無此事。

我想，我們兩個還是應該放棄流行歌手，專心寫毒販、不動產經紀人，還有撲克騙局就好。

運動員願意繳多少稅？

「拉弗曲線」（Laffer curve）是一種假想的概念，說明繳稅者若因稅率的緣故而搬到別國，或是決定不再賺那麼多錢（我想，比較可能是用更多方法逃稅），國庫的收入將下降。

如果我是對這個概念有興趣的稅法學者，我會好好研究頂尖的職業運動員，尤其是拳擊運動，因爲拳擊選手可以決定自己要在哪裡比賽。如果你是職業高爾夫球選手或網球選手，可能會因爲要繳稅而不想參加某場賽事，但一般來說，賽事在哪裡舉辦，你就得在哪裡比。但頂尖的拳擊選手不一樣，他們可以選擇在對收入最有利的地方比賽。

這就是爲什麼菲律賓拳王曼尼・帕奎奧（Manny Pacquiao）的報導如此有趣。據聞，帕奎奧可能永遠不會再到紐約出賽，拳擊比賽主辦人包伯・阿魯姆（Bob Arum）表示，他不想比的原因主要和他在紐約比賽得繳的稅有關。《華爾街日報》報導：

帕奎奧在加州、田納西州、德州和內華達州都贏了，更別提在日本還有他的家鄉菲律賓。不過，本週帕奎奧到紐約宣傳他的下一次比賽——十一月，他將在澳門對上美國的布蘭登・里歐斯（Brandon Rios）——他的團隊表示，他將不再到布魯克林的巴克萊中心（Barclays Center）與麥迪遜廣場花園（Madison Square Garden）出賽，因爲他除了得付聯邦稅，還得付紐約州的州稅。幫帕奎奧安排賽事的阿魯姆表示：「他瘋了才會到紐約出賽。」

《洛杉磯時報》（*L.A. Times*）的報導則指出，阿魯姆表示帕奎奧可能再也不會到美國任何地方出賽：

「帕奎奧如果到美國以外的地方比賽，例如這次他和里歐斯的對決，他不必繳美國的稅——外國運動員的稅率爲四〇%。

如果影片按次付費觀賞等制度和我們預期的一樣開始流行，我無法想像帕奎奧這輩子會再到美國出賽。」

除了稅率之外，當然還有其他因素影響帕奎奧的出賽地點，例如博弈等。澳門之所以成爲熱門的拳擊中心，賭博是一項重要原因。不論你怎麼看拉弗曲線，都很難忽視全球各地的不同稅率，短期就能有豐厚進帳的運動員，尤其受到稅率的影響。

美國高爾夫球選手菲爾・米克森（Phil Mickelson）在一月時曾經表示，爲了應付大量增加的聯邦稅與加州州稅（他住在加州），他「不得不做出一些非常重大的改變。如果把全部的聯邦稅加起來，再加上傷殘保險金、失業保險金、社會安全金和州稅，我必須繳六二％或六三％的稅。」

米克森的計算方式遭到質疑。這位史上最受歡迎的高爾夫球選手，因爲公開表示對稅率的不滿，被各界大加撻伐，因此他上個月在蘇格蘭接連奪冠之後，包括「蘇格蘭公開賽」（Scottish Open）和「英國公開賽」（The Open Championship），就保持低調，不再發言。不過，媒體已經幫他算好了。《富比士》雜誌的科爾特・巴登豪森（Kurt Badenhausen）寫了一篇精彩的文章，探討米克森必須繳給英國的稅。據估，他入袋的近兩百二十萬美元獎金，總共得繳出六一％的稅，巴登豪森還加上一條有趣的資訊：

但事情還沒完。米克森在蘇格蘭待了兩週，英國還會向他在這段期間的代言費課稅。如果米克森在今年年底之前，再度因爲贏了相關錦標賽而領到任何贏球獎金，或是任何排名獎金，英國政府也會再度抽稅，稅率皆爲四五％……

英國政府是少數只要在該國比賽，就會向非居民運動員抽代言稅的國家，美國也是一樣。由於該條法規的緣故，牙買加籍的短跑選手尤塞恩・柏特（Usain Bolt）除了二〇一二年的夏季奧林匹克運動會，自二〇〇九年後便不曾在英國比賽——英國是二〇一二年奧林匹克運動會的舉辦國，所以那年免稅。此外，英國的稅制也影響了西班牙網球選手拉斐爾・納達爾（Rafael Nadal）的賽程安排。

我們也別忘了，當代最偉大的耐力賽運動員、滾石樂團主唱米克・傑格（Mick Jagger），多年前也因爲稅務考量而逃離英國，也是因爲警方一直追捕他和他的同伴。

雞翅套餐要賣多少錢？

某天我到我家附近的「哈羅德炸雞餐廳」（Harold's Chicken Shack）吃東西。如果各位沒聽過這家店，可以想像一下那種用防彈玻璃隔開店員和消費者的餐廳。在你點餐之後，他們才會把雞丟下去炸，所以等餐的時候，我有五到十分鐘無所事事的時間，便開始研究菜單。

菜單上有一區是雞翅套餐，每種雞翅套餐都附薯條和涼拌高麗菜沙拉。兩塊雞翅套餐是三．○三美元，三塊雞翅套餐是四．五美元。由於只差一隻雞翅，算一算，顧客得替第三隻雞翅付一．四七美元。我覺得這個價格耐人尋味，因爲如果第一隻和第二隻雞翅也是一．四七美元，那麼薯條和沙拉加起來才九美分而已，所以看來哈羅德第三隻雞翅的價格，比頭兩隻還貴。這是很不尋常的定價方式，因爲商家通常會看顧客多買一點而給點折扣。

我繼續研究這家店的菜單：

兩塊雞翅套餐　三．○三美元
三塊雞翅套餐　四．五美元
四塊雞翅套餐　五．四美元
五塊雞翅套餐　五．九五美元

嗯……四塊雞翅套餐和五塊雞翅套餐的價格，比較接近一般商家的定價方式。猜猜看，哈羅德的六塊雞翅套餐要多少錢？答案是：

六塊雞翅套餐　七美元

這個價格太詭異了！每當經濟學家看到不合常理的事情時，總會忍不住想替看起來奇怪的行爲，找出合理的解釋。或許，哈羅德的六塊雞翅套餐會這麼貴，是因爲店家擔心大家攝取過多的熱量？不大可能，因爲菜單上的每樣東西都是炸的。還是，第六隻雞翅特別大，或是特別好吃？也或者點六隻雞翅的人，需求較無彈性，價格改變不會造成需求改變？

其他餐點的價格提供了線索，炸魚套餐和炸雞套餐差不多，都是附薯條和沙拉。炸魚套餐的價格如下：

兩塊炸魚套餐　三．五八美元
三塊炸魚套餐　四．六九美元
四塊炸魚套餐　六．四五美元

所以，第三塊炸魚比較便宜，但第四塊又比較貴，看來哈羅德的定價方式一定具有某種邏輯。

不過，最後我在想，定出前述價格的人可能只是昏了頭。在我和愈來愈多公司合作之後，發現他們並非經濟學理論講的理想上自動追求最大利潤者。公司經常會搞不清楚很多事，畢竟公司是由人組成的，如果在大部分的時候，人們都被經濟學搞得一頭霧水，他們在公司怎麼可能不會一頭霧水？

奇異果爲什麼這麼便宜？

我最近吃了很多奇異果（你也許知道，它又名「中國醋栗」），因爲我住在曼哈頓西區，轉角的熟食店三顆奇異果只賣一美元，而且很好吃。如果貼紙沒騙人的話，那些水果來自紐西蘭。但一顆來自紐西蘭的奇異果，居然只賣三十三美分？比寄信到曼哈頓東區還便宜——相信我，美國第一類一般信件的基本郵資是世上最划算的東西。奇異果要種、要收成、要包裝，還要從世界的另一頭運過來，怎麼可能這麼便宜？

如果想到其他水果的價格，事情就更複雜了。我買一根香蕉（也是進口貨）加上一顆奇異果的錢，大約是一粒蘋果的錢，而蘋果可能是在離我很近的紐約上州種的。爲了解惑，我寫信給塔夫斯大學佛萊曼食品營養學院（Tufts University's Friedman School of Nutrition）的經濟學者威爾．馬斯特斯（Will Masters）。

相信大家一定知道，大部分的經濟學家在回答問題時都會寫首詩，威爾也不例外：

該死的供給，該死的需求：
爲何豬便宜，火腿價卻昂？
小麥便宜，麵粉貴，
市場力量，幕後黑手，永不消失。
若僅一賣方，我們會緊張，
美國郵政服務是明證：
價格似優惠，
然而若作惡，誰有力約束？
中盤商，永罪人，
有市場無一不炒；
然而更佳的解釋，
來自海德公園（Hyde Park）的校友。
芝加哥大學布斯商學院（Chicago-Booth）的現代觀點，
點出生活中察而不覺的事實；
李維特與李斯特（John List）
讓人人成爲蘋果橘子經濟學家。

讓數據自己說話，
管傅利曼（Milton Friedman）怎麼說；
原來蔬果價，
市場力驅使。

小支配大，
邊際思考，吹散迷霧：
賣方、買方、交易者，
價格源自互動。

奇異果一顆三三美分，
只因無人阻擋；
另一農場或紐約商店
進入市場販賣更多水果。

兩相一比，
蘋果價昂原因立揭曉：
蘋果工，本低賤，
若想降成本，美國需移民。

香蕉另當別論，
奇妙的無籽產物，栽種者的榮耀，
收成便宜，運費也便宜，
誰在乎工人一分錢都拿不到？

每種作物的生產方式，
哪裡栽種，如何運送，
某些需求得以用極低廉的方式滿足，
其他成本則高出許多。

物價也受購買者的選擇影響，
高級洗髮精那種唬人之物，
價格可不親民，
愈貴愈有價值。

行爲就是行爲，
有些事就是「天生如此」；
人生許多事是個謎，
不過是因循的習慣。

價格則與競爭連動，
政治人物定的關稅也有影響，
那決定了我們是否看到
令人開心的便宜奇異果。

說得太好了。

棒球好手羅斯幫大家上了一堂經濟學入門課

棒球選手彼得・羅斯（Pete Rose）在很久以前，曾在幾顆棒球上簽了「抱歉，我簽賭了。」依據媒體的說法，當初他把那些球送給朋友時，沒想過他們會拿去賣錢。然而，某個拿到球的朋友的家人，決定把其中三十顆拿去拍賣，那些球預計可以賣到好幾千美元。

此時，羅斯出面，教了大家一堂基礎經濟學：只要有相近的替代品，價格就不會太高。

羅斯聽到自己的簽名球被拿去拍賣後，也在自己的網站上出售寫著相同文字的棒球，一顆只要二九九美元，有效摧毀了拍賣市場。的確，新簽的球並非一模一樣的替代品，收藏家依舊可以說自己手上的球是最原始的三十顆球，所以我們可以預期，舊球的拍賣價不會完全跌至二九九美元。最後，拍賣被取消，以一顆一千美元的定價出售。

在此，我要向李斯特致意。從棒球紀念品銷售員變成經濟學家的人，我只認識他一個。

如果上帝獲得企業贊助……

上帝在《聖經．創世紀》裡創造了世界，各位能想像如果當時祂獲得企業贊助，把所有動物、礦物和植物的命名權通通賣出去，祂會變得多有錢嗎？

上帝很辛苦，當年還沒有企業贊助這回事，什麼都得自己來，芝加哥白襪隊（Chicago White Sox）就不同了。他們剛剛宣布，在接下來三季，如果是晚上的主場比賽，原本在七點五分或七點三十五分開打，要改在七點十一分開打。爲什麼？因爲 7-Eleven 付了五十萬美元讓他們這麼做。

我最近發現，有很多廣告出現在奇怪的地方，例如蓋印在新鮮的雞蛋上，或是印在飛機的嘔吐袋上。我得承認，讓時間本身具有價值這件事，相當有創意，尤其是如果你能享受到那個價值的話。

考量到這點，或許我明天會進一步討論這件事™。

S 美國英雄機長薩倫伯格說不出口的話

客座版主簡介：史帝夫機長（Captain Steve）是美國某家大型航空公司在業界待了很多年的國際線機長，由於他寫的東西太敏感，所以選擇匿名。這篇文章發表於二○○九年六月二十四日，也就是「哈德遜河奇蹟事件」（"The Miracle on the Hudson"）發生六個月之後。先前切斯利．薩倫伯格（Chesley Sullenberger）機長成功讓一架空中巴士A320-200迫降在哈德遜河上，全員生還。那架飛機自紐約拉瓜地亞機場起飛後不久，兩個引擎都因遭到鳥擊而故障。

讀完薩倫伯格機長幾篇演講的節錄之後，尤其是幾週前他在美國國家運輸安全委員會（National Transportation Safety Board）上講的話，我想說幾句話。

薩倫伯格機長從頭到尾都表現得可圈可點，他說話得體、眞誠，不認爲自己是英雄，就像我認識的多數機長與駕駛一樣。爲什麼？因爲他不需要刻意表現。如果有人做到他做的事，盡無數像他一樣的人所盡的職責，哪還有必要再吹噓自己的成就？

薩倫伯格機長說，在他當全美航空（US Airways）一五四九號班機的機長時，他所做的不過是分內之事。他很誠懇，而且實情也是如此：「拜託大家，不需要舉辦歡迎儀式，也不需要鼓掌，我只是做我該做的事。」但是，從他的幾場演講中，可以聽出必須要有數年、甚至是數十年的飛行駕駛經驗，才有可能像他那樣處理「一生一次的重大事件」，讓飛機平安迫降在哈德遜河上。

還有一些話，薩倫伯格機長沒有說出口：

我們飛機駕駛員在公關這一塊，正在打一場不可能贏的仗。民眾都以爲我們領取夢幻高薪，還得到王公貴族般的禮遇，其實這一切並不是眞的。爲什麼一直以來我們都打輸這場公關戰役？答案很簡單，因爲我們大部分的人都和暱稱「薩利」（Sully）的薩倫伯格機長一樣，不求掌聲，不求因爲做分內之事而得到熱烈歡迎。然而，我們的確應該得到應有的報酬。我們經過非常多的努力，才贏得今天這份工作，而且我們每天都在精進自己。外界對機師的抨擊，讓我們必須站出來反擊。

地區性的航空公司，例如飛水牛城（Buffalo）的科爾根航空（Colgan Air），把業務外包給開價最低的機師，該航空公司曾經發生過墜機事件，機上四十九人全部罹難。這不怪誰，這不是誰的錯，而是體制的錯。一切都和錢有關，一切都和利潤有關。

讓我帶大家快速回顧一下航空史。很久很久以前，一直到一九八〇年代中期，年輕的飛行員會被大航空公司請去，成爲「飛航工程師」（flight engineer, FE）。他們會花數年的時間操作上個世代的飛機系統，但一邊也在精進自己的技術。這些新「機師」會坐在飛航工程師的座位上，做自己的工作，但每天也在觀摩「機師」如何開飛機。

飛航工程師向經驗豐富的駕駛，學習眞實世界的飛行技術，學習如何飛到各式各樣的歐海爾機場（O'Hare）與拉瓜地亞機場。他們學習決策、授權與法律認可的「機長終極職權」（captain's final authority）的眞實意義。飛航工程師如果有機會晉級，將成爲副駕駛（copilot），責任是協助機長。不過，即使是當上副駕駛，也和飛航工程師一樣，可以互相觀察操作——也就是說，是更多的學習。這種三人一組的概念，如今成爲國內線市場的美好回憶，但在國際線都採取這種做法，以享有多一層的飛安保障。

這種編制消失了，今天國內線被交給區域性的航空公司，例如科爾根航空、美鷹航空（American Eagle）、南非商務航空（Comair）、美莎航空（Mesa Airlines）等。這些航空公司把工作外包給報價最低、最新手的機師，讓他們去飛最難飛的航線。航空公司的管理團隊會說沒問題的，因爲只是例行性的飛行，但我有不同的看法。

打個比方好了，這就像你得知自己得做四重心臟繞道手術，結果卻在網路上搜尋最便宜的價格，然後馬上預約，因爲只有兩個日期的手術最便宜。

請問各位會做這種事嗎？不會。那會怎麼做？我們會四處問人，想辦法找附近最好的醫生。我們會問：「有沒有哪位醫生過去二十年或二十五年都在做這種手術？」而不是說：「我要找剛從醫學院畢業、匆忙接受完住院醫師訓練的醫生，因爲他們最便宜。」

我們爲什麼不用民衆買機票的方式找人動手術？心臟繞道手術是很常見的手術，對吧？

有些醫生一天就能做兩場、三場或四場，一定很簡單。

再說，有多少外科醫生需要每九個月就重考一次醫師執照？飛機駕駛員就要。我們每九個月就得再考一次模擬機檢定，證明我們有知識、有能力、有技術開飛機。

有多少外科醫生得每六個月就接受一次美國醫學會（American Medical Association, AMA）的健康檢查，證明自己可以勝任工作？半個都沒有！飛機駕駛員則得接受健檢，要是沒過，你就完了！有多少外科醫生，或是任何職業攸關大衆福祉的專業人士，包括政治人物，得接受藥物與酒精抽查？半個都沒有。

飛越北大西洋是每天都有的事，對吧？但不過在數十年前，這件事並不常見。身爲飛機駕駛的我們，每天都在做這件事，是因爲我們有技術、有經驗，而且接受很少人接受過的訓練。

天賦？不，大部分的我們不是靠天賦，而是靠努力，靠不斷追求卓越！我在孩子還小的時候，就一直告訴他們一件事：「我不期待完美，但我期待卓越。」我期待你們不管做什麼，都要百分之百努力做到最好。我認識的每一位機師，都抱持著這樣的信念。

從芝加哥的歐海爾機場飛到科羅拉多州的丹佛（Denver），根本沒什麼，對吧？我們機師讓這件事成爲日常生活的一部分，但你在飛越美國本土時，你的命比飛越大西洋時還不值錢嗎？如果你搭乘成本最低的地區航空公司，你的命絕對比較不值錢。如果你搭這種飛機到丹佛，然後引擎起火了，我相信你一定很安心知道，你當初在網路上努力搜尋最便宜的八五折機票確實省錢，你的命被交給這家地區航空公司所能找到的最菜、最沒經驗、最精疲力竭、快要餓死的機組人員。

什麼？快要餓死？沒錯，你沒看錯。你知道嗎？這些地區航空的人員，每天要工作十二到十三個小時，一天飛五到八趟，但航空公司不覺得給他們食物吃很重要？他們已經在領救濟金等級的薪水，還必須在待在地面的二十五分鐘之內，花時間、花錢餵飽自己。太悲哀了！但是，別忘了，你買了最便宜的機票。

高油價萬歲！

這篇文章最初發表於二〇〇七年六月，當時美國普通汽油的油價比起前幾個月大幅上揚，平均一加侖二．八美元，一年後價格衝到四美元。在本書英文版編撰完成之際（二〇一五年一月），油價一路下跌至每加侖二．〇六美元。換句話說，即使不計算通膨，目前的油價比這篇文章最初出現時還便宜二六％。在此同時，聯邦燃料稅自一九九三年便不曾調漲。

我一直覺得美國的油價太低。幾乎所有經濟學家都這麼覺得，而且他們也認爲應該大幅調漲燃料稅。

美國應該調高燃料稅的原因，出於民衆開車時不必支付的一切相關成本——他們讓別人來付，經濟學家稱爲「負面的外部性」（negative externality），也就是「外部成本」。由於我在開車時，不必自己負擔全部成本，所以我會太常開車。理想上，政府應該透過燃料稅來矯正這個問題，讓我在決定要不要開車時，一併考慮社會因爲我開車而付出的成本。

開車會帶來三種外部性：

一、我開車會造成其他人遇到塞車的機會變多。

二、我可能會撞到其他車輛或行人。

三、我開車會造成全球暖化。

如果請各位猜猜看，你覺得用哪個理由來提高燃料稅，最爲名正言順？至少就我找到的證據來看，答案有可能會讓你訝異。

最明顯的理由是：塞車。塞車是太多車同時開在路上的直接結果，如果減少一些車，剩下的駕駛就有空間開得快很多。維基百科解釋塞車的頁面提到：

德州交通研究中心（Texas Transportation Institute）估計，二〇〇〇年時，全美七十五個最大的市區會出現三十六億小時的塞車，浪費掉五十七億美制加侖的燃料（約二一六億公升），耗損六七五億美元的生產力，等同美國〇・七％的GDP。

這份研究並沒有告訴我們評估應該收多少燃料稅時需要知道的資料，我們想知道每多出一位駕駛人，社會將損失多少生產力。但維基百科的資料確實讓我們知道，如果我是通勤者，你請病假對我來說是好事。

較少人開車另一個比較難觀察到的好處，則是車禍也會減少。我有一篇文章很榮幸獲選刊登在《政治經濟學期刊》（*Journal of Political Economy*）上，引述了艾倫．愛德林（Aaron Edlin）與皮納．曼迪克（Pinar Mandic）所提出令人信服的論點。他們說，每多出一位駕駛人，都會讓其他駕駛的保險成本大約增加兩千美元。他們的主要邏輯是，如果我的車沒在外頭等著被人撞上，或許我永遠不會發生車禍。兩人最後的結論是，適當的稅額一年將創造兩千兩百億美元。所以，如果兩位學者是對的，相較於減少塞車情形，減少車禍數量會是抽燃料稅更重要的理由。我不確定是否眞的就是這樣，至少我從未想過會是這個答案。

那麼全球暖化呢？每燃燒一加侖的汽油，都會排碳到大氣中，理論上這會加快全球暖化的速度。如果你相信維基百科的「碳稅」（carbon tax）辭條，排放到大氣中的碳，每噸的社會成本大約是四十三美元——這個數字顯然有很大的標準誤差問題，但我們在這裡姑且不討論。如果數字是對的，那麼燃料稅大約必須是每加侖十二美分，才能抵消汽油帶來的全球暖化效應。美國國家科學院（National Academy of Sciences）的報告指出，美國的機動車輛每年大約燃燒一千六百億加侖的汽油與柴油。一加侖十二美分的話，全球暖化的外部成本爲兩百億美元；也就是說，相較於塞車與減少意外事故，在應該增加燃料稅的三個理由之中，對抗全球暖化是落後差距很大的第三名。但其實兩百億美元這個數字也不小了，更加凸顯出塞車與交通事故的成本有多高。

把前述的數字全部加在一起，再算上其他我們應該提高燃料稅的理由，例如道路磨損等，合理的數字是燃料稅每加侖至少應該徵收一美元。但在二〇〇二年時（我可以輕鬆找到數據的一年），燃料稅平均每加侖爲四十二美分，僅達合理數字的三分之一左右。

高油價也會和稅賦一樣帶來作用，唯一的不同點在於油價變動得比較快，而且多增加的收入會跑到石油開採者、精煉廠與經銷商的手中，而不是繳入國庫。

我的觀點是，我們不該哀歎高油價，反而應該要高興才對。而且如果有任何總統候選人站出來，支持一加侖的汽油要抽一美元的稅，我們應該投給那個人。

後記：高油價帶來一個意想不到的結果，那就是導致車禍死亡率上升，原因是駕駛人開始選擇小型的省油車，而且騎摩托車的人也變多。《傷害預防》（*Injury Prevention*）期刊二〇一四年的一篇研究發現，光是在加州，油價每加侖漲三十美分，九年間就導致摩托車相關的死亡案例多增八百起。

4 蘋果橘子創意大賽

我們兩個每寫一本書，出版社就會做很多宣傳贈品，像是T恤、海報什麼的。他們每次都會寄給我們好幾箱這種東西，最後都會堆在櫃子裡。有一天我們兩個想，怎樣才可以把這些贈品送給真心想要的人？就這樣，我們開始舉辦部落格大賽。由於實在是太有趣了，我們的部落格讀者都是超級有創意的人，所以就這樣辦了數十次，下列將介紹我們最喜歡的幾場比賽。

世界上最容易使人成癮的東西是什麼？

前一陣子我和朋友蓋瑞．貝克（Gary Becker）聊到成癮這件事，他是贏過諾貝爾獎的人，他的眾多成就包括提出成癮理論。當他告訴我最容易成癮的物質時，我嚇了一跳，半信半疑。後來想一想，他是對的。

所以，我們今天的題目就是：貝克認為世界上最容易使人成癮的東西是什麼？

隔天……

有超過六百位讀者，試圖猜出在貝克心中這世上最容易使人成癮的東西。很多人的答案是快克古柯鹼與咖啡因，但各位真的覺得我會在部落格上出答案這麼明顯的題目嗎？

雖然黛博（Deb）的答案不是我要的答案，不過還頗具詩意的：

一個呵欠。一抹微笑。鹽。

在我公布答案之前，大家不妨想想某樣東西容易使人成癮是什麼意思？就我來看，成癮物質至少具備下列幾項特徵：

一、一旦你開始用，就會想要更多更多。

二、你會逐漸出現「耐受性」，也就是使用相同數量時，快感會減少。

三、你會為了得到那樣東西，犧牲生活中的其他一切。你可能會做出荒唐事，只為了得到它。

四、在你停止使用那樣東西時，將得走過一段戒斷期。

當然，酒精和快克古柯鹼絕對符合前述這幾項描述，但依據貝克的看法，有一樣東西比它們更容易使人成癮，那就是：人。

我當下聽到貝克這麼講的時候，覺得有點莫名其妙：什麼叫「人」容易使人成癮？不過，我再想了一下之後覺得他是對的，陷入愛河絕對是最高等級的成癮。當你開始喜歡上一個人的時候，只要和對方共度一點時間，都會讓你想再多待一下。迷戀可能會讓人什麼事都做得出來，有的人會不惜一切讓戀情開花結果，他們甘願冒全天下的險，最後讓自己看起來像是徹頭徹尾的傻子。然而，一旦真的和一個人在一起之後，和喜歡的人相處的時間所帶來的效用卻會遞減。戀愛期帶來的暈頭轉向，逐漸被平淡無奇所取代，但就算是一段不怎麼樣的感情，至少會有一方得經歷令人痛苦的戒斷期。

我一直等到第三四三則留言，才看到我要的答案，那是波波（Bobo）留下的：「其他人」。不過，有好幾則留言也很接近。第十三則留言的傑夫（Jeff）回答：「社交或是他人的陪伴」，而第四十七則留言的蘿拉（Laura）則回答：「愛」。

在此宣布，這三位讀者都是獲勝者。

出乎意料的推特比賽結果

前幾天，我和李維特一覺醒來，發現我們的推特（Twitter）追蹤人數快要破四十萬，所以我們留言提供《蘋果橘子經濟學》的獎品：

@freakonomics
我們的推特追蹤者目前總共有三十九萬九九八七人，感謝大家！第四十萬名追蹤者將可獲得《蘋果橘子經濟學》獎品！

看起來沒寫什麼，對吧？

但我們就這樣直直走入誘因陷阱當中。

我們兩個緊盯著推特的最新動態，準備好迎接第四十萬名追蹤者。眼看每秒鐘增加五至六名新的追蹤者，得獎人馬上就要出現，接著噹啷！贏家出爐：

@freakonomics
@emeganboggs 你是我們第四十萬個推特追蹤者！恭喜！贈獎活動結束了。謝謝大家！

但我們回到推特主頁後，卻發現追蹤者不但不到四十萬人，還少了很多。怎麼回事？在舉辦贈獎活動之後，我們的追蹤者反而減少？

如果你經常上推特，大概已經知道發生什麼事：我們提供獎品這件事，創造了讓人們取消又重新追蹤的誘因。沒錯，我們的追蹤者立刻讓我們知道這件事：

@GuinevereXandra
@freakonomics 你們這樣難道不是在給我誘因，讓我取消追蹤又重新追蹤，反覆操作直到我成爲第四十萬個人？

@Schrodert
@freakonomics 開始了，先取消追蹤，然後再追蹤！

@Keyes
@freakonomics 哈，你們的追蹤者少了二十個人，這就像推特版的一分錢拍賣，最後看誰得標。

@ChaseRoper
@freakonomics 你們剛剛創造誘因讓追蹤者爲了成爲第四十萬個人，先是取消追蹤，然後又重新追蹤。

我眞希望我能說，這是我們兩個故意做的聰明實驗，但事實上是推特給我們上了一堂誘因課。我們以爲 @emeganboggs 是第四十萬名推特追蹤者，但其實不是。我們還是會送她獎品，但也會送其他幾位很接近的追蹤者，雖然他們爲了當第四十萬個，先是取消追蹤又追蹤）。感謝各位推友們，今天眞是太有趣了！關於意想不到的結果，我們又學了一課。

幫美國想一句箴言？

最近我去了一趟倫敦，看到《紐約時報》一篇報導說，英國辦了一場衆人興趣缺缺的「國家箴言」徵文活動，民衆提供的建議包括：「拜託不要箴言，我們可是英國人」，以及「曾是強大帝國，近日有點生鏽。」此外，我還幫一本討論六字箴言的新書，提供了一句創意來自《聖經》的話：「第七字他休息。」所以，我最近對箴言很感興趣，在此想邀請大家參加一個活動：

幫美國想一句箴言。

非常歡迎外國好朋友也來參加，請自由說出你心中的箴言，想保守說出也可以。那麼，我就先提供一個範例：「鼻青臉腫？有一點。一敗塗地？怎麼可能。下一個！」

兩週過後……

這次的箴言活動反應十分熱烈，目前已經出現超過一千兩百則留言。如果有人想在美國史上最有趣的選舉年當中（二〇〇八年），感受一下民眾氣氛，不妨看看大家的留言。他們一語道出很多事，而且對美國的未來感到不大樂觀。

最初的留言相當偏左派，接著顯然由於幾個偏右的部落格發現了這個活動，所以就開始湧入大量不同陣營的箴言。愛挖苦的人加入這場爭論時，可能會這樣形容這次的箴言活動：

左派一直抱怨，右派避重就輕；大家吵成一團。

或是：

保守黨與自由黨的「愛」國者，都認爲對方「礙」國。

由於我們的部落格偶爾會提到經濟學，我很訝異沒有更多留言提及自由市場，例如……

創造性破壞萬歲！

最後，我們蒐集到太多太棒、太一針見血、太有趣、太令人心有同感、太大膽的建議。顯然我們無法自行選出得獎者，所以我們讓五則留言進入決選。請各位就下列選項投下你神聖的一票，四十八小時內得到最多票的箴言，將是獲勝者。

一、到目前爲止史上最和善的帝國

二、看看別人就知道我們的好

三、小心！一七七六年宣布獨立後的實驗仍在進行

四、跟加拿大很像，只是培根比較好吃

五、罵最凶的人還是寧願留下來

一週過後……

我們計算了大家的投票，第一名的票數遙遙領先：

罵最凶的人還是寧願留下來（一九四票）

接下來幾名分別是：

小心！一七七六年宣布獨立後的實驗仍在進行（一三四票）

到目前爲止史上最和善的帝國（六十四票）

看看別人就知道我們的好（三十八票）

跟加拿大很像，只是培根比較好吃（十八票）

我爲各位的選擇鼓掌，也特別爲得獎的網友「edholston」鼓掌。「罵最凶的人還是寧願留下來」雖然不是一句十分激勵人心的話，卻簡明扼要說出採行資本主義的民主政體不可避免的矛盾情形：它通常會是一個值得抱怨的地方，而且允許你想抱怨得多大聲就可以多大聲。幫美國想出新箴言這麼重大的任務，卻只得到《蘋果橘子經濟學》的紀念品，實在是不成敬意。謝謝大家不介意這區區薄禮，也感謝得獎者Ed，以及所有的參加者。

現在，有誰能夠想想辦法，讓這個箴言眞正被採用？

5 杞人憂天

我們兩個在《超爆蘋果橘子經濟學》這本書中，介紹過世上最危險的一項活動：喝醉走在路上。這不是開玩笑的，數據眞的說醉醺醺走一哩路，風險是酒駕一哩路的八倍。但多數人聽完後都哈哈大笑，覺得我們在胡說八道。人類眞的很不會評估風險，原因有很多，有時是因爲認知偏誤的緣故，有時則是因爲媒體大幅報導其實鮮少發生的事件。我們倆的部落格在過去幾年討論過五花八門的風險，包括恐怖的陌生人、全球石油快用罄，以及騎馬等。

馬兒乖乖

美國演員馬修．柏德瑞克（Matthew Broderick）最近因爲騎馬而摔斷鎖骨，他是近幾個月來我聽到的第四或第五個因爲騎馬而受傷的人，所以我開始好奇騎馬究竟有多危險，尤其是相較於騎摩托車或駕駛其他車輛？

我上Google查了一下，美國疾病控制與預防中心（Centers for Disease Control and Prevention, CDC）一九九〇年的報告說：「美國每年的騎馬人次約爲三千萬。每一騎乘／駕駛時數發生的重大傷害，騎馬者受傷的機率，高過摩托車騎士與賽車手。」

値得注意的是，因爲騎馬而受傷的人，通常受到酒精影響，這和駕駛機動車輛受傷（以及傷害他人）的原因一樣。那我們爲何沒有更常聽到有人因騎馬而受傷？我猜，有下列幾種可能：

一、很多騎馬意外的發生地點爲私人產業，而且通常只有一人受傷。

二、騎馬意外事故通常不會向警方通報，但如果是摩托車或直線競速賽出事，一定會有警方紀錄。

三、平日呼籲大家要注意危險活動的人士，他們對騎馬的印象好過騎摩托車。

四、相較於騎馬發生意外，重大的摩托車意外比較可能登上晚報——當然，如果騎馬出事的人是柏德瑞克，或是飾演超人的克里斯多福．李維（Christopher Reeve），那就不一樣了。

也許是我記錯了，但我不記得李維發生那場令人遺憾的意外之後，有人出來提倡禁止或管制騎馬，然而美式足球明星班．羅斯里伯格（Ben Roethlisberger）因爲騎摩托車沒戴安全帽而受傷之後，大家都說他的行爲十分不可取。當然，我的意思不是騎車不戴安全帽不蠢，身爲匹茲堡鋼人（Pitsburgh Steelers）的球迷，我很慶幸羅斯里伯格騎的不是馬。

美國運輸部部長對我的安全座椅研究的回應

美國運輸部部長拉胡德在官方部落格上，指出我的兒童安全座椅研究不值得一提。該研究發現，安全座椅減少二至六歲孩童死亡或嚴重受傷的功用，不高於安全帶。這項發現的依據是美國事故報告分析系統（U.S. Fatality Analysis Reporting System）近三十年的資料，以及杜伯納和我委託的撞擊測試。

在部長所講的話當中，我最喜歡這一段：

「如果你爲了譁眾取寵，只取特定數據，那就去吧！但身爲祖父與一國部長的我，而且我們部會的第一要務是確保民眾的安全，我沒有餘裕這麼做。」

拉胡德部長的這篇部落文讓我感到十分意外，他對我的研究的反應，和芝加哥公立學校主管阿恩·鄧肯（Arne Duncan）聽完我說教師會作弊的反應十分不同。先前，我告訴現任美國教育部部長鄧肯，我做了教師作弊的研究。我本來以爲他會跟拉胡德部長一樣，不相信我的研究發現，並且採取防衛的態度，沒想到他說，他最在乎的事就是確保學童能夠學到最多東西，而教師作弊會妨礙這件事。他請我和他一起討論這件事，最後我們讓事情有所不同。

如果最重要的目標，眞的是保障孩童的安全，拉胡德的部落格應該這樣寫：

長久以來，我們都靠汽車安全座椅保護孩童。近日的學術文獻證實，汽車安全座椅的確有功，但李維特和他的共同作者，在一系列經過同儕審查的期刊文章上，利用取自運輸部的三個不同資料集，以及其他來源的數據，挑戰了這個觀點。我並非數據專家，而且我得管理一個政府部門，所以沒有辦法親自分析資料。不過我是個祖父，而且我們部門的第一要務是保障民眾的安全，所以我請運輸部的研究人員做了下列這幾件事：

一、仔細研究李維特的研究依據，也就是我們運輸部自己蒐集的資料集。事情眞的是這樣嗎？數據是否眞的告訴我們，並無證據或鮮有證據顯示，汽車安全座椅保護兩歲以上孩童的功用，並不高於保護成人的安全帶？我們在評估安全座椅的有效性時，評估基準一向是和沒有坐在安全座椅裡的孩童做比較。或許從現在開始，我們必須重新思考這種研究方式？

二、要求費城兒童醫院（Children's Hospital of Philadelphia）的醫師，也就是一再發現汽車安全座椅有效的醫師公開資料。據我所知，他們拒絕和李維特分享這些資料。但是，爲了得出眞相，我們應該讓其他研究者有機會檢視相關醫師所做的研究。

三、進行一系列的假人撞擊測試，判定成人的安全帶是否眞的通過所有的政府撞擊測試規定。李維特和杜伯納在《超爆蘋果橘子經濟學》提出的報告發現，只採用了非常少量的測試樣本；我們需要更多的數據證據。

四、試圖了解爲什麼經過三十年，大部分的汽車依舊未能妥善安裝安全座椅。都已經過了這麼久，我們眞的能怪父母，還是該怪其他人？

五、讓我們一起來探討前述所有議題，找出眞相，用眞相引導公共政策。

如果拉胡德部長有興趣做前述任何一項研究，我會盡一切所能提供協助。

最新情況報導：拉胡德部長從未接受我提供的協助。

過度保護：嬰兒尿布台

最近，我一直在思考「過度」保護人身安全的議題。我說的不是「維安劇場」（security theater），那種爲了提升民眾的安全感所做的一切大動作、但沒有實質效果的防護準備。在日常生活中，有很多說是要保護民眾的做法，其實只是徒增麻煩。

舉例來說，我的銀行一定會主張，他們所採取的各種防詐騙措施都有價值。但事實上，那些措施：一、保護的對象其實是銀行，而不是我們；二、麻煩到令人覺得可笑的程度。我甚至可以預測哪筆信用卡的費用，將觸發銀行呆頭呆腦的演算法，造成銀行凍結我的帳戶，只因爲他們不喜歡我刷卡時的郵遞區號。

然而，矯枉過正的安全措施，已經滲透進一般民眾的世界。我小孩的學校在學年初發放家長的聯絡資訊，給的是用密碼保護的 Excel 檔案。通訊錄上又沒有社會安全號碼，也沒有銀行資訊，只不過是列出家長的姓名、地址與電話。我可以想像，不出幾個月的時間，如果有人眞的需要使用那張通訊錄，會因爲早就忘了密碼而打不開檔案。

近日，我在費城的大停靠站三十街火車站（Thirtieth Street Station）裡，親眼見證這種過度保護最離譜的例子。我把我在男廁裡看到的東西拍了下來：

沒錯，這是換尿布的台子，居然被鎖住了。照片上方那行手寫的字是：「密碼請洽服務人員」。我確定我們一定可以想像如果尿布台沒鎖的話，會發生什麼可怕的事。雖然根據我的經驗，會出現這種離譜的做法，一定是因爲不曉得曾經發生過什麼事，讓某個人怎麼了，或是某人的律師曾經出馬，但我還是覺得……。

最新的恐怖威脅：雨傘

接受安檢一直讓我感到不耐煩，我發現最能讓自己不煩的方法，就是假裝我是恐怖分子，思考哪裡的安檢防線最弱，然後趁機而入。我想，我已經在小布希總統的任內，找出把槍枝或爆裂物偷渡進白宮的方法，但我只受邀到白宮過一次，從來沒有機會再度造訪，測試一下自己的理論。

最近，我搭機到愛爾蘭時，碰上一種新的反恐措施。都柏林的安檢人員不但會要你從隨身行李中拿出筆電，還得拿出另一項我以前不知道很危險的東西：雨傘。我完全想不出來一把傘可以做什麼，講得更明確一點，要我把傘從隨身行李拿出來放在輸送帶上，究竟可以防

止我做什麼壞事？我問安檢人員，爲什麼要把雨傘直接放在輸送帶上，她口音很重，所以我聽不大懂，只聽到她好像講了「戳」這個字。

在我知道雨傘可能很危險之後，就開始變得疑神疑鬼。美國的安檢在對待雨傘時，實在是太隨便了！現在，每次我在美國搭飛機時，一路上都在害怕，要是有一把壞蛋的雨傘搭上飛機，那該怎麼辦？

有件事我很確定，往後要是飛機飛在半空中時，如果我看到乘客從包包裡掏出一把傘，我第一個動作絕對是先抓住對方再說！

「石油頂峰」：媒體新版的鯊魚攻擊事件

這篇部落文最初發表於二〇〇五年八月二十一日，當時鮮少有人預測十年後石油開採技術會進步，美國會超越沙烏地阿拉伯成為全球最大的產油國，但這件事成真了。

彼得．馬斯（Peter Maass）一篇談「石油頂峰」（peak oil）的文章，最近登上《紐約時報雜誌》（*The New York Times Magazine*）的封面故事。「石油頂峰」的概念是：全球石油產量逐年增加，目前即將達到最高峰，然後儲油量會愈變愈少，造成一桶油的價格達三位數，導致全世界陷入前所未有的經濟大蕭條。某個表示石油產量即將銳減的網站說：「人類文明很快就要走到盡頭。」

你可能會以爲，高呼這種末日預言的人聲音不大，因爲人類的預測向來都不大準確，想想以前的諾斯德拉達姆斯（Nostradamus）、馬爾薩斯（Malthus）與保羅．埃爾利希（Paul Ehrlich）就知道了，但顯然末日說在今日依舊十分盛行。

大部分的末日說之所以出錯，在於它們忽視了一個基本的經濟學概念：人們會回應誘因。如果價格的確攀升，人們的需求就會減少，廠商還是會想辦法增加產量，每個人也會試圖製造出替代品。此外，科技不斷帶來創新，例如綠色革命、生育控制等，最後的結果就是：市場一般都會想出辦法來解決供需問題。

石油目前的情況就是這樣。我不清楚全球石油儲量的情形，甚至不需要討論相關末日說的目前油田產量將減少多少，以及全球石油需求的上揚情形又是如何等。供需會逐漸發生變化，一年變動個百分之幾，然後市場會用一個辦法來處理這種情形：價格將會微幅上揚。漲價不是大災難，而是在告訴大家，先前由於油價低而值得做的事，現在不值得了，例如有些人將不再開休旅車，而是改開油電混合車。我們也許會願意多蓋幾座核電廠，或者在屋頂加裝太陽能板將開始符合經濟效益。

那篇《紐約時報雜誌》報導的論點有時自打嘴巴，例如文章指出：

石油供給不足將帶來重大後果，如果消耗開始超過生產，就算只是超過一點點，每桶石油的價格可能會飆升至三位數，然後全球將出現經濟衰退，原因是運輸燃料價格過高。倚賴石油化學物的產品，價格也將上揚；換句話說，幾乎市場上每樣產品都會漲價。美式生活將遭受到重大打擊，因爲要發動車輛並無法靠住家屋頂上的風車發電。目前美國近郊與遠郊的生活模式是每個家庭養兩台車，不斷地往返於工作、學校與沃爾瑪（Wal-Mart）之間，但美國民眾可能再也負擔不起這種生活模式。此外，萬一石油開始實行配給制，民眾也不可能再過這種到哪都開車的生活。我們的生活將出現種種不便，強迫共乘還只是小事，家中的暖氣成本也會大幅上揚——當然，前提是人類這種能夠調節溫度的住家，將不會成爲過去的美好回憶。

如果油價上揚，石油消費者的生活將變得（有點）糟糕。不過，我們需要的是每年讓石油需求下降百分之幾，不是需要在車子上裝風車發電，只要沒必要少開點車就好。我們不需要拋棄美國最北方的北達科他州，只要在冬季把室內空調降個幾度就好。

文章作者在後面幾段又寫道：

在油價達到三位數之後，起初對沙烏地阿拉伯人來說像是好事，因爲石油變得愈來愈珍貴，他們就會賺到更多錢。然而，人們對沙烏地阿拉伯及石油輸出國組織（Organization of the Petroleum Exporting Countries, OPEC）的成員國，有一個常見的誤解，以爲不論價格飆到多高，高油價對他們來説都有好處。

雖然每桶油價超過六十美元時，並未造成全球經濟的不景氣，但這種可能性依舊存在，因爲高油價帶來的恐怖影響，可能要過一段時間才會顯現。在油價超過六十美元之後，價格愈貴，愈可能引發經濟衰退。高油價會帶來通貨膨脹，幾乎萬事萬物的成本都會上升，不論是航空燃油、塑膠、肥料等都逃不過。也就是說，人們將減少購物、減少出遊，經濟活動將會減少。因此，產油國在短期大發利市之後，油價會開始下跌，因爲經濟開始不景氣，而一旦繁榮的景氣開始衰退，石油的用量將會減少。油價先前曾經崩盤，而且是近日的事：一九九八年，油價因爲OPEC在不恰當的時機增產，跌至每桶十美元，亞洲的需求也連帶減少，因爲亞洲遭逢金融風暴。

等等，「石油頂峰論」在這一大段中怎麼不見了？油價上升，需求減少，油價就下跌。那「世界即將滅亡說」呢？在這一段話中，我們又回到每桶石油十美元，作者在無意間引用基本的經濟學原理，讓自己這整篇文章的前提無法成立！

然後，作者繼續寫道：

高油價對產油國來說，還有另一個不幸的結果。當每桶原油成本爲十美元，甚至是三十美元時，替代燃料顯得過於昂貴。舉例來說，加拿大擁有大量可提煉成重油的焦油砂，但是成本過高。但要是焦油砂及其他替代選項，例如生質酒精、氫燃料電池，或是轉換自天然氣或煤礦的液態燃料等，在目前的每桶油價不斷上升之後，例如超過四十美元一桶，將變得具有經濟效益，特別是如果消費國政府選擇提供誘因或補助的話。所以，即使高油價並未造成經濟不景氣，沙烏地阿拉伯也可能會被對手搶走市占率，因爲美國人比較喜歡把能源支出交給非基本教義派。

就像作者所言，高油價會讓人們開始研發替代品，這正是我們不需要擔心石油產量達到頂點的原因。話說回來，爲什麼我要把石油頂峰論比喻爲鯊魚攻擊事件？因爲鯊魚攻擊事件每年也大約就是那麼幾件，但媒體大肆報導，造成民衆的恐慌程度大增。我想，石油頂峰論也是一樣，媒體互抄、大量報導，讓消費者心生恐懼，導致大家開始覺得石油問題會帶來大災難，即便在過去十年，石油前景的基本面並未發生任何變化。

關於「石油頂峰論」的發展，我也想參一咖打賭

約翰・堤爾尼（John Tierney）寫了一篇精彩的《紐約時報》專欄，回應我上次對馬斯在《紐約時報雜誌》提出的「石油頂峰論」文章的評論。堤爾尼和能源銀行家、「石油頂峰論」陣營的重要人物馬修・西蒙斯（Matthew Simmons），打了一個五千美元的賭，賭二〇一〇年的石油價格，每桶將高於或低於兩百美元（調整通膨後的二〇〇五年美元）？

這個賭模仿了經濟學者朱立安・賽門（Julian Simon）與悲觀派的埃爾利希之間的賭，那次打賭最後賽門獲勝。被埃爾利希預測價格會上揚的五種金屬，結果全部大幅下跌。

我是個愛賭的人。我發現，紐約商品期貨交易所（ＮＹＭＥＸ）二〇一一年十二月的原油期貨價格，每桶不到六十美元，所以賭每桶不到兩百美元看起來穩贏！於是我問西蒙斯，要不要多跟一個人賭？

西蒙斯人很好，還回信給我，我才知道，原來我不是第一個也想參加這場賭局的經濟學者。但他婉拒我，不接受我下注，他依舊堅信油價太過便宜，指出「眞正的經濟學定價，很快就會終結近一世紀的夢幻價格。」

有件事西蒙斯一定是對的，相較於我們消耗的其他東西，石油和天然氣依量定價的價格眞的太便宜。想像一下，如果出現一位厲害的發明家，宣布自己發明了一種錠劑，只要加進一加侖的蒸餾水，就能讓水變成汽油，你願意出多少錢買他的錠劑？在過去五十年的多數時期，答案是接近零元，因爲一加侖的石油，通常和一加侖的蒸餾水差不多錢。

不過，我覺得西蒙斯的推論，有一個地方有問題。他似乎是在主張，由於一加侖的石油就像黃包車車夫一樣珍貴，石油應該和黃包車車夫一樣貴。在合理的競爭市場，例如石油和天然氣的市場（黃包車的市場大概也是），決定價格的因素是供應該商品的成本，而非消費者願意付多少錢，原因在於商品的供給在一定的時間長度內，接近「完全彈性」（perfectly elastic）。如果某個價格可以帶來高利潤，企業會削價競爭，造成利潤下降。當供給「完全彈性」時，消費者喜歡商品的程度決定了商品的消耗數量，那就是爲什麼水、氧氣、陽光全都是非常珍貴的東西，但對使用者來說幾乎都可免費取得，因爲供應的成本很便宜，或者免費。那也是爲什麼我們以目前的價格使用很多天然氣和石油，但並未使用那麼多的黃包車。

如果供應石油的成本突然大增，那麼油價一定會上揚，而且是在短期內，而非長期，因爲人們會設法找出石油和天然氣的替代品——不過，黃包車大概不會成爲石油的主要替代品，至少在美國不會。因此，我們是否該關心「石油生產已經達到最高峰」，要看：一、供應石油的成本是否會大增；二、如果大增，是增加多少；三、需求有多少彈性？

後記：提爾尼最後贏得賭注，二〇一〇年每桶石油的價格，平均為八十美元；調整通膨因素後，是二〇〇五年的七十一美元。遺憾的是，西蒙斯先生已於同年八月過世，享壽六十七歲。提爾尼寫道：「幫西蒙斯先生處理後事的同事，在檢視完數字之後，宣布他的遺產應該撥五千美元給我。」

肥胖要人命？

現在有太多關於肥胖的討論，讓人難以分辨什麼議題重要、什麼議題不重要。爲了清楚起見，我有時會把肥胖議題分成三大類。

一、美國的肥胖率爲什麼大幅攀升？

這個問題有非常非常多的答案，答案大多和飲食與生活習慣改變有關；某種程度上來說，也和「肥胖」的定義改變有關。經濟學家周欣儀、麥克．葛羅斯曼（Michael Grossman）和亨利．薩弗（Henry Saffer）寫過一篇有趣的論文，探討了衆多因素的影響，包括平均每人餐廳數、一份飲食有多少量與價格等，最後的結論並不令人意外：肥胖主要和人們愈來愈容易取得極便宜又好吃的食物有關。此外，他們也發現，抽菸者大幅減少，也助長了肥胖率。這點聽起來似乎合理，因爲尼古丁是興奮劑，能夠助長卡路里的燃燒，同時也是食慾抑制劑；不過，強納森．古魯伯（Jonathan Gruber）與麥可．傅雷克斯（Michael Frakes）兩位學者也提出論文，懷疑抽菸情形減少，是否眞的會造成體重上升。

二、肥胖的人要怎麼做，才能不再繼續胖下去？

想當然耳，這是產值數十億美元的飲食管理與運動健身產業的超吸金賣點！快速看一下亞馬遜網路書店（Amazon.com）賣得最好的五十本書，你就會知道人們有多想減重，榜上有名的書包括《直覺飲食法》（*Intuitive Eating: A Revolutionary Program That Works*）、《終結肥胖的飲食》（*The Fat Smash Diet: The Last Diet You'll Ever Need*）與《超級新陳代謝》（*Ultrametabolism: The Simple Plan for Automatic Weight Loss*）等。這些書讓我想起有一個理論說，人類史上的每一個故事，從《聖經》一直到最新的《超人》系列電影，都基於七套戲劇公式。信不信由你，《超人》和《聖經》出於同一套公式：超人和摩西在嬰兒時期都死裡逃生，他們的父母在絕望之中，用太空梭或藤籃把他們送出去，然後被異族家庭扶養，但永遠記得自家族人的精神，一生追求正義。減肥書更是適用這個七套公式的理論，因爲內容都大同小異。

三、肥胖有多危險？

就我個人而言，我覺得這個問題最難回答。傳統看法認爲，肥胖是正在侵襲美國的超級巨浪，帶來無數的醫療與經濟問題。不過，也有新興看法認爲，我們對肥胖的恐懼，可能和肥胖本身是一樣大的問題。例如，芝加哥大學的政治學者艾瑞克・奧力佛（Eric Oliver）便抱持這樣的觀點，他的著作《肥胖政治：美國流行性肥胖的眞相》（*Fat Politics: The Real Story Be-*

hind America's Obesity Epidemic），主張探討肥胖的辯論充滿謊言與造假的資訊。如同該書書衣介紹所言：「少數的一群醫師、政府官僚與健康研究人員，得到藥廠和減重產業的資助，致力於讓超過六千萬美國人被錯誤歸類為『過重』。他們誇大了肥胖的健康風險，宣傳肥胖是一種會致命的疾病。奧力佛則檢視科學證據，指出鮮有證據證明，那麼多的疾病與死亡都是肥胖造成的，也鮮有證據證明，減重會讓人們變得更健康。」

嗯……就算奧力佛是對的，而且姑且不論問題一與問題二，最近一起造成二十人死亡的事件，元凶看來就是肥胖。去年十月，有一艘運送四十七名老人的觀光船，沉進紐約市北方的喬治湖（Lake George），造成二十人喪命。

依據美國國家運輸安全委員會的報告，這艘船之所以會沉，是因為嚴重超載。船公司在判斷能否安全運送乘客時，用的是過時的體重標準，船隻並未載送超過人數上限的乘客，但遠遠超過重量上限，結果當乘客全部跑到船的同一側看風景時，災難降臨。《紐約時報》報導，觀光船公司用的是舊制標準，每名乘客依一四〇磅（約六三．五公斤）計算，但國家運輸安全委員會已經警告過這個標準不再適用，時任紐約州長喬治．保陶基（George Pataki）更新該州標準，新的乘客平均體重為一七四磅（約七八．九公斤）。

法律上大家吵成一團，每個人都想把這樁意外怪到別人頭上。觀光團說，這次的意外是天災，其他人則怪罪改裝那艘船的公司。看來，該是時候有人站出來，控告麥當勞才是讓乘客多了那麼多磅的元凶。

康納曼親自回答大家的問題

《超爆蘋果橘子經濟學》出版不久後，我在飯局上認識了丹尼爾・康納曼（Daniel Kahne-man）。他說：「我喜歡你的新書，它將改變世界的未來。」我受寵若驚，但他的話還沒說完：「它將改變世界的未來，但不是變得更好。」

我相信很多人同意他的看法，但他是唯一當著我的面這麼說的人！

如果你還沒聽過康納曼，他是史上對經濟學影響最深遠的非經濟學家。身爲心理學家，他靠著行爲經濟學的開創性研究，成爲史上唯一贏得諾貝爾經濟學獎的非經濟學家。我認爲，如果稱他爲有史以來最具影響力的前五十大、目前仍在世的前十大經濟學思想家，絕對不誇張。

那次聚餐過後，我和丹尼在幾年間逐漸變得熟稔起來。每次我和他見面時，都會從他身上學到東西。我認爲他最傑出的地方，在於他能看到完全顯而易見，但不知怎的要等他指出來後，才會有人看到的東西。

最近，他寫了一本雅俗共賞的好書：《快思慢想》（*Thinking, Fast and Slow*），讓大眾悠遊於行爲經濟學的世界，是那種大家會一直討論的書。丹尼大方答應我的邀約，回答「蘋果橘子經濟學部落格」讀者提出的問題，我們在下列整理了一下他的回覆：

問：您和這個領域的其他人做了許多研究，證明人們通常會做出不理性的決策。如果是研究讓人變得更爲理性的方法呢？你們是否嘗試過相關研究？

答：當然，很多人都研究過。我不認爲自助的成功機率很大，但是當利害關係很大時，放慢確實是個好點子（就連該建議都有人懷疑功用）。組織比較可能成功改善決策。

問：您的研究是否探討過賓州州立大學（Penn State）行政人員冒的那種險？他們決定不公布美式足球教練傑瑞・山達斯基（Jerry Sandusky）犯下的性犯罪，他被控多年性侵多名男童？

答：以這種案例來說，立刻讓醜聞曝光所造成的傷害，將會是非常巨大、立刻反應出來，而且很容易就能夠想像到。拖延帶來的嚴重後果則是較爲模糊，要一段時間才看得出來，所以這大概就是許多人試圖遮掩事情的原因。如果人們確知粉飾太平會讓個人付出重大代價（例如前述這個事件），以後就不會那麼常隱瞞眞相。從那個角度來看，賓州州立大學若採取快刀斬亂麻的處理方式，長遠來說將是好事。

問：李維特說，您覺得《超爆蘋果橘子經濟學》會讓這個世界變得更糟，您爲什麼這麼認爲？

答：那是我們在討論那本書時，我開的一個玩笑。書中說，我們可以用科技方法解決全球暖化的問題。我認爲，用對某些解決方案較爲有利的方式呈現它們，可能會讓讀者誤以爲如果問題很好解決，就沒什麼好擔心的。那不是一句嚴厲批評的話。

問：您的研究與寫作，可以如何幫助人們做出更佳的健康照護決策，不論是需求方或供給方？

答：我不認爲如果病患與醫療提供者身處的情境不變，我們能期待他們會改變自己的選擇。收取服務費用的誘因很強大，認爲健康無價的社會認知也很強大，尤其是由第三方支付時。行爲心理學能夠創造改變的地方，以及行爲經濟學家能夠施力的地方，就是規劃過渡期以推動更好的體系。我們一定得問的問題是：「我們要如何讓醫生和病患，更能朝著我們希望的方向前進？」另一個非常相關的問題則是：「爲什麼他們還不想改變？」通常當你在思考這些問題時，就會發現一些在情境脈絡中並不昂貴的變化，卻能夠讓行爲出現重大轉變。舉例來說，我們知道，如果人們認爲其他人都有繳稅，就比較可能繳稅。

問：您能否解釋幸福（happiness）與滿足感（satisfaction）之間的關聯？

答：「當下幸福」（整體的狀態）與「回顧起來心滿意足」，這兩者是不同的。如果人們有很多時間可以和所愛的人相處，很可能會感到幸福。如果是達成傳統目標，例如賺到很多錢，或是婚姻很穩定等，則很可能感到滿足。

問：如果想引導平日很聰明、但恰巧就是不接受某些科學看法或證據的人，讓他們思考不同的可能性，您有什麼建議嗎？

答：我們不妨分開討論「想法的內容」與「思考機制」。有些偏見，例如先入爲主的觀念、不符科學的信念、特定的刻板印象等，是內容的偏見，很可能與文化有關。其他的偏見，例如無視於統計數據、無視於矛盾，以及人們很容易產生刻板印象的天性等，則是通用心理機制不可避免的副作用。

問：女性在以男性爲主的領域工作時，遭遇的難題是否包括環境使她們必須付出更多的心智努力（mental effort）？

答：自覺會占用心智容量（mental capacity），絕對會影響到表現。自覺的程度愈高，愈可能將他人的態度詮釋爲帶有性別偏見（有時是誤會），而這一定會讓事情變得更糟。但是，不用過度悲觀，當人類處於穩定的環境，與熟悉的人互動時，自覺的程度會逐漸降低。目前的潮流似乎朝著更好的方向前進：男性的態度正在改變，許多以男性爲主的職業，也正在出現更多的女性，所以明天大概會更好。

高科技的危險：iPad

最近，我用 iPad 的 Kindle 應用程式看了很多書。大部分的時候，這是一個非常棒的體驗，尤其適合閱讀休閒讀物。

不過，有次我和家人在度假的時候，科技帶來意想不到的糗事。那時，我正在讀《北達拉斯隊》（*North Dallas Forty*），那是一本很久以前的美式足球小說，劇情十分引人入勝，尤其是探討種族和毒品議題的部分。我九歲的女兒靠在我的身邊，用要砍樹的紙本形式在看她的《娃娃屋》（*The Doll People*）。她瞄了一眼看我在讀什麼，馬上就抓到一個罵人的字。

她說：「嘿，那是髒話！」

我說：「對，那是不好的字。」

然後，我出於爲人父母者某種傻氣的直覺，用大拇指蓋住那個字。奇怪？我到底在擔心什麼？我甚至不知道遮住那個字能夠幹嘛。我女兒已經看到那個字了！難道我的大拇指有什麼神奇魔力，能夠取消她剛才的記憶？就算眞的有魔力好了，沒看到又怎樣？

結果，我的大拇指除了讓我女兒看不到那個字之外，也不小心按到螢幕，系統很貼心地說明字的定義：

諱，俚語。動詞（及物）1：（與他人）性交。
〈特殊慣用語〉不及物動詞：（兩人）性交。
2：破壞或毀損（某物）。

太感謝你了，科技。你的確是把雙面刃。我活該，不該如此他X的害怕女兒看到髒話。

這就是我所謂的「風險趨避」

不久前，我和好友兼經濟學家李斯特，跑到拉斯維加斯的運彩投注站。我們兩個都住芝加哥，而且孩子都打棒球，出於好玩，我們決定拿點錢出來賭芝加哥白襪隊贏。這樣一來，我們就有理由幫白襪隊加油，孩子也有理由打開早報看白襪隊是否贏得比賽。

我們兩個沒有白襪隊的特殊資訊，手中也沒有內線消息，純粹是為了好玩而下注。如果投注站願意讓我們有公平的下注機會，就跟丟銅板一樣，是五十比五十的機率，我們願意賭一大筆錢，因爲我們不是非常「風險趨避」型（risk-averse）的人。我會說，我們至少願意賭一萬美元，甚至可能更高。

然而，運彩投注站當然不會提供公平的下注機會，以我們想下注的項目來說——白襪隊在例行賽一共會贏得幾場比賽——投注站大約抽八%的佣金。我和李斯特決定，如果是那個價格的話，我們願意下注兩千五百美元，八%就是兩百美元，所以意思就是：我們願意因爲運彩投注站讓我們下注，付他們兩百美元。

就這樣，我們兩個走到窗口，說要下注兩千五百美元，賭白襪隊今年會贏超過八四．五場比賽。

窗口的小姐說，你們最多只能賭三百美元。

什麼?!

我們問她為什麼，她請經理來跟我們解釋。結果，經理說：賭場「不願意在這類型的賭注上承受太大風險。」

這間投注站是凱薩娛樂集團（Caesars Entertainment）旗下的事業，那是全球最大的博弈公司，年營收高達一百億美元。但他們不願意收我們的兩百美元，好讓我們能夠丟銅板賭兩千五百美元？

賭場還不如告訴我們，我們不能賭輪盤上的「黑色」數字，那基本上跟我們賭白襪隊贏是一樣的——這是一場除了不公平的賠率之外，莊家還占了其他優勢的擲硬幣賭局。

這種做生意的方式聽起來簡直瘋狂，凱薩娛樂還是少數由經濟學家經營的大型企業，執行長蓋瑞．拉夫曼（Gary Loveman），將許多優秀的經濟學思考帶進公司的營運。

如果我不當經濟學家的話，經營運動賭場會是夢幻工作，不曉得凱薩有沒有在找人？

美國不該打擊網路撲克的四個原因

美國政府最近下令關閉三個大型撲克網站，禁止民眾使用，但出於下列四點，這項行動毫無意義：

一、懲罰供應者的禁止方式大多無效，禁止網路撲克也是一樣。

一項產品或服務若有消費者需求，我們難以透過由政府處罰供應者的方式來解決問題，例如非法藥物就是一個明證，美國人就是想吸古柯鹼。我們已經向毒品宣戰了四十年，爲了把毒販關在牢裡，耗費了龐大的資源。但和民衆以爲的不同，吸毒者得到的處罰相對有限；

我估算，九五％的牢獄服刑者爲毒販，而不是吸毒者。尤其是當商品的需求不彈性時，摧毀供應的做法會特別無效。讓目前的供應者日子難過，只會讓新進者前仆後繼地出現來滿足既有需求。

我怎麼知道美國打擊撲克網站的行動無效？因爲我在全速撲克（Full Tilt Poker）的帳號被關閉的三十分鐘內，也就是這次最受影響的大型公司，又在另一個小型撲克網站開了一組帳號，用信用卡儲值五百美元，完全沒碰上任何問題。

二、相較於線上撲克帶來的「消費者剩餘」（consumer surplus），它的外部性不大，政府應該介入與此相反的情形。

美國人喜歡打撲克，每年爲了玩線上遊戲，掏出數十億美元。我不認爲推測有超過五百萬美國人玩線上撲克很誇張，職業撲克選手是社會上的名人，普通的線上撲克玩家並沒有傷害到任何人，他們就像去看電影的一般人或熱愛運動的人士一樣。當然，有人賭博成癮，而成癮會讓其他人付出代價，但網路撲克輕鬆就能執行一段時間內只能賭多少錢的限制，其實比實體的撲克賭場更能控管成癮性的行爲。

三、從道德的角度來看，政府的做法不一，一邊放任博弈，靠博弈賺錢，一邊又處罰提供網路撲克的私人業者。

如果政府以一致的態度對待所有形式的賭博，雖然是依據我不同意的理由禁賭，至少還能自圓其說。然而，政府本身卻靠著發行彩券與開放賭場，得到大量的博弈營收，顯然就賭博這項議題而言，政府並未處於道德的制高點。我完全理解政府想向賭博活動抽稅的心態，但正確的做法並非禁止私人業者，而是透過監管架構分一杯羹。對所有相關人士而言，那種體系會比目前的做法還要有效率。

四、即使以政府自訂的法規來看，線上撲克的合法性毋庸置疑。

雖然我覺得管制線上博弈的《違法網路賭博執行法》（Unlawful Internet Gambling Enforcement Act），邏輯上有許多不通之處，但這項法案仍舊是美國的國內法。依據《違法網路賭博執行法》的規定，需要技巧的遊戲（game of skill）不屬於管轄範圍之內，它僅管制投機遊戲（game of chance）。所以，就法律層面而言，線上撲克是否合法，要看法院是否解讀撲克基本上屬於需要技巧的遊戲。如果你曾經玩過撲克，撲克需要技巧似乎是不證自明的事。如果你需要任何進一步的證據，我最近和芝加哥大學法學院教授湯姆・邁爾斯（Tom Miles）合著了一篇研究：〈撲克中技巧與運氣所扮演的角色〉（"The Role of Skill Versus Luck in Poker"）。這篇研究利用了二〇一〇年世界撲克大賽（World Series of Poker）的數據，證實原本就很明顯的一件事。

害怕陌生人的代價

布魯斯．帕多（Bruce Pardo）與阿帝夫．艾爾方（Atif Irfan）有什麼共通之處？

如果你沒聽過這兩個人的名字，讓我用另一種方式再問一遍：

一個穿著聖誕老人的衣服，殺了前妻與前妻全家人（然後自殺）的白人，以及另一個因爲被懷疑是恐怖分子，被穿越航空（AirTran）趕下飛機的穆斯林，兩個人有什麼共通之處？

答案是：這兩個人的意圖都被嚴重誤判。人們應該害怕的「熟人」，但人們不怕；嚇到其他人的「陌生人」，其實完全不可怕。後文將解釋這是一種常見的模式，但在進行探討之前，我先來回顧一下事件的始末。

帕多是一個會上教堂的人，沒有人覺得他會是殺人狂。家族友人表示：「他跟你在新聞上聽到、看到的那個人，完全是兩個人。我嚇傻了，眞的傻了，我不敢相信那是同一個人。」

在底特律出生的艾爾方是個稅務律師，和家人住在維吉尼亞州的亞歷山卓市（Alexandria）。那天，他和幾個家人爲了一場宗教靜修活動，一起從華盛頓特區搭機到佛羅里達州。穿越航空的發言人告訴《華盛頓郵報》（*The Washington Post*），當時艾爾方和弟弟在飛機上討論哪些座位「最安全」：「其他乘客聽見他們的談話內容，誤解了他們的意思。不巧的是，他們又是穆斯林，穿著穆斯林的衣服。事情一發不可收拾，每個人都採取防禦措施。」所謂的「防禦措施」，指的是把艾爾方一家人趕下飛機，並要ＦＢＩ盤查他們。ＦＢＩ立刻就證實他們絕非恐怖分子，但航空公司依舊不肯載他們到佛羅里達。

所以，你會比較怕哪一個：一個你毫無所知的美國穆斯林家庭，還是跟你上同一間教堂、剛離婚的人？

我和李維特以前提過，多數人在判斷風險時都錯得離譜，通常高估不大可能發生的聳人聽聞事件，低估較爲常見、無趣，但後果同樣嚴重的事件。恐怖攻擊與狂牛症，可能是你在世上最害怕的東西，但事實上你更該擔心的是心臟病發作（請好好照顧自己），或是沙門氏菌（請把砧板徹底洗乾淨）。

爲什麼人類害怕未知事物更勝於已知事物？這個問題太大了！我無法在這裡回答，而且我也沒有能力回答，但大概跟我們的大腦用來解決問題的「捷思法」（heuristics）有關，也就是直觀推論，而直觀推論的依據，又是我們記憶裡已經儲存的資訊。

我們的記憶會儲存什麼？不尋常的事件，也就是鮮少發生的大型「黑天鵝」事件。那種事件非常出乎意料，完全無法預測，甚至會改變世界。那種事件會深植於我們的記憶之中，讓我們誤以爲它們很平常，或者至少是可能會發生的事件，但事實上它們極度罕見。

回到帕多與艾爾方兩個人，不怕帕多的是親朋好友，眞心害怕艾爾方的是陌生人，每個人都是事後才知道實情。一般來說，我們害怕陌生人的程度超過合理程度，不妨思考一下下列這幾個輔助證據：

一、在美國，被認識的人殺害與被陌生人殺害的比例是三比一。

二、女性的性侵案中，六四%是熟人所爲。加重傷害罪中的女性受害者，六一%認識攻擊者；男性則比較容易被陌生人攻擊。

三、那麼孩童綁架案呢？難道綁架不是典型的陌生人犯罪？《史雷特》（*Slate*）雜誌二○○七年的一篇文章指出，在近年的兒童失蹤案件中：「二十萬三千九百起是被家人綁架，五萬八千兩百起被非親屬綁架，僅一百一十五起是『典型的綁架』。根據研究定義，「非親屬綁架的犯人爲輕度熟識者或陌生人，孩童在晚間被限制行動，被運到至少相距五十英里之處，或是以永久監禁的意圖被綁走或殺害。」

所以，下次你的腦袋堅持必須害怕陌生人時，請試著冷靜一下。不過，你也沒有必要開始害怕自己的親朋好友，除非你的朋友是設計龐氏騙局的伯納·馬多夫（Bernard Madoff）。別忘了！史上最重大的金融詐騙案，大多是被朋友騙。有這種朋友，誰還需要害怕陌生人？

6 如果你不作弊，代表你不夠盡力

我們兩個在《蘋果橘子經濟學》的第一章寫道：「不論欺騙是否爲人類天性，在任何人類的行爲中，的確幾乎都可以明顯看到它的蹤影。欺騙是一種本能的經濟行爲，想以更少的代價獲得更多。」該章的標題是〈小學老師與相撲選手有何共通點？〉，在接下來的十年間，我們輕鬆找到其他支持這個論點的證據。

「灌」出來的性感

我們兩個是不是太憤世嫉俗了？

我可不這麼認爲，但有些人覺得我們把人類想得太壞。我們經常聽到讀者說，我們怎麼都在講謊言、講詐術，都在要人注意作弊的相撲選手、小學老師、報稅人，還有網路約會？

我也可以反駁：「嘿，我們也讓人注意到沒有騙人的人，例如拿了貝果後，的確把錢投進『誠實箱』的辦公室員工。」

重點不是把人分成好人和壞人、作弊和沒作弊的人，而是人類的行爲受到特定情境的誘因影響。

《沙龍》（*Salon*）雜誌上有一篇很有趣的文章。作者法哈德‧曼朱（Farhad Manjoo）提到，「魚缸特區」（FishbowlDC）網站舉辦了一場選拔華盛頓最性感媒體人士的比賽。曼朱同意兩位獲勝者的確男的帥、女的美，但這場比賽完全是人爲操縱票數的結果：

> 獲勝的卡普斯（Capps）和安德魯斯（Andrews）都承認，他們會贏完全是因爲網友的關係。不過，他們兩人都說，自己並未鼓勵他們這麼做。網友設計出「殭屍」軟體（bot），幫他們投了好幾千票。Unfogged 部落格是華盛頓特區的熱門討論區，投票活動開始的一天內，「殭屍」就透過這個知識分子的幽默部落格散布。如果你下載跑了那個軟體，你的電腦就會以速度快過替小布希操縱選舉結果的迪堡（Diebold）電腦投票機，開始幫卡普斯和安德魯斯灌票。

我的結論是：

一、不必有很大的好處，人們就會作弊。

二、如果作弊不會得到懲罰，這件事實在是太吸引人了。

三、我們兩個作者曾被指控灌票，雖然不是用殭屍病毒（至少我不知情）。

四、誰能告訴我，如何找到可能「操縱」過迪堡投票機的人員？跟他們聊天一定很有趣！

你爲什麼要說謊？自己報資料可能會出現的問題

我向來對人類沒事就說謊的程度感到驚訝。你是否有過這種經驗：你跟人在聊天，對方提到一本書，雖然你其實沒看過那本書，但很想回答自己看過？

我猜大家可能都有過這種經驗，但爲什麼有人要爲了這種情境說謊，這明明沒什麼好處？

這種謊稱自己看過某本書的假話，可稱爲「愛面子的謊言」，你說謊是因爲在意別人如何看你。人們因爲許多原因說謊，但我一直覺得，愛面子的謊言最爲有趣。至於其他的說謊動機，則包括爲了得到好處、避開麻煩或逃避責任等。

賽薩．馬汀內里（César Martinelli）與蘇珊．帕克（Susan W. Parker）寫了一篇精彩的新論文，標題是〈社會福利制度的欺騙與謊報〉（“Deception and Misreporting in a Social Program”），讓人得

以一窺保住面子的謊言。兩人的研究利用墨西哥「機會平等方案」（Oportunidades）豐富、大量的資料集，記錄人們在申請救濟金時說家裡有的東西，以及政府在收到申請後，到他們家中實際找到的東西。馬汀內里和帕克分析了十萬多名申請者的資料，大約是該年（二〇〇二年）一〇%被家訪的申請者。

研究結果發現，很多人少報了他們覺得會讓自己領不到救濟金的物品。下列是人們少報的物品，括號內表示謊報的百分比：

轎車（八三%）
貨車（八二%）
錄影機（八〇%）
衛星電視（七四%）
熱水器（七三%）
電話（七三%）
洗衣機（五三%）

好像不大令人意外，人們爲了領社會福利金而說謊，聽起來很合理。比較令人意外的是下列物品的多報情形，也就是申請人說自己有、但其實沒有的東西，同樣附上百分比：

廁所（三九%）
自來水（三二%）
瓦斯爐（二九%）
水泥地板（二五%）
冰箱（一二%）

十分之四的申請者家中沒有廁所，卻說有，為什麼會這樣？馬汀內里和帕克認爲原因很簡單，因爲人們感到丟臉。非常貧窮的人們顯然窘迫到不願向社服人員承認，自己活在一個連廁所和自來水都沒有的地方，甚至沒有水泥地板。我想，這是我聽過爲了保住顏面，最令人感到吃驚的例子之一。

值得一提的是，「機會平等方案」的申請者，擁有很多爲了領到錢而說謊的誘因，因爲他們可以拿到的救濟金大約是家庭支出的四分之一。此外，少報的處罰並不大，很多被抓到少報衛星電視或貨車的人，並未被踢出這個福利制度。多報的懲罰反而比較大，多報的人可能一開始就會被排除掉，這讓多報的成本更高。

馬汀內里和帕克的論文結果，除了可以套用在社福方案之外，或許也能套用在人們自行提報資料的各種情形，例如藥物使用情形、性行爲、個人衛生、投票偏好與環境行爲等調查。舉例來說，我和李維特曾撰文探討過醫院缺乏手部清潔的問題：

> 澳洲一份醫學研究指出，七三%的醫生說自己有洗手，但從旁觀察那些醫生後，會發現其實只有低到不行的九%眞的有洗手。

我和李維特也探討過網路約會最常出現的謊言，以及選舉民調有多麼不可靠，尤其是涉及種族議題時。雖然我們兩個或其他人經常探討自己報資料時會出現的問題，馬汀內里和帕克的論文則讓這個主題有了扎實的依據。我們不僅看到令人驚訝的說謊理由，也被提醒千萬不要輕易相信個人提供的資料——至少在科學家找出辦法，讓我們看到其他人的腦子在想什麼、知道實情之前，不要隨便相信。

如何在孟買搭火車逃票？

部落客甘尼許．考卡尼（Ganesh Kulkarni）發現，孟買的通勤火車一天要服務六百萬名乘客，但無力一一檢查每個人的車票。他寫道，查票員採取隨機抽查的方式，導致逃票的風氣愈來愈盛，這種行爲甚至還被委婉稱爲「無票旅行」。雖然無票旅行不大會被抓到，一旦被抓到的話，罰金很高。因此，有個聰明的乘客想出一種保險，確保逃票的人若被抓到可以拿回損失。

那個保險是這樣的：你先支付五百盧比（大約十一美元），加入由逃票旅客所組成的團體；如果你被抓到逃票，就先支付罰金，然後把收據交給這個逃票組織，組織就會賠給你全額罰金。

各位難道不希望社會上的每個人都跟作弊的人一樣有創意？

爲什麼沒貼郵票的信，郵局照樣送達？

如果你是在一週前問我這個問題的話，我一定會回答：沒貼郵票，郵局才不會幫你送信。但是在幾天前，我女兒收到一封信，信封上原本該貼郵票的地方，只見寄件人寫上：「免付郵資：一起來達成金氏世界紀錄。」

信封裡有一張紙，紙上寫著：這封信希望締造全世界歷時最長的連鎖信紀錄，它還教你如何把信轉寄給七個朋友。信上說，要是我和女兒不寄，這封信就會在我們手中斷掉，而負責觀察是否破紀錄的郵局，就會知道是我們兩個壞了好事，害這封從一九九一年起就一直流傳至今的連鎖信中斷，讓先前那麼多人的努力白費了！

簡單計算一下，就會知道有關這封連鎖信的事，一定有人在說謊。如果每個收到信的人，眞的都把信件又轉寄給七個人，那麼很快全世界每個孩子都會收到這封信（七的十次方約等於美國人口）。是說，我覺得這已經算是不錯了，至少寄這封信的人還肯承認這是一封連鎖信。

我比較疑惑的是，爲什麼郵局要「助長」這件事？郵局提供協助還滿奇怪的，它確實讓這件事多了幾分可信度，或許這封信眞的想締造世界紀錄？

然而，我上 Google 一查，馬上就發現郵局並未贊助這封連鎖信。事實上，我覺得爲什麼信件沒貼郵票也能送達的解釋，比這封信本身更有趣：顯然，郵件的自動分類機，經常沒抓到沒貼郵票的信件。

這樣一想，的確有道理：想讓利潤最大化，需要讓邊際成本等同邊際效益。如果所有信件都貼著郵票，那麼百分之百確實檢查每封信的效益極小，還不如讓少量沒貼郵票的信件矇混過關，道理就等同抓沒買火車票的人一樣。

我開始好奇，郵局的把關到底有多鬆？我等等也要來寄「一封信」，想要試試看不貼郵票，雖然我猜我的報稅單還是一樣會好好地寄送到國稅局手上，不管貼不貼郵票都一樣。

從衆心理？蘋果橘子經濟學搭公車

每週我有幾天會送女兒去上曼哈頓東區的幼兒園，我們通常會搭公車從我們住的西區抵達東區。我送女兒的時間都是尖峰時刻，離我家公寓最近的公車站（後文稱爲「A點」），通常都會有四、五十個人在排隊。人這麼多的原因是附近就有一個地鐵站，很多人會從上城或下城搭地鐵來這裡，然後到地面上轉搭公車。

一般而言，我不喜歡一堆人（我知道，我知道，你會問我：那我幹嘛住在紐約？）而且，我特別不喜歡在帶著五歲女兒的時候，還得要跟一堆人擠公車。由於實在有太多人在A點等公車，我們能搭上第一班車的機率只有三成左右，在第三班車出現之前能擠上去的機率大概是八成，別懷疑，人眞的就是那麼多。

如果我們想要有位子坐的話，坐到A點頭兩班車的位子，大概只有一成的機率。其實，這段路程並不遠，大約只有十五分鐘，但穿著厚重冬衣擠在公車上，我女兒背包裡的午餐會被壓個稀巴爛，實在不是展開美好一天的好方法。此外，A點非常擁擠，東行的乘客在A點下車時會從後門下，此時一堆人也會從後門搶著上車，意思是說：一、他們還沒付車錢，因爲投幣箱在前門；二、他們搶走了一堆在前頭乖乖排隊等車的民衆的空間。

所以在不久前，我和女兒搭公車的時候，開始向西走一個街區，改在那裡搭車，就叫它

B點好了。A、B兩點大約相距兩百五十碼（約莫兩百二十八公尺），也就是說，我們距離目的地又遠了兩百五十碼。然而，B點附近沒有地鐵站，所以排隊的人就少很多，公車靠站時車上乘客也沒有那麼多。如果是在B點，我們有九成的機會可以搭上第一班車，而且有位子坐的機會高達四成。對我來說，這值得多花體力和時間步行兩百五十碼。

自從想出這個辦法以後，我和我女兒就不曾在A點搭過車。現在，我們有位子可以坐了，還可以一起聽iPod，我們兩個都喜歡英國創作歌手莉莉・艾倫（Lily Allen），我並不擔心莉莉的歌詞比較直白的部分，因為她的英國口音讓安雅（Anya）幾乎聽不出來她在唱什麼。而且，到達幼兒園的時候，她的午餐也不會爛掉。

我無法理解的是，為什麼在A點搭公車的人，很少人（甚至沒有人）跟我們做一樣的事？對於每天都得等公車的人來說，A點是很糟糕的等車地點，B點顯然比較好，因為：一、B點其實很近，一眼望過去就能夠看到；二、從B點到A點的公車，通常有空間可以容納乘客，雖然也只能擠進前十個或二十個在A點等車的人。

對我個人來說，我很高興A點的人不想到B點等車，因為如果他們都換地點，我就得再考慮換成C點。但我實在不懂為什麼他們不想換地點等車，後來想想，也許有這幾種可能：

一、反正一下子就要下車了，雖然很難受，但不值得多走這兩百五十碼。

二、A點的乘客才剛出地鐵站，已經累了，沒力氣改善通勤之旅。

三、或許A點的某些乘客，從來不知道B點的存在，至少沒想過在B點等車會比較好。

四、A點有從衆效應。人們會說自己不喜歡從衆，但從衆讓人心安，大家屈服於「從衆心理」，並沒有多想就跟著一起排隊——每個人都這麼做，所以我也應該這麼做。

我個人覺得，這四點在某種程度上都說得通，當然一定也還能再找出其他原因。但如果只能從中選一個解釋的話，我會說第四點的從衆效應最有可能。

當我們愈了解社會科學，就會愈了解人類。人類喜歡獨立自主，但事實上，在日常生活中的每個面向，我們幾乎都出現從衆行爲。好消息是，一旦你了解這點之後，就可以利用從衆心理，讓自己得到好處（例如搭公車），也或者你可以爲公衆謀福利，例如施加同儕壓力來增加疫苗接種率。

自傳比小說好賣？實驗看看就知道

爲什麼世上有那麼多假自傳？最新的例子是瑪格麗特・塞爾澤（Margaret Seltzer）的《愛與後果》（*Love and Consequences*），我本來想貼亞馬遜的連結，可惜頁面已經遭到移除。

如果你寫了一本自傳，假設有六成是眞的，你會想把它包裝成回憶錄或小說？如果你是編輯，你覺得這本自傳有九成是眞的，你會用回憶錄或小說的形式出版？

這麼問也許更好：這樣的一本書，如果用回憶錄的形式出版，而不是小說，可能有什麼好處？下列是幾種可能的答案：

一、眞人實事比栩栩如生的小說，更能搏得媒體版面。

二、一般來說，眞人實事更能引起轟動，包括改編成電影、受邀演講等。

三、如果一本書是回憶錄，而不是虛構的故事，讀者比較能夠感同身受。

每次回憶錄被揭發造假時，你都會聽到人們說：「太可惜了！這故事眞棒，當初爲什麼不當成小說出版就好？」不過，我想前面提到的三點，也或者還有其他原因，都讓作者、出版社和其他人，有了選擇自傳、不選小說形式出版的誘因。

我心裡在想有沒有可能是原因三，最近剛好又讀到一份研究說，昂貴的糖片安慰劑，效果勝過便宜的糖片安慰劑，所以我想出一個有趣的自傳/小說實驗：

找一份以第一人稱敘事的手稿，內容動人、令人潸然淚下且尚未出版，就像《百萬碎片》（*A Million Little Pieces*）或《愛與後果》這類後來被踢爆是造假的故事。再找一百位的自願者，隨機將他們分成兩組，把手稿交給大家，跟五十個人說他們看的是一本自傳，再跟另外五十個人說他們看的是一本小說。兩組都附上一份詳細的讀者問卷，請大家塡寫，然後好整以暇地等大家讀完、塡寫完問卷以後，看看「自傳」是否眞的打敗「小說」？

作弊名人堂的最新成員

如果你喜歡作弊，大概會覺得英國橄欖球員湯姆·威廉斯（Tom Williams）上週的小伎倆太妙了！

英式橄欖球顯然和足球一樣，都規定球員一旦被換下場之後，就不能夠再上場，唯一的例外是「受傷見血」。如果是這種情形，下場的球員在止血後，可以再度上場。

威廉斯在打那場比賽時，在非常關鍵的時刻突然受傷見血。我對英式橄欖球一無所知，只知道當時威廉斯那隊落後一分，而場邊有一個落地踢的高手。那是個大好機會，如果能讓那個高手上場而且踢到球，威廉斯所屬的丑角隊（Harlequins）就能後來居上。

問題是：威廉斯在離場的時候，以他嘴裡湧出的血量來看，他似乎有點太快樂？有些人會說：那又怎樣？威廉斯可是專業的橄欖球員。但顯然就算是橄欖球員，嘴巴被打到也會動怒。所以，人們便展開調查，最後電視鏡頭顯示，威廉斯從襪子裡拿出一顆裝著假血的膠囊，用嘴巴咬破假裝自己受傷。

眞是精彩的點子！不過太可惜了，最後不止威廉斯被停賽，代替他上場的人也沒把球踢進，最後丑角隊只輸一分。

對運動來說，作弊是好事嗎？

最近我在讀《紐約時報》的運動版時，忍不住要問：「對運動來說，作弊是好事嗎？」我知道目前是賽事青黃不接的時候，超級盃（Super Bowl）已經結束，棒球賽還沒開打，NBA這個冬季打得有點有氣無力，至於國家冰球聯盟（National Hockey League, NHL），抱歉！我對冰球沒啥興趣。

反正不管怎麼說，目前都不是一年之中的職業運動熱門時間。儘管如此，體育新聞和賽事本身無關的程度依舊驚人，都是在報比賽相關的作弊行為，例如：棒球選手安迪・派提特（Andy Pettitte）向隊員和洋基隊（Yankees）的球迷致歉，因爲他使用禁藥生長激素（HGH），還爆料自己和另一名棒球選手羅傑・克萊門斯（Roger Clemens）友誼生變……克萊門斯也沒有參加某場ESPN的活動，以免造成活動主題「失焦」……其他的報導則在討論棒球選手「A-Rod」艾力士・羅德里奎茲（Alex Rodriguez）、米格爾・特哈達（Miguel Tejada）、艾瑞克・蓋尼耶（Éric Gagné）的藥檢。

這些還只是棒球新聞而已！你還可以讀到美式足球教練比爾・比利契克（Bill Belichick）宣稱自己並未偷錄對手的練習，以及更多的自行車選手服用藥物的新聞。另外還有幾篇NBA的新聞（雖然最近沒有裁判的簽賭報導），以及足球報導（雖然最近沒有踢假球的新聞），但基本上來說，每天早上送到人們面前的運動版報導，感覺比較像是作弊版。

但搞不好大家就是喜歡這樣，我們雖然喜歡說自己因爲喜歡看球所以看球，但或許作弊也引發人們對運動的興趣。人們會從道德的角度，譴責自然衍生自運動的作弊，但或許私底下，大家喜歡這種讓運動變得更有趣的事。我們老是在談作弊「會摧毀比賽的完整性」，但或許那句話根本就不是眞的？或許作弊事實上讓人們對賽事更感興趣，因爲這樣就多了貓捉老鼠、偵探故事的元素，反而讓比賽更爲完整？也或許，作弊只是另一種「不惜一切代價都要贏」，也就是讓偉大運動員能夠偉大的原因？有句著名的運動諺語說：「如果你不作弊，代表你不夠盡力。」

此外，我們也喜歡「坦白從寬」，爲認錯的作弊者鼓掌。舉例來說，在派提特坦誠自己注射生長激素之後，得到英雄式的歡迎。同樣身陷風暴的克萊門斯，則是愈否認，人們愈反感。如同神學裡強大的復活概念，也如同嚴冬之後必定是春天，我好奇我們對運動的興趣是否也是這樣，失望過後還是會對體育重燃興趣，並不是因爲我們原諒了作弊醜聞，而是醜聞反而讓我們更關注運動？

乾脆開放環法賽選手使用禁藥好了？

目前環法自行車賽（Le Tour de France）幾乎每位選手，都因爲服用藥物而被禁賽，是否該是時候以完全不同的角度來思考禁藥議題？

也許該是時候乾脆列一張清單，事先規定爲了提升賽績可以服用的藥物，以及可以動的手術，並要求不管那些東西會帶來什麼身心上的長期副作用，選手都要自行負擔全責？好讓大家能在相對順利的情況下比賽，不用每隔三天就爆出領先的選手遭到禁賽。

如果自行車選手原本就在服藥，我們幹嘛要擔心他們的健康？如果這項運動已經如此沒有原則，我們幹嘛要假裝事情不是這樣？畢竟，使用藥物對環法賽來說，已經不是新聞。MSNBC.com 的報導指出，最先把禁藥帶進體育界的運動就是自行車：

> 現代體育禁藥的歷史，始於一八九〇年代的自行車狂熱，以及從週一早上進行到週六晚上的六天期比賽。超量的咖啡因、薄荷、古柯鹼與番木鱉鹼（strychnine），被加進自行車選手的黑咖啡，白蘭地也被加進茶裡。自行車選手在衝刺過後，爲了緩減呼吸困難的情形，旁人會給他們硝化甘油。這麼做很危險，因爲那些東西是在沒有醫囑的情況下被交給騎士。

想抓職棒禁藥，可以這麼做

耶魯法學院學生亞龍・詹寧斯基（Aaron Zelinsky）幫美國職棒大聯盟（Major League Baseball, ＭＬＢ），想出有趣的三管齊下反類固醇策略：

一、由獨立實驗室儲存所有球員的尿液與血液樣本，每隔十年、二十年、三十年用最新技術檢驗那些樣本。

二、球員的薪水在三十年間分次給付。

三、藥檢只要一次呈現陽性反應，剩下的薪水全部沒收。

我不確定第二、三點是否可行，但如果眞心想對抗運動場上的禁藥，第一點絕對必要。由於最先進的非法藥物採取最先進的技術，目前的技術檢測不出來，因此最領先時代的禁藥服用者，除非是倒霉或事情出錯，否則可以躲過查驗。

未來的檢驗技術會愈來愈進步的威脅，是最強大的反禁藥武器，因爲服用藥物的人永遠無法確定今天服用的藥物，在十年後會不會很容易被查出來。自行車選手藍斯・阿姆斯壯（Lance Armstrong）的樣本回溯檢測，顯示他使用過早期無法檢測的禁藥ＥＰＯ，但當時該檢測有模糊地帶，無法直接證明樣本屬於阿姆斯壯本人，也不清楚當初爲何檢測那些樣本。因此，這位環法賽冠軍，當時並未付出如果回溯藥檢正式成爲標準政策，他所必須付出的代價。

最可能被這種政策嚇阻的運動員，會是長期閃耀的傳奇巨星，只要他們蒙上汙點，就得付出最大代價。理論上來說，球迷最關切的是超級明星服用禁藥的問題。

詹寧斯基提供了一個衡量標準，讓我們看到大聯盟或其他運動在對抗非法藥物時，究竟有多認真。如果大聯盟採取了這項策略，開始儲存球員的血液與尿液樣本，留待未來檢測，那麼他們就是非常認真看待此事。如果他們並未採取策略，那就不是真心想要打擊這個問題。

如何假裝沒作弊

假設你找到一盞神燈，擦一擦，跑出送你一個願望的精靈。你很貪心，不老實，許願每次在玩線上撲克時，都能看到其他玩家手上的牌，精靈也真的讓你心想事成，接下來你會做什麼？

如果你是笨到無可救藥的人，就會做出像「絕對撲克」（Absolute Poker）網站作弊者最近做的事。據說，那些人選擇玩賭金最高的牌局，每一局都玩，就好像他們知道其他人手中的牌一樣。在牌局的尾聲，他們會蓋一般玩家不會蓋的牌，或是跟著贏家加注，但是不知道對手的牌的話，那些贏家的牌看起來會輸。這群人贏錢的速度，是一流玩家贏錢的合理速度的一百倍左右。

由於他們的牌局實在是太反常了，幾天內就被發現，接下來他們幹了什麼？

顯然他們又多玩了幾局，這次表現得比史上最差的玩家還爛；換句話說，他們試圖輸錢，好讓事情看起來沒那麼可疑。某一局的遊戲紀錄顯示，這些人在牌局的尾聲跟注，但他們手中的兩張底牌是二和三，根本就不成對，誰的牌都贏不了！

我不知道這些作弊的指控是不是眞的，因爲我得到的全是第三手資訊，不過跟我聊過的撲克玩家，全都認爲眞有此事。儘管如此，我賭那些作弊的人一定希望可以重來，因爲如果他們夠聰明，用「合理」的速度贏錢，這會是棵搖不完的搖錢樹。從他們下注的金額來看，他們鐵定成爲大富翁，而且手法幾乎查不出來！

請留意：我說的是「幾乎」查不出來，雖然那個撲克網站大概永遠都不會察覺他們的行動，但我正在和另一個撲克網站合作，研發抓作弊者的工具。就算這些傢伙很小心，我們還是會抓到他們！

幾週過後……

「絕對撲克」爆發作弊醜聞

最近，我在部落格討論有人在「絕對撲克」網站作弊的傳言。雖然事情看起來很可疑，並沒有確鑿的證據，也不清楚作弊的人究竟是如何辦到的。

有幾位撲克玩家展現了不可思議的偵探功力，而且「絕對撲克」的資料還不小心（？）外流，造成整起醜聞被公諸於世。想知道第一手報導的話，可以到「二加二撲克論壇」（2+2 Poker Forum）了解詳情，《華盛頓郵報》也有詳細的追蹤報導。簡單來說，事情如下：

幾個玩家在打牌時，對某個對手起疑，那個人似乎都知道大家的底牌是什麼。起疑的玩家提出例子，由於例子實在太離譜，幾乎所有常打撲克的玩家都覺得一定有鬼。其中一個曾經被騙的玩家，要求「絕對撲克」提供牌局的歷史紀錄，這是線上遊戲的標準做法。結果，「絕對撲克」一個「不小心」，沒有寄出一般的牌局紀錄，而是寄出一份不尋常的檔案，附上各式各樣撲克網站絕對不會外流的私人資料，包括每一名玩家的底牌、牌局的監視紀錄，甚至連每個玩家的ＩＰ位址都有。（我把「不小心」加上引號，是因為依照接下來發生的事來看，這個失誤似乎太不小心了，不大可能是巧合。）我猜，大概是「絕對撲克」的內部人士知道有人作弊，也知道那個人的手法，因此當了告密的吹哨人，把資料寄了出去。如果是這樣，我希望不管是誰「不小心」寄出檔案，最後都會得到英雄式的歡呼。

撲克玩家仔細分析了自己拿到的資料——不是他們自己的牌局歷史紀錄，而是檔案的其他細節資訊。這些改行當起偵探的撲克玩家們發現，從比賽的第三局開始，有一個「觀察者」開始看著作弊者接下來的每一局（如果大家不熟悉線上撲克的話，是這樣的，任何人都能選擇觀察特定牌桌，但觀察者當然看不到任何玩家的底牌。）值得注意的是，作弊者在這個觀察者出現之前，前兩局都蓋牌，然後在接下來的二十分鐘，一張牌都沒蓋，接著又在另一個玩家拿到一對K當底牌時，在翻牌前再度蓋牌！在整場比賽中，他一直出現此類作弊行爲。

所以，玩家偵探們開始覺得這個觀察者有問題。他們查他的IP和帳號名稱，發現這個人的伺服器和「絕對撲克」的一樣，看來是「絕對撲克」的員工！如果這一切都是眞的，那作弊的手法就很清楚了：網站的內部人士即時得知所有玩家的底牌（有人有辦法做到這件事並不令人意外），然後把資訊告訴外面的共犯。

線上撲克靠的是信任，玩家把錢交給網站，相信自己玩的是公平的牌局，也相信網站會把自己贏到的錢交還回來。這兩點只要有一點稍微讓人起疑，玩家就不會選擇這個網站，會改去造訪其他數量眾多的類似網站。如果我是「絕對撲克」的管理者，我會記取其他企業過去學到的教訓，交出作弊者，不會試圖息事寧人，並會開始制定防範措施，避免這種事再度發生。

不過，我們學到最重要的一件事，大概就是：沒那麼聰明的人會想出作弊的方法，但非常聰明的人只要有一點運氣，再加上正確的資料，就會抓到作弊者。

最新情形：根據《華盛頓郵報》的報導，「絕對撲克」最後坦承：「公司的軟體出現漏洞，正在著手調查此一事件。」不久後，該公司「告知玩家，他們在哥斯大黎加的高級顧問破解軟體，偷看玩家手中的牌……但『絕對撲克』採取令玩家憤怒的舉動，不但拒絕透露作弊者的身分，也不願把他交給有關當局。」「絕對撲克」後來被博弈委員會罰款，但保住了執照。《華盛頓郵報》指出，「『絕對撲克』的姊妹網站『極限撲克』（UltimateBet.com），也在同一時間爆發作弊醜聞。」「極限撲克」後來坦承內部人士作弊，退還了超過六百萬美元的賭金，但再次得以繳交罰款，保住執照。

逃漏稅是不對的？也或者，乖乖繳稅的人是笨蛋？

原定衛生部長的人選湯姆．達施勒（Tom Daschle），以及南希．克勒夫（Nancy Killefer）都不會加入歐巴馬政府，兩人的提名雙雙被撤銷，因爲他們逃漏稅。提摩西．蓋特納（Timothy Geithner）也欠稅，但最近正式成爲美國財政部部長。

天啊！連蓋特納、達施勒和克勒夫這種人，都沒有好好繳稅，美國的稅法制度是出了什麼問題？我的「這種人」的意思是：聰明又受過良好教育的人。他們在職業生涯中，曾通過種種申請與層層審查；最重要的是，他們有理由繳稅。

讓我們出個選擇題好了：

a. 如果這三個人都是故意不繳稅，而且還一直都沒被抓到，直到碰上最高層級的審查，代表逃漏稅實在太容易。

b. 如果這三個人都是不小心犯錯，代表美國的稅法有問題。

c. 如果他們有一部分是故意的，一部分是不小心犯錯，代表逃漏稅太簡單了，美國的稅法有問題。

我會選「C」。我和李維特寫過一篇討論逃漏稅的專欄文章，文中提到：

首先，不要忘了，稅法並不是國稅局定的。國稅局立刻將矛頭指向眞正的壞人：「美國『國會』通過稅法，並要求納稅人守法。」國稅局的使命宣言寫道：「國稅局的任務是協助絕大部分奉公守法的納稅人依循稅法行事，並確保少數不願意遵守法令的人也按照規定納稅。」

因此，國稅局像是街頭警察，或者更精確來說，他們是全世界最龐大的街頭警察。他們被要求代表幾億的人民，執行由幾百個人定出的法條，而許多人民都覺得法條太複雜、太昂貴、太不公平了。

或許，最近幾起令人尷尬、引發高度關注的逃漏稅事件，至少能讓政府開始改革稅法，例如考慮歐巴馬的經濟顧問奧斯登·古爾斯比（Austan Goolsbee）提倡的「簡易報稅法」（Simple Return）。

達施勒這一類的人，用不到簡易報稅單，但或許新制度能讓國稅局有多一點的人手，能在參議員的聽證會把逃漏稅的準閣員抖出來之前，早一步抓到他們。

華盛頓特區「最好」的學校在作弊嗎？

華盛頓特區有幾所學校因爲測驗分數提高，被大力讚揚，但《今日美國報》（*USA Today*）進行的調查似乎找到可信度很高的證據，證明那幾所學校的老師作弊。不容否認的證據是：答案卡上，有太多把錯誤答案改成正確答案的塗改痕跡。由於塗改的數量實在太多，看來是大規模的作弊。並不令人意外的是，相關學區並未積極展開調查，尤其是相關學校的老師已經因爲考試成績改善，領到大筆獎金。但是到了週二，時任華盛頓特區學校代理教育局長的卡雅·亨德森（Kaya Henderson），下令要求檢討此事。

我和杜伯納曾在《蘋果橘子經濟學》這本書中，提過我和布萊恩・雅各（Brian Jacob）曾調查芝加哥學校的教師作弊事件。當時，我們並未進行塗改分析，而是運用新型工具，找出答案卷不可能接連出現的答案。

各位也許會問，爲什麼我們當初沒有調查塗改情形，畢竟這個方法顯然可以抓作弊？答案是：芝加哥的學校和華盛頓特區的不同，並未把答案卡交給第三方。特區的學校惹上麻煩，是因爲第三方會定期分析塗改模式，而芝加哥負責幫測驗評分的內部人士，並未定期檢視塗改情形，只在某幾班有嫌疑時才會特別這麼做。

此外，很湊巧的是，芝加哥存放答案卷的倉庫空間十分不足，不得不在考試結束不久後，就銷毀實體的答案卡。我想，華盛頓特區的某些老師，一定很希望美國首都也缺乏倉儲空間。

最棒的開罰單方式！

自從我搬到上班地點附近後，就很少開車。每次我開車的時候，都會碰上各種沒禮貌的事。當人們坐到車裡的時候，會做出自己在其他情境下不會做的事，像是按喇叭、飆髒話，還有超車等，而且這還只是我溫柔的妹妹會做的事而已，其他的駕駛人更過分。

人們在開車時變了一個人，原因很明顯，因爲他們不必留下來承擔後果。如果你在機場安檢室插隊，前前後後都得和被你插隊的人共處一段時間，但如果是開車的話，馬上就可以逃逸無蹤。此外，就算你逃走了，也不大可能被揍，但如果你走在人行道上時對路人比中指，可能就沒有這麼安全了。

我以前開車通勤時，有一個交流道的用路人特別沒禮貌——讀者如果熟芝加哥的路況，我講的是丹萊恩高速公路（Dan Ryan Expressway）連接艾森豪高速公路（Eisenhower Expressway）的地方。那裡下公路會有雙線道，一線通往另一條公路，另一線通往一般的地面街道。耐心等候上高速公路的車子，有時會排到半英里長（約莫〇．八公里），大約會有兩成的駕駛缺乏開車禮儀，假裝自己要開往地面道路，然後在最後一秒違規切進公路。就是因爲有這種作弊的人，每個誠實的用路人都得多等十五分鐘以上。

社會科學家有時會探討「身分」（identity）的概念：如果你覺得自己是某一種人，要是做了那種人不會做的事情時，心中會感到不自在，所以會讓人做出似乎不符個人短期最佳利益的行爲。在經濟學的領域，喬治．阿克洛夫（George Akerlof）與瑞秋．克蘭頓（Rachel Kranton）讓這個概念發揚光大。

我雖然拜讀過他們的研究，但平日感受不太到身分的概念，所以一直未能眞正了解他們在說什麼，開車讓我第一次眞的懂他們的理論。我發現自己不是那種會亂切車道以縮短通勤時間的人，就算超車很簡單，而且願意在車陣裡多等十五分鐘聽起來似乎很瘋狂，但如果我硬是在道路上爭先恐後，就得重新思考自己究竟是什麼樣的人。

不過，如果是載我的計程車司機亂鑽道路，我並不在意（事實上，我還挺享受的），這點大概顯示出我的道德發展還有很長的路要走。

拉拉雜雜地說了這麼一大堆，只是為了鋪陳本篇的重點。有一天，我人在紐約市，載我的計程車司機，無視於其他一堆要下高速公路的車，在最後一秒亂插車道。一如往常，我開心地當這種小型犯罪的無辜旁觀者/受益者，但接下來發生的事，讓我心中的經濟學家更感欣慰。

有一位警官站在路中央，把每一輛亂鑽的車都叫到路肩，然後第二位警官一一遞出罰單，就像裝配線的作業一樣。我粗估這兩位警官在一小時內遞出三十張罰單，每張一一五美元來算，一位警官一小時就能讓市政府進帳一千五百美元以上（假設大家都有繳錢的話）。這真是紐約市最棒的賺錢方法！而且這種罰單會罰到該罰的人。

超速其實不大會傷害到他人，只會帶來間接的傷害，因此在我心中，抓亂切車道這種糟糕的駕駛行為較為合理。這很像紐約市警察局長比爾．布拉頓（Bill Bratton）的零容忍「破窗」（"broken windows"）執法哲學，因為姑息小犯罪可能致使另一次的較大犯罪。我不確定在路邊開罰單，是否能以釜底抽薪的方式，減少在道路上投機取巧的人，因為被抓到的人大概還是少數中的少數。儘管如此，這種開單方式依舊是很高明的做法，因爲：一、每個奉公守法的駕駛看到那些無禮的駕駛被抓到時，心中都會幸災樂禍；二、這種做法可以有效地向不良行爲抽稅。

在此，我向全國的警察局建議：不妨找出有類似情形的路口，讓警察同仁到那裡開單。歡樂的時刻到了！

7 對地球來說，這樣眞的比較好嗎？

如果你支持浪費天然資源，也支持讓野生動物絕種，希望摧毀史上最美好的一顆星球，請舉起你的手。應該和我們兩個想的一樣，沒有太多人舉手。正因爲人人都愛護地球，所有保護環境的點子都被視爲好點子，但數據時常讓人看到，事情不是我們想的那樣。

《瀕臨滅絕物種保護法》反而有害？

我的同事兼共同作者李斯特，是最多產、最具影響力的經濟學家。他正在和邁克爾・馬格里斯（Michael Margolis）與丹尼爾・奧斯古德（Daniel Osgood）合寫一篇新論文，他們提出了令人意外的論點，主張《瀕臨滅絕物種保護法》（Endangered Species Act）的本意雖然想幫助保護瀕臨滅絕的物種，其實反而會害到牠們。

爲什麼？最主要是因爲我們採取直覺式的做法，先是把某個物種列爲瀕臨絕種保育類，接著判斷哪些地理區域屬於這些物種的關鍵棲息地，畫出初步的地理界線，然後舉辦公聽會，最後決定保護某一塊地。但是，當大家還在討論的時候，私人團體將有強大誘因搶先開發土地，因爲他們害怕萬一被畫爲保護地，未來就不能開發了。所以，短期而言，棲息地被摧毀的情形反而增加。

李斯特等人依據這個理論，分析亞利桑那州圖森（Tucson）一帶「仙人掌鐵質侏儒貓頭鷹」（cactus ferruginous pygmy owl）的數據。他們發現，被列爲關鍵棲息地的地區，開發案的確有急速增加的情形。

此外，經濟學家山姆・佩茲曼（Sam Peltzman）也觀察到，在一千三百種被列入瀕臨絕種保育名單的物種中，只有三十九種後來不再瀕臨絕種。所以，《瀕臨滅絕物種保護法》能夠帶來的正面成效，看來並不是很樂觀。

想幫助環保？那就開車吧！

環保這件事，往往沒有乍看之下那麼簡單，例如我們究竟該用紙袋，還是塑膠袋？過去幾年，要是有人在雜貨店選用塑膠袋，會被環保人士看不起，但今日更爲仔細地計算環境成本之後，輿論的風向似乎又轉了。另外，究竟要用紙尿布，還是該用布尿布，也是一樣的問題。

不過，有一些事該怎麼做才環保，就比較沒有爭議了。例如，爲了環境好，顯然用「走的」到轉角商店買東西、不要開車比較好，對嗎？

即使是看起來很明顯的結論，克里斯・古德（Chris Goodall）目前也透過約翰・堤爾尼（John Tierney）的《紐約時報》部落格來挑戰大家的常識。古德並不是右派的瘋子，他自己也是環保人士，還寫過《低碳過生活》（*How to Live a Low-Carbon Life*）這本書。

堤爾尼寫道：

古德先生計算，如果你走一・五英里（約二・四公里）的路，然後喝了一杯牛奶，補充剛才消耗的卡路里，那杯牛奶造成的溫室氣體排放（例如乳牛場排放的甲烷，以及運送牛奶的貨車排放的二氧化碳等），大約等同開普通車輛前進一・五英里會排放的溫室氣體量。如果是兩個人一起走一・五英里的話，開車絕對會對地球比較好。

自己動手做/種，眞的比較好嗎？

先前有人送了一台冰淇淋機給我的孩子，這次我們終於拿出來用了，在上個週末自製了一些冰淇淋。我們決定做柳橙雪酪，弄了很久才做好，而且成品不大好吃，最糟糕的是：成本非常不划算。我們家裡原本就有的食材只有糖，所以大約花了十二美元購買鮮奶油、半鮮奶油、柳橙汁與食用色素，結果只做出一夸脫（約一一三六·五毫升）的冰淇淋。如果是用相同價格，我們在外面至少可以買到一加侖的雪酪，份量約爲四倍，而且好吃很多。最後，我們丟掉了大約四分之三的自製雪酪，也就是說如果不計算人工、電費、資本成本（雖然不是我們付錢，但有人掏錢買了那台冰淇淋機），我們花了十二美元大約做出「三球」很難吃的冰。

我和李維特先前討論過，現代生活很奇妙的一點，在於A的勞動可能是B的休閒。每天有數百萬人靠著烹飪、縫紉與種田來養家活口，也有另外數百萬人同樣是在烹飪（但大概是在環境較佳的廚房）、縫紉（或是織毛線）、種田（或種花），原因是他們喜歡做那些事。這種情形合理嗎？如果人們是做自己喜歡的事，誰會在乎種一顆小番茄就要花二十美元，或是做幾球冰淇淋就要花十二美元？

幾天前，我們兩個收到一封電子郵件，所以又想起這個問題。讀者艾美·康美狄（Amy

Kormendy）來信寫道：

最近我寫信給麥可・波倫（Michael Pollan）教授，請教他這個問題。他人很好，馬上就回信。他告訴我：「問得好，我眞的不知道。」他建議我可以請問你們兩位。

相較於我們付錢讓專業人士種各種可以賣給我們的食物，如果我們吃的食物全部都是自己種的，難道不會耗費更多地球資源？向大型的專業生產者購買食物，會不會是比較永續的做法？

波倫教授的部分建議似乎在說，如果我們更多事都自己來，整個社會會變得更好（尤其如果自己種食物的話）。但我忍不住要想，現代工業化農業的規模經濟與勞力分工，大概還是讓資源投資產生最大效能。只有在算進無法量化的事物之後，自己種食物才會有比較多的好處，例如成就感、學習新事物、運動、曬出健康膚色等。

我能理解鼓勵大家吃本地食材的概念，我們直覺會認爲，如果吃地方上種的食物，或是吃自己種出來的東西，食物應該會：一、比較美味；二、比較有營養；三、比較便宜；四、比較環保。但眞的是這樣嗎？

一、「美味」端看個人的主觀判定。不過，顯然沒人有辦法能夠自己種植、生產所有自己想吃的東西。我從小是在一座小型農場長大的，我可以告訴你，在我吃了那麼多的玉米、蘆筍和覆盆子之後，我眞的只想吃大麥克。

二、家裡自己種的食物多有營養價値，這點有很大的討論空間。不過，和第一點一樣，由於一個人能種的食物種類有限，飲食還是會有很大一塊營養空缺必須另外補足。

三、自己種食物比較便宜嗎？是有可能，但前文的冰淇淋小故事也說了，自製食品有很大的效率問題。假設上週末不只是我做了冰淇淋，跟我住同一棟樓的一百個人全都做了，那麼我們總共花了一千兩百美元，就只是爲了一個人能夠吃到「幾球」冰淇淋？假設你爲了省錢，決定今年要弄一個大型的蔬菜園，讓我們算一算你必須買哪些東西，才能讓這件事成眞——種子、肥料、發芽器、棉線、各式工具等，另外還要計算運輸成本和機會成本。你眞的確定自己種櫛瓜和玉米可以省錢嗎？萬一你的數千個鄰居也這麼做，該怎麼辦？或者，舉一個不是食物的例子：從無到有自己蓋房子，還是買已經蓋好的房子比較好？如果是在建地上直接蓋房子，你會需要投資各種工具、建材、人力與運輸成本，才有辦法蓋得好，而且你還得做各種缺乏效率的事，例如讓數十輛工人貨車來來回回地跑好幾百趟，就只是爲了蓋「一個」家庭的房子。如果是建商蓋的房子，就可以集合人力、建材、運輸等要素，帶來很大的效率。

四、就算前三條都是對的，自己種食物還是比較環保，對吧？嗯……別忘了前面提到的運輸效率問題，想一想「食物里程」（"food miles"）的主張，以及卡內基美隆大學（Carnegie Mellon University）克里斯多福・L・韋伯（Christopher L. Weber）與H・史考特・馬修斯（H. Scott Matthews）最近在《環境科學與科技》（*Environmental Science and Technology*）上發表的文章：

> 我們發現，雖然食物一般都經過長途運輸（平均一六四〇公里的運送路途，以及六七六〇公里的生命週期供應鏈），但食物的溫室氣體排放量主要和生產階段有關，占美國家庭的年平均食物碳足跡八・一噸二氧化碳當量的八三％，而運輸其實總共只占一一％的生命週期溫室氣體排放量，最後從生產者手中運送到零售經銷商手中的那段運送過程僅占四％。不同類別的食物，溫室氣體排放量也十分不同；平均而言，紅肉的溫室氣體排放量，大約比雞肉和魚肉多一五〇％。因此，我們的建議是：相較於「購買地方食物」，更有效降低平均家户食物相關氣候足跡的方法，就是改變飲食習慣。相較於購買全部來自地方的食物，每週只要不到一天改變飲食，在攝取卡路里時不吃紅肉與乳製品，改吃雞肉、魚肉、雞蛋或吃素，就能減少更多的溫室氣體排放量。

前述論點強力反駁了我們以爲吃地方食物能夠帶來的環保與經濟好處，主要是因爲韋伯與馬修斯點出了該類主張向來忽視的一點：專業化會帶來極高的效率。換句話說，專業化的栽種可以減少運輸、降低價格，而且在大部分的時候，還可以帶來遠遠更多的食物種類。對我來說，這意味著更好吃、更營養。讓我花了十二美元買冰淇淋原料的那家店，也很願意賣我各種口味與營養成分不同、價格不同的現成冰淇淋。

至於我買的那瓶人工色素還剩九九%左右，我不知道能夠拿來做什麼。我想，一直到我駕鶴西歸（希望這件事不會太快發生），那瓶東西會一直待在食物櫃裡。

環保幫你賺大錢

目前業界最熱門的話題就是：如何「靠環保」增加利潤。有很多方法可以做到這件事，例如飯店不主動幫房客洗毛巾，既省錢又環保。業者也會打廣告宣傳自己的綠色創新，以吸引顧客上門。此外，公司力行環保，還能讓重視環保的員工開心，他們會對公司更加忠誠。

柏林一家妓院最近也利用人們對環保的重視，找出增加業績的方法：價格歧視。美聯社（Associated Press, AP）刊登了一篇瑪麗・麥克費森・連恩（Mary MacPherson Lane）的報導：

妓院在德國是合法行業。這間位於德國首都的妓院，生意受到全球金融危機影響，除了嫖客變得吝嗇之外，因爲出差和開會來到這座城市的新商務客也減少。

不過，自從恩文之家（Maison d'Envie）七月起開始提供五歐元*的折扣後，生意開始回流……

顧客必須向接待人員出示腳踏車鎖的鑰匙，或是搭乘公共運輸工具抵達這一帶的證明，才能夠得到折扣。舉例來說，四十五分鐘一節的「房間服務」，價格從七十歐元降至六十五歐元。

雖然這間妓院說是爲了提倡環保而打折的，我覺得這只不過是他們以環保之名，對古老的價格歧視粉飾太平。

搭公車或騎腳踏車上門的客人，收入大概比較低，或是相較於開車來的人，他們對價格比較敏感。因此，這間妓院便向這些收入較低或對價格較敏感的顧客收取較低價格，對有錢的客人則收比較多錢。問題是，如果不提出一個好的說法，有錢的客人也會不高興妓院向他們收比較多錢——的確，不用點方法的話，妓院怎麼知道誰比較有錢？環保的主張，讓這間妓院得以做到一直想做的事。

喝一杯柳橙汁，救一小塊雨林！

今天早上，我喝了一杯純品康納（Tropicana）柳橙汁。這個品牌的行銷手法很高明，如果你到他們的網站，輸進果汁盒上的數字，該公司就會替你保護一百平方英尺的雨林。

爲什麼這樣做很高明？

我認爲，一般企業並未善加利用機會，應該進一步把「消費者購買商品」與「慈善捐款」兩者結合在一起。雖然我並沒有量化的數據可以證明這件事，這只是我個人的感覺，但一般而言，採取這種做法的企業會說：「如果您……，我們會將三％的利潤捐給ＸＸ。」通常，企業捐出去的比例很小，並不會讓人感覺很大方。

純品康納「雨林活動」高招之處，在於一百平方英尺聽起來很多。其實，仔細想想並沒有那麼多，但聽起來好像是很大的一塊地，尤其如果你習慣用城市的地價來想事情，一百平方英尺非常昂貴。

我大概算了一下，在我住的地方，一百平方英尺的建地大約要一三〇美元，但亞馬遜的土地很便宜。有的網站說，如果捐一百美元的話，他們就會替你保護一英畝（約四三五六〇

＊依照二〇一五年九月的匯率換算，一歐元約爲新台幣三十六元，五歐元約爲新台幣一八〇元。

平方英尺）的亞馬遜土地。

純品康納保護一英畝亞馬遜土地的眞實成本，大約是前述這個數字的一半，也就是五十美元。換算一下一英畝等於多少平方英尺之後，我算出女兒今天早上拯救的亞馬遜土地大約價值十一美分。我問女兒，她覺得那塊地要多少錢時，她說二十美元。我問朋友，他猜五美元。一間企業要是才花十一美分，就能讓人覺得他們捐出五美元或二十美元，他們就做對了。

最棒的是，就算我們發現自己其實才捐了十一美分，還是很開心自己救了像吃早餐的房間那麼大的一小塊雨林。

M 盡量減少食品包裝比較好？

客座版主簡介：詹姆斯．麥克威廉姆斯（James McWilliams）是德州州立大學（Texas State University）的歷史學者，曾針對食物生產與食品政策提出令人印象深刻的主張。後面兩篇部落文曾刊登於「蘋果橘子經濟學網站」，探討了食物與環境的相關議題。

「食品包裝」聽起來是直接了當的問題，解決方法也直接了當：食品用了太多包裝，帶來垃圾山，所以我們應該減少包裝。以上是環保人士的標準論點，他們大力推動消費性商品——包括食物等——應該減少使用塑膠、紙箱與鋁箔包裝。

但是包裝的問題，其實沒有表面上那麼簡單。回想一下，我們當初爲什麼要包裝食物？因爲把食物包起來可以阻絕環境中的微生物，大幅延長保存期限，而保存期限一長，我們眞正把食物吃下肚的機率也變高。

黃瓜栽種協會（Cucumber Growers' Association）的資料說，只需要一．五公克的塑膠包裝，就能夠讓黃瓜的保存期限從三天延長到十四天，還可以保護黃瓜不被「髒手」碰到。另一項研究發現，如果用塑膠包膜托盤包裝蘋果，水果被撞傷（並因而被丟棄）的數量，將減少二七％。馬鈴薯和葡萄也是類似數字。有一件事似乎過於簡單，沒什麼好提的，卻經常被忘掉：食物的保存期限愈長，就愈可能被人吃掉。

的確，如果我們吃的食物都是自己種的、都使用地方食材，或是我們都願意買撞傷和爛掉的農產品，能否延長保存期限無關緊要，但眞實情形完全相反。絕大多數的食物在全球流動，先是在雜貨店待上一段時間，然後在我們收藏食物的地方待上幾天、幾週，甚至幾年。如果你接受在我們的全球食物體系中包裝並不可免，你還得進一步了解幾件基本的事——如果你不願意接受包裝並不可免這件事，嗯……大概也不必讀下去了。

首先，以食物帶來的廢棄物來說，它們造成的影響各有不同。具有環保意識的消費者會對農產品的包裝皺眉，因爲最可能被丟棄的部分就是包裝。然而，如果去掉包裝、只留食物本身，在沒有包裝的情況下，食物本身會快速腐爛，最後被扔進垃圾堆，就跟包裝一樣。此外，腐爛的食物會釋放甲烷，甲烷是一種溫室氣體，威力是二氧化碳的二十倍以上。但包裝——除非是可生物分解的包裝——反而不會釋放甲烷。垃圾場如果設有甲烷處理器（這是不可能的事），就可以把甲烷化爲能源；否則的話，把包裝、而不是食物，送進不環保的掩埋處，反而比較好一點。

第二，如果想節能與減少溫室氣體排放量，我們在廚房裡做的事，遠比食物包裝對環境造成的影響重要。消費者扔掉的「食物」磅數遠遠超過包裝，大約是六倍左右。有一項研究估計，美國消費者大約扔掉自己購買的一半食品。英國的「廢棄物及資源行動計劃」（Waste & Resources Action Programme，WRAP）主張，家庭如果不浪費食物，省下的能源將等同「讓路上減少五分之一的車輛」——好玩的是，這項計劃的縮寫「WRAP」，恰巧是英文「包裝」的意思。英國《獨立報》（*The Independent*）報導，丟棄食物造成的二氧化碳量，是丟棄食物包裝的三倍。

說了這麼多，我的重點是：如果你眞心想要減少人類食物體系中的廢棄物，在你哀歎可惡的食品經銷商使用了這麼多的包裝之前，倒不如先改善自己平日在家的習慣，例如在購物時不要亂買一些自己最後不會吃、要丟掉的食物，並且減少廚餘，還有少吃一點。

最後，想爲地球環境盡一分力，我們可以選擇能夠減少家庭廢棄物的食物包裝。這點可能並不那麼適用於農產品上，但許多食品的包裝都是經過特別設計，目的在方便消費者使用，鼓勵大家用完全部的產品，例如做成大開口（牛奶）、透明外包裝（袋裝沙拉）、包裝拉鍊（堅果）、可以倒過來放（番茄醬），以及避免食物卡在凹槽裡的平整容器（優格）。這聽起來或許很奇怪，如果我們不把桶子的底部刮乾淨，我們浪費的能源可能還比吃完食物後扔掉桶子的多。由於丟棄食物會帶來極高的環境成本，思考相關產品的包裝設計，可能還比思考「有沒有必要包裝」重要。

人爲的生產，一定會帶來廢棄物。身爲消費者的我們，當然要把食物的包裝視爲廢棄物的源頭，監督廠商找出更理想的包裝方式。然而在此同時，我們不能只是要大家「減少包裝」，因爲不包裝的壞處可能超過好處。

M 吃肉比煤炭或天然氣管線影響環境更大

比爾．麥吉本（Bill McKibben）不留餘力地打擊氣候變遷，他撰寫語調嚴肅的書籍，並到處在雜誌上刊登文章，還成立高知名度的跨國非營利組織「350.org」，致力於對抗全球暖化，將整個生命奉獻給拯救地球。儘管他投注了許多熱情，在努力減少溫室氣體排放量時，居然沒做一件事：他和 350.org 並未積極推廣大家吃純素。

以目前的氣候變遷論述來說，少了這項呼籲似乎不是什麼問題，純素主義者依舊被視爲有點「異端」，是一群處於社會邊緣的動物權利行動主義者，有著蒼白的皮膚，以及蛋白質攝取不足的問題。然而，世界保育基金會（World Preservation Foundation）近日的報告證實，我們在打擊氣候變遷時，如果忽視純素食主義，有點像是在打擊肥胖時沒有提到速食。別管萬惡的煤炭或天然氣管線了，世界保育基金會的報告顯示，吃純素是減緩全球氣候變遷最有效的方法。

相關證據十分有力，該基金會的研究指出，吃純素能減少的溫室氣體排放量，是吃地方生產的肉品的七倍。全球如果吃純素（吃傳統作物），將可讓食物帶來的排放量減少八七%；至於「永續性」的肉品與乳品，則只有象徵性的八%。家畜對環境造成的整體影響，超過燃燒煤炭、天然氣與原油。溫室氣體排放量若能減少八七%（如果以有機方式栽種，則可減少九四%），那麼 350.org 就可以收工了，麥吉本一定會很開心。

不過，事情沒那麼簡單。許多消費者以爲不吃牛肉、改吃雞肉，就可以大幅改善自己的飲食碳足跡，但這不是眞的。世界保育基金會的報告引述二〇一〇年的一份研究，不吃牛、改吃雞，可以達成五%至一三%的「環境影響淨減少」。該研究顯示，若想減少打擊氣候變遷的成本，不吃反芻動物（例如牛）的飲食，將可讓成本減少五〇%。但如果吃純素，則可以減少超過八〇%。整體而言，下列這項論點似乎頗爲令人信服：如果全球都吃純素，我們可以減少的溫室氣體排放，將勝過任何其他單一行動。

那麼，爲什麼 350.org 透過電子郵件告訴我，雖然少吃肉「顯然」是個好點子，但「350.org 的官方立場不包括推廣純素主義」？到底爲什麼不包括？爲什麼一個致力於減少溫室氣體排放的環保組織，並未正式反對溫室氣體排放的最主要來源：肉與肉類產品的製造？太奇怪了。關於這個問題，我沒有明確的答案，但我猜有下列幾種可能。

部分問題在於環保人士，包括麥吉本本人，整體態度對於該不該吃肉不置可否。麥吉本最近幫《獵戶座》（*Orion*）雜誌寫的一篇文章，在面對吃肉這個議題時，這位態度通常嚴肅的環保人士，變得有些俏皮。文章的語氣一反往常，有點可愛，甚至有些逗趣，完全不符合相關環境議題的嚴肅性。此外，他居然說出「我不擔心牛的事」這種話，令人嚇了一跳。麥吉本平日致力於減緩全球暖化，據說他在冬天時，也一律把恆溫器調在華氏五十多度（攝氏十餘度），而且他不到外地度假，因爲他怕增加個人的碳債（carbon debt），我以爲他會更全面性地看待這場戰爭。

那麼，要如何解釋這種模棱兩可的態度？麥吉本近日前往白宮，反對興建天然氣管線（並在過程當中被捕），此一事件透露出玄機。我猜，抗議大型的天然氣管線計劃，被推倒在煤渣上，比待在家裡大嚼羽衣甘藍、建議別人研究純素主義，還要能提升 350.org 的知名度。

從這個角度來看，全球吃純素所帶來的好處比較多，還是拒用加拿大焦油砂取得天然氣的好處比較多，其實並不重要，重要的是上頭條。

純素主義與環保主義的「問題」就在這，自從瑞秋．卡森（Rachel Carson）的經典著作《寂靜的春天》（*Silent Spring*）揭發殺蟲劑造成的危害後，現代的環保主義就靠著在媒體上的大量曝光來凝聚行動主義者，純素主義則幾乎無法搏版面。雖然純素主義具有改變的力量，但吃純素引不起公衆的注意；相較之下，天然氣管線與其他野蠻的科技入侵，不但是擺在眼前的鐵錚錚事實，還讓我們看到明確的受害者、壞人，以及邪惡的道德淪喪的故事。我認爲，這樣的差異在很大程度上解釋了爲什麼麥吉本——更別提環保運動——沒在吃肉的議題上採取堅定的立場。

人們對於該不該吃肉如此地不置可否，另一個原因與天然氣管線和牧場個別給人的印象有關。吃肉的環保人士碰上家畜這道難題時，提出的主張幾乎永遠都是我們應該用輪流放牧來取代圈養。他們說，把農場上的動物趕到草原上就對了！並不令人意外的是，麥吉本那篇在《獵戶座》的文章，也是這樣主張的。他說：「把圈養改成輪流放牧，可以讓人們在製造暖化問題的同時，也減少全球暖化。」

這種論點聽起來雖然很不錯，但如果世界保育基金會的報告數據可信，放牧能夠帶來的正面影響有限，爲什麼我們還要推廣輪流放牧？我會說，人們會覺得放牧是很吸引人的解決方法，可以說是出自喜愛大自然的天性，但被放牧的動物並無法完全等同人類出現在地球上、破壞一切之前的與地球共生模式。從這個角度來說，輪流放牧符合當代環保主義引人入勝（但可能有害）的核心神話：如果沒有人類，大自然會比較自然。換句話說，輪流放牧符合環保主義的美學，也符合人們對建築環境的偏見，天然氣的管線則不然。

麥吉本、350.org，以及主流的環保主義，之所以依舊對吃肉抱持著模棱兩可的態度，最後一個原因與「個人選擇」有關。對大多數的人來說，所謂的肉，就是我們烹煮吃下肚的東西。就本質上來說，當然不止那樣，但對多數消費者而言，所謂的肉，主要就是自己選擇放進身體裡的東西。相較之下，當你想像老式的煤炭火力發電廠時，腦海中浮現什麼畫面？很多人會想到被摧殘的環境籠罩著黑煙。從這個角度來說，燒煤炭的火力發電廠所象徵的事物，並不是個人的選擇，也不是直觀上會讓人感到愉悅的東西。火力發電廠代表我們的生活被強力入侵，我們感到被侵犯，無能爲力。因此我會說，環保人士撻伐煤炭、不撻伐乳牛，並不是因爲煤炭一定會對環境造成更大的傷害（看來實情並非如此），而是因爲乳牛代表肉，而吃肉不管多不正確，都意味著個人有追求幸福的自由。

我們應該正視前述這些事對環保造成的衝擊。刺眼的天然氣管線、放牧給人的浪漫幻想，以及根深蒂固的「我們愛吃什麼就吃什麼」的想法，都是我們應該克服的障礙。證據證明，純素主義可以直接對抗全球暖化，我們雖然做了這麼多的努力，但溫室氣體排放量依舊在上升，因此我建議麥吉本、350.org 與環保運動，大家應該團結起來，不要再對該不該吃肉不置可否，而是要心情沉重地呼籲世人。

寶貝，你開的是 Prius 嗎？

各位還記得從前那個年代嗎？以前和鄰居一拚高下的做法，就是去買裝飾著鑽石的香菸盒。美國那種十九世紀末鍍金年代的炫富手法，讓經濟學家托斯丹．范伯倫（Thorstein Veblen）提出「炫耀性消費」（conspicuous consumption）這個新名詞。

「炫耀性消費」在今日依舊存在——不然你以爲人們幹嘛全身珠光寶氣？——不過，現在它出現了一個道貌岸然的新版本：「炫耀性保育」（conspicuous conservation）。「炫耀性消費」的目的是讓人看到你多有錢，「炫耀性保育」則是爲了讓人看到你多環保，就像是背著先前大家搶破頭的「我不是塑膠袋」的環保袋，或是在房子面對街道的那側加裝太陽能板，就算那側背光也一樣。

我和李維特最近錄了一集談「炫耀性保育」的播客節目（podcast），介紹兩位經濟學博士候選人艾莉森與史蒂夫．瑟克斯頓（Alison and Steve Sexton）的論文。他們兩人是雙胞胎，父母也是經濟學家，論文的題目是〈炫耀性保育：Prius 效應與誠心爲了環保而掏錢〉（“Conspicuous Conservation: The Prius Effect and Willingness to Pay for Environmental Bona Fides”）。

他們爲什麼要特別挑豐田（Toyota）的 Prius 出來講？史蒂夫解釋：

「本田（Honda）Civic 的油電混合車，看起來就像一般的 Civic 車款。福特（Ford）Escape 的油電混合車，看起來也像一般的 Escape 車款。因此，我們假設如果 Prius 看起來就像 Camry 或 Corolla，那麼這個車款就不會賣得那麼好。我們的研究以實證方式測試這個假設。」

其實，艾莉森與史蒂夫想回答的是這個問題：對注重環保的人來說，被視爲環保人士有多重要？他們發現，對 Prius 的車主而言，Prius 的「環保光環」十分重要，而且鄰居愈環保的話，Prius 就愈有價値。

8 驚爆二十一點

我們兩個的共通點就是一直長不大，李維特還跟青少年時期一樣，一心想成爲職業高爾夫球選手，杜伯納則像個十一歲的孩子，依舊崇拜匹茲堡鋼人隊。此外，不知道爲什麼，我們兩個沒事就會一起跑到拉斯維加斯。

我希望戈登贏得世界撲克大賽

世界撲克大賽的主要賽事，正在拉斯維加斯的里奧（Rio）飯店如火如荼地進行。我希望菲爾．戈登（Phil Gordon）贏，爲什麼？不只是因爲他是個好人，也不只是因爲他很聰明，更不只是因爲他是做慈善的人，甚至不是因爲他長得實在有夠高。我希望他贏，是因爲剪刀石頭布的關係。

李維特和我最近跑到拉斯維加斯，研究一群世界級的撲克選手。我們觀摩了戈登組織的剪刀石頭布慈善錦標賽，那場比賽共有六十四名選手參加，最後安妮．杜克（Annie Duke）勝出。

一天晚上，戈登和他全速撲克（Full Tilt Poker）的隊友，在凱薩宮酒店（Caesars Palace）的時髦夜店「純粹」（Pure），舉辦了一場盛大的派對。人很多，很熱鬧，很好玩。我和戈登聊了許多有趣的事，最後聊到剪刀石頭布，結果不知怎的，突然就冒出了一場比賽，由我和戈登進行剪刀石頭布大對決，九局五勝制，贏的人可以拿到一百美元。

李維特舉起一張一百美元的鈔票，然後身高比在場所有人都高了二十公分以上的戈登，彎身湊了過來，正對著我的臉說：「我會先出石頭。」

他真的出了石頭，我出剪刀，所以他贏我輸，比數一比零。

不過，我是故意出剪刀的，想用「裁縫法」（Seamstress）開局——出剪刀、剪刀，然後再出一次剪刀。戈登第一把出石頭後，然後出布，接著又出布，所以比數變成二比一，我領先。

第四把的時候，戈登終於出剪刀，但我已經連續出了四次剪刀，也就是說第四把平手，比數依舊是二比一。此時，戈登再次湊了過來，對著我的臉說：「你知道，除了剪刀，你還能出別的，對吧？」

但我連續出了四次剪刀——就叫「超級裁縫法」好了——戈登似乎被刺激到，又贏了一把，我們變成二比二平手。接下來，他以三比二暫時領先，但我在後頭又趕上，三比三平手，然後我贏了一把，四比三領先。他再下一城，四比四追成平手，但我堅定不移地再出了一次剪刀，五比四，我贏了！戈登看起來目瞪口呆，可憐的傢伙，他眞的很討厭出剪刀。

話說回來，爲什麼我希望戈登贏得世界撲克大賽？不是因爲我打敗他，所以我可憐他，而是因爲我現在確信，剪刀石頭布是靠運氣的比賽，而我很幸運贏了一個厲害的撲克選手。

我希望戈登獲勝的原因很簡單：要是他贏了，有一天我就可以告訴我的孫子，爺爺曾經打敗過世界撲克大賽的冠軍，就算只是贏了沒什麼的剪刀石頭布也好。

幾個月過後……

拉斯維加斯眞的太棒了！

這個週末，我和李維特到拉斯維加斯做了一點研究——眞的是做研究，我們是爲了寫《紐約時報》的超級盃賭博專欄。我們在中間有點空檔，所以決定玩一下二十一點。在那個跨年夜，在凱薩宮酒店，大約晚上九點的時候，我們找了一張空桌坐下，荷官是一個人很好、來自密西根的年輕女生。我和李維特都是賭博菜鳥，但她很有耐心，教我們各種從來不知道的細節。我們學到要把一隻手放在大腿上，如果想再要一張牌，就用手指輕點兩下桌上的牌；想停牌的話，就把一張牌塞在籌碼下方。

我們玩了一陣子，突然間，李維特倒抽了一口氣，他的牌正好是二十一點，但不知怎的，他又多要了一張牌，結果來了一張2。不是李維特不知道怎麼玩二十一點，也不是他不會算數，他當時分心了——他號稱是因為跟我講話而分心。荷官看到他做了某個手勢，或是沒有及時做出某個手勢，以為他想要再來一張牌。這下子，他手上有四張牌：一張人頭牌（代表10）、一張4、一張7、一張2。荷官一臉同情的樣子，我替李維特擔保，告訴荷官他真的不是笨蛋，不會故意二十一點了還要牌。荷官似乎相信我們，她說她會請主管過來，看看是否有補救的辦法。

所以，她叫了站在身後的主管，我看不到那個主管，但顯然他沒聽到——別忘了！那可是跨年夜的賭場，到處鬧烘烘的。那位荷官一直叫她主管的名字，她主管一直沒聽到，但她不願意轉過身去叫他，因為那樣一來，她會背對滿是籌碼的賭桌，而就算李維特會笨到讓自己爆二十一點，理論上他也該聰明到可以偷抓一把籌碼，然後逃之夭夭。也或者，那個荷官會覺得，李維特其實是在扮豬吃老虎，每次都要把戲，假裝不小心多要了一張牌，好讓他們背對賭桌。

最後，我起身去叫那個主管。他走了過來，荷官向他解釋發生什麼事，主管似乎接受李維特的說法。

然後，那個主管看著我問：「你想要這張牌嗎？」他指的是李維特多要的那張2。

我回答：「現在我知道是一張2，所以當然想要。」我手上的是十七點，不會再要牌，但多一張2的話，十九點很棒。

「拿去吧！」主管把那張2拿給我說：「新年快樂。」

然後，荷官抽了一張牌，莊家爆掉。

我對賭博所知不多，但我知道，如果下次再去拉斯維加斯，而且很想玩二十一點的話，我會去凱薩。

爲了讓各位不致誤會李維特眞的是賭博白痴，我補充一下：隔天我們去賭運動彩，他抓了一份《每日賽馬》（*Daily Racing Form*），研究了約十分鐘，就跑去下注。他找到一匹賠率二賠七的馬，那匹馬從來沒上場過，但李維特覺得有可取之處，所以押牠獨贏。我們在超大螢幕前觀看比賽，李維特選的那匹馬花了整整六十秒才入閘，我們還以爲牠會被退賽，但牠進去了，結果閘門一開，從頭到尾都領先。這場比賽比李維特的二十一點精彩多了！

幾個月過後……

世界撲克大賽：我平了永遠無法打破的紀錄

我最近到拉斯維加斯，參加人生第一場世界撲克大賽，比的是無限注德州撲克，每位玩家都從五千枚籌碼開始。

所以，我到底平了什麼紀錄？世界撲克大賽史上玩家贏到最少的賭金：零元。我連一次偷盲注的機會也沒有，雖然開賽前我才信誓旦旦地向戈登保證，我絕對不會敗在AQ這組牌，我底牌拿到這兩張牌還是輸了一堆籌碼。兩次翻牌時都出現A，兩次都沒有對手有半張A，但我還是兩次都輸了。我大概兩次都不曉得是哪裡出了錯。

世界撲克大賽的賽程安排是隔天還有另一場賽事，或許我明天可以再試一次。只能前進，不能退縮！

隔天……

就差那麼一張牌，我就能進入世界撲克大賽的決賽

睡了一覺醒來，情勢完全翻轉。

昨天我在部落格上告訴大家，我生平第一次向世界撲克大賽挑戰，一開始就出師不利，

最後灰頭土臉撤退，連一局都沒贏過。

天知道爲什麼我明明輸得這麼慘，還是報名隔天的比賽，準備讓職業的撲克高手再度痛宰自己。不過，這回的賽制不一樣，採取多桌際錦標賽（shootout），也就是說會有十個玩家在同一桌玩，直到其中一人贏得所有籌碼，然後那個贏家就可以進入下一輪。在兩輪比賽過後，九百位玩家會淘汰到剩下九名決賽者。

我發現，綽號「龍哥」的范大衛（David “the Dragon” Pham）就坐在我的旁邊，於是更悲觀了。范大衛曾在撲克錦標賽中，贏得五百萬美元，還贏過兩隻世界撲克大賽手鐲，準備在這一屆再度奪冠！而且在我那一桌的十個人當中，至少有五個是全職的職業撲克玩家。

不可思議的是，在運氣的加持之下，五個小時後我贏了！

不過，我還得再贏一桌，才能進入決賽桌；要是能夠進入決賽，就能讓我炫耀一輩子了。我很幸運，當天中午跟戈登一起吃飯，他是全世界最好的撲克老師。吃飯的時候，他向我解釋撲克要打得好的基本原理。那些訣竅顯而易見，但我一直沒弄懂——戈登告訴我的事太珍貴了，不能在這裡免費公布，大家得去買他的書。

有了戈登的「加持」，再加上一直出現好牌，我順利進入第二桌。不幸的是，我得擊敗我的朋友布蘭登・亞當斯（Brandon Adams），他是世上最優秀的撲克玩家，也是優秀作家。布蘭登是典型的機會成本的明證……他因爲打撲克贏了太多錢，這輩子大概念不完他在哈佛

逃離與留
那不勒斯故事3
Storia di
chi fugge
e di chi
resta
to
即將發生的好事，
會讓舊的生活方式完全崩解，
而我自己就是這崩解的一部分。
Elena Ferrante
艾琳娜·斐蘭德
李靜宜——譯

古詩詞（講誦版）

16位詞人，218首中國古典詩詞都是歷代經典之作

講誦版QRcode，聆聽葉嘉瑩吟誦、講解全書詩詞

葉嘉瑩生長在北京西城的察院胡同，老家宅院裡充滿古典詩詞的氛圍，她承襲家學，從小就喜歡讀詩、背詩、寫詩。大學畢業後，一直在講台上從事古典詩詞的教學和研究工作，迄今已經七十年了，葉先生的足跡遍及全球各地，所教過的學生有幼稚園的小朋友，也有大學生、研究生和博士生，從青年到老年，可以說是有教無類。

本書由葉嘉瑩親自挑選適合孩子閱讀與興趣的古詩詞，一共收錄歷代名家作品218首，包含不同風格的177首詩和41首詞，書中選搭配了饒富意境的畫作。透過她深入淺出、融會貫通的獨到見解，將詩詞中蘊涵的美具體而微地呈現。中國傳統有「詩教」之說，因為對於詩詞的熱情，使她的講誦極富感染力。透過葉嘉瑩的選編、吟誦和講解，引領大家進入古典詩詞的世界。

作者 葉嘉瑩 編著

中國古典詩詞專家、詩人。

1924年生於北京書香世家。1945年畢業於輔仁大學國文系，師從詩詞名家顧隨。1948年畢業後曾在北京的幾所中學任教，後隨丈夫工作赴臺灣，曾在彰化女中及臺北二女中任教，1954年起任教於臺灣大學、淡江大學、輔仁大學。1966年應邀赴美國哈佛大學、密西根州立大學任客座教授。1969年定居加拿大，任不列顛哥倫比亞大學終身教授，1989年當選加拿大皇家學會院士，是加拿大皇家學會有史以來唯一的中國古典文學院士。並曾先後被美國、馬來西亞、日本、新加坡、香港等地多所大學以及大陸數十所大學聘為客座教授及訪問教授。此外，還受聘為中國社科院文學所名譽研究員及中華詩詞學會顧問，並獲得香港嶺南大學榮譽博士、臺灣輔仁大學傑出校友獎與斐陶斐傑出成就獎。2012年被中國中央文史館聘為終身館員。

1993年葉嘉瑩教授在南開大學創辦了「中華古典文化研究所」，專心致力於中國古典文學的普及和研究。中英文著作有：Studies in Chinese Poetry、《王國維及其文學批評》、《中國詞學的現代觀》、《葉嘉瑩作品集》等多種著作。

定價550元

大塊文化新書[redacted]

蔡志忠之水滸108好漢

蔡志忠詮釋經典《水滸傳》之京劇造型Q版108好[redacted]
典藏版精美卡片書，一本蒐盡108張精美人物畫作[redacted]

這是一段時隔四十多年的因緣。漫畫[redacted]1971年退伍時收到女性友人送他一套非常[redacted]整「上海大新菸草公司水滸人物香菸畫片」。他因此在當時畫了23幅《水滸傳》人物插畫，並因緣際會促成他接到來自日本的動畫案子。

45年後，大師打開記憶之匣，動手完成全新「水滸108將」人物設計。造型採取京劇人物，以可愛的Q版姿態呈現，面目俏皮有趣。是書迷、《水滸傳》迷、以及插畫、造型設計者不可錯過的收藏。本書以卡片書形式編輯，可作為書籍欣賞，亦可拆下當做一張張畫作裱框或寄送。

作者 蔡志忠

1984年出生於彰化，四歲半立志這一生都要畫圖，從此心無旁騖地朝漫畫家道路前進。15歲時，蔡志忠將作品寄至台北集英社，接到了錄取電話後，他帶著250台幣北上，成為職業漫畫家，50年來筆耕不輟。期間以多本中國典籍漫畫征服書市，創下總銷量四千萬的佳績，通行世界45個國家，閱讀人口上億。

2010年，他發表了閉關十年的心血結晶《東方宇宙三部曲》，將畫筆的力量延伸至物理數學，以東方思維重新解讀物理公論，並以此書入圍第35屆金鼎獎。2013年，蔡志忠的《漫畫哲學經典》系列套書榮獲第37屆金鼎獎最佳非文學圖書獎。為紀念其漫畫創作第50週年，年底隆重推出《漫畫中國經典》系列套書（包括《漫畫孫子兵法・韓非子》、《漫畫史記・世說新語》、《漫畫六朝怪談・聊齋誌異》、《漫畫唐詩說・宋詞說》、《漫畫唐詩三百首》、《漫畫菜根譚・孝經》等）。2015年，蔡志忠因為對禪學深刻的體會，推出以禪為主題的筆記套書《四季禪》。2016年推出《中國哲學經典解密》系列套書（包括《論語解密》、《莊子解密》、《菜根譚解密》、《心經解密》和《禪說解密》等）。

Kids】每日一問：經典三年日記

★與孩子的1,095段對話
個時間點，都可以開始共享親子時光

【用筆，與孩子共創獨一無二的的童年回憶！】

★特別爲三到十歲小朋友設計的三年日記本。
★簡單一句話，保存最早的人生片段。
★具童趣的版面設計，開本適中，迎合小孩的口味與需求。
★跨年齡層、最珍貴的家族紀錄。
★適合父母與小孩共同使用。
★作爲孩童學習用筆表達的工具之一，使用方式多元

《給孩子的每日一問》是一本獨特的三年日記。一天問一個問題，就能和孩子共享親子時光。三年的答案放在一起，還能看出孩子一路成長的變化，留下珍貴的童年回憶。

【父母來寫】＝6歲前，孩童大腦尙在發育，是最值得記錄的成長階段。

【小孩自己寫或塗鴉】＝即使筆還拿不穩，擁有自己的日記簿，練習手腦並用，同時學習思考簡單的問題，也是建構自我的開始。

【親子共寫】＝問題可以引導方向，開啓父母與孩子間的對話。雖然只是一本筆記本，紙本手寫帶來的親密空間感，是網路通訊軟體無法取代的。

看著三年間的變化，見證孩子漸漸成長，將是一場不可思議的旅程！孩子可能在某方面發生很大的變化，某方面最初的本質卻不會變。《給孩子的每日一問》可以協助孩子認識自己，做家長的人也能陪同見證這個過程。

作者 貝西・法蘭可（Betsy Franco）
知名童書作家，著作多達八十種，包括《古怪的貓出列》（A Curious Collection of Cats）、《可愛的狗出列》（A Dazzling Display of Dogs）、《倍數遊戲》（Double Play）、《零就是掛在樹上的葉子》（Zero Is The Leaves On The Tree）。目前定居加州帕羅奧圖（Palo Alto）。

定價450元

大學的經濟學博士學位。

我的籌碼開始多過所有人，最後桌邊只剩湯瑪士．富勒（Thomas Fuller）一個對手。四十五分鐘過後，我領先，我們的籌碼數大約是二比一，但接著我拿到A和K時，亂打一通，輸了一堆籌碼，和富勒幾乎變成平手。

不久後，出現了讓我一敗塗地的一局。富勒在發下三張公共牌之前，下了標準注。我跟注，手上是K和7。翻牌翻出K、Q、8，有各種同花色的可能。我下七千兩百枚籌碼，富勒跟進。第四張公共牌是7，現在牌面朝上的牌有兩張梅花，我不下注，希望等富勒下注後再加注。牌局按照我希望的那樣進行，他下注八千，我加注。

然而，出乎我的意料，富勒再度加注。他手上能有什麼牌？我祈禱他手上有一張皇后，但也許是K10、KJ、K8、AK，甚至是兩對（two pair）。儘管如此，我勇敢跟進，再次加注，然後他全下了！我想我大概輸了，但也跟進，籌碼全下。他翻開牌，我楞住，其實他只有一張6、一張9，不過是順子。他剛才是在唬牌，只有八張牌能讓他成爲贏家，那一局我有八二%的勝率。如果贏了，我就能拿到超過九成的籌碼，等於是篤定坐進決賽桌，但第五張公共牌出現，他湊成順子，灰姑娘的故事結束，我輸了。

我必須說，即使反社會如我，依舊很享受這場比賽。這是我這輩子最棒的賭博經驗，但隔天早上，我感覺好像嚴重宿醉，雖然我連一滴酒都沒沾。我很了解自己，知道這種「宿醉」

的感覺是怎麼一回事：我和所有「優秀的」賭徒一樣，不大在乎自己是輸、是贏，只要能夠一直賭下去就好了；一旦賭局結束，世界就毀滅了。

我的世界化爲碎片，再也沒有世界撲克大賽了！好一陣子都沒得賭了，「只剩」帶全家人去胡佛水壩（Hoover Dam）的行程，然後再搭很久的飛機回芝加哥。

嗯……或者，我可以去一下好萊塢公園賽馬場（Hollywood Park），買張「選六彩票」（pick-six ticket），猜猜看連續六場賽馬分別誰是贏家，小賭一點錢就好了。

爲什麼雙陸棋流行不起來？

先前我提過自己愛玩雙陸棋，最近有讀者寫信詢問，李維特有沒有和我一起下過棋？另一個更重要的問題是，爲什麼雙陸棋這麼好玩，但一直不是很流行？

很遺憾，李維特和我沒比過雙陸棋，但第二個問題讓我開始思考：對啊！爲什麼呢？我最先想到的原因是：

- 其實也沒有那麼不熱門，而且最近有人說，雙陸棋又重返江湖。我和朋友詹姆斯·阿圖徹（James Altucher）玩過很多次「二〇一點比賽」，通常我們會在大小餐廳玩，幾乎每次都會有一小群人圍觀（至少服務生會過來看），然後開始討論這個遊戲……。

- 雖然說雙陸棋也沒有那麼不熱門，但的確是比較非主流的遊戲。爲什麼？我會說，原因是很多人在玩的時候沒賭錢，或者至少沒用加倍骰子。沒用加倍骰子的話，這個需要策略的複雜遊戲，很容易就會變成無聊的擲骰子遊戲；不過，一旦用了加倍骰子，如果再賭一點錢，雙陸棋就會變成完全不一樣的遊戲，因爲最刺激、最困難的決定和骰子有關，不是棋子本身。
- 爲什麼這個遊戲本身經常引不起大家的興趣？我沒有貶低雙陸棋的意思，我自己也很愛玩，但它的棋子可以怎麼走，其實只有幾種選擇。很多時候，最佳走法顯然只有一種，或是兩種差不多的走法。一旦熟了之後，這個遊戲大概就是那樣，所以你需要賭錢讓事情有趣起來。雙陸棋和西洋棋等遊戲不大一樣，其他棋賽的走法很多，策略五花八門。

如果最後一點言之成理，我不禁開始思考：相較於西洋棋，雙陸棋出現顯然只有一種最佳走法的回合，百分比是多少？

由於阿圖徹精通西洋棋，也很會玩雙陸棋（簡單來講，他就是個聰明人），所以我跑去問他，他的答案很值得分享：

這是個值得思考的問題，讓我們先來定義什麼叫「最佳走法」。

下棋的電腦程式裡有審局函數（evaluation function, EV），指定一場棋局的位置後，審局函數會依據對下棋者來說那個位置有多好，跑出一個一到十的數字。如果是十，下棋者會想抵達那個位置。審局函數是眾多思考經驗法則（heuristics）加總的結果——中間區要保住的棋子數、我在比賽中領先多少點、我控制多少格、我有多少枚可能被吃掉的棋子等。輪到我方時，電腦檢視我方先前的所有走法，找出可以帶來最佳審局函數的走法。然後電腦檢視對方如何回應我方的每一步，幫我方找出帶來審局函數最小值的走法。接下來，電腦檢視我方如何回應對方的回應，找出最佳審局函數，這叫「最小最大法」（min-max）。只檢視所有最佳走法的運算則稱爲「α—β搜尋法」（alpha-beta search），大部分的棋賽程式都採取這種演算方式。

現在，我們要問什麼是「最佳走法」？從一到十，如果一個走法比下一個走法好「三」，算是最佳走法嗎？讓我們假設「是」。

如果是西洋棋，很容易出現最佳走法。如果別人的城堡吃掉我的皇后，我最好也能吃掉他的皇后，才會勢均力敵。目前爲止，那是唯一的最佳走法，其他的最佳走法會導致將死（checkmate），或是子力（material）大幅上升。如果不能吃掉他的皇后，那大概不是最佳走法。在一般的西洋棋賽中，可能會有五％的走法，價值大過「一個兵的價值」。

如果是雙陸棋，我會說機率是十%。我的依據是我玩「雙陸棋NJ」(Backgammon NJ）的經驗，順道一提，那是個很棒的應用程式。還有就是先前我和雙陸棋遊戲的程式設計師，討論過這件事。我推測雙陸棋是十%，而不是五%，原因是雙陸棋稍微沒有西洋棋那麼複雜，但也不是太簡單。想成爲雙陸棋大師的話，也是需要下苦功的。

希望這些回答有幫助。

太有幫助了！我現在更知道你如何思考棋局，我需要知道這件事，才能在我們的一〇一點比賽中贏你一次，謝啦！

我能打進冠軍巡迴賽的機率是多少？

雖然我不是很會打高爾夫球，但我一直偷偷夢想著，有朝一日我要參加冠軍巡迴賽（Champions Tour）。冠軍巡迴賽是給五十歲以上的人士參加的職業高爾夫比賽，我在四十四歲生日的前夕，想到應該要開始認眞準備了。

如果我眞的想參加冠軍巡迴賽，就得抓緊時間練習。我的朋友安德斯．艾瑞克森（Anders

Ericsson）提出了一個熱門的神奇數字，他說：如果想成爲專家，將需要一萬個小時的練習。如果不去管「練習」的定義，我粗估，我這輩子大約已經練習過五千小時的高爾夫球，完成一萬的一半。可惜，我依舊打得普普通通，對練習完那剩下的五千小時能夠再進步多少，並不是太樂觀。

所以，我今天沒有直接先去練習，而是花了一點時間思考，究竟我要進步多少，才能打得進冠軍巡迴賽。ＰＧＡ巡迴賽（PGA Tour）成績最好的職業選手，通常不會打一般的差點賽（handicap），但據說他們等同「Plus 8」的差點，意思是比「零差點」的球員好八桿。我號稱自己是「差點六」，也就是大致來說，如果我今天和全世界最優秀的高球員一起打十八洞，我會輸十四桿。那麼，我能在接下來六年進步十四桿的機率是多少？很好預測：零。

還好，我的目標不是成爲全世界最優秀的高爾夫球選手，只要能當冠軍巡迴賽墊底的選手就可以了。一定沒那麼難，對吧？

我需要找出冠軍巡迴賽成績最差的選手，比全世界最優秀的選手遜多少。直接比很難比，因爲在冠軍巡迴賽中墊底的選手，很少會和全世界的「老虎．伍茲」（Tiger Woods）們一起比賽。不過，冠軍巡迴賽成績最好的明星，的確會和世界上的高手一較高下，有時也會參加ＰＧＡ巡迴賽。我找出十九個在二〇一〇年時，比過冠軍、也比過ＰＧＡ的選手，他們比冠軍巡迴賽時，平均桿數是七〇．五四桿，比ＰＧＡ時則是七一．七七桿。換句話說，冠軍巡迴賽的例行賽，大約比PGA簡單一桿多。

PGA巡迴賽的頂尖球員，每場的平均桿數比七十桿低一點點，也就是說最頂尖的「資深」高爾夫球選手，每場比賽大約比全球最頂尖的高球選手遜兩桿。冠軍巡迴賽表現較差的選手大約是七十三桿，比成績最好的「資深」高爾夫球選手少二．五桿左右。如果全世界成績最好的高爾夫球選手差點爲「Plus 8」，那麼資深組「差勁」的選手大約是「Plus 3」或「Plus 4」。

所以說，他們「只」不過每回合比我好九到十桿嘛。我一定可以進步到他們的程度！只要我能在剩下的練習中，每五百個小時就進步一桿，等到我完成傳說中的一萬個小時之後，我就會是「Plus 4」。

我在心中設定好這個目標，就跑去上十三歲以來的第一堂高爾夫球課。我幫自己選了派特．格斯（Pat Goss）當教練，因爲他在西北大學（Northwestern University）念書時主修經濟學，或許能理解我的思考方式。

我們兩人第一次見面時，格斯先是告訴我，我揮桿的方式很像喜劇電影《瘋狂高爾夫》（*Caddyshack*）裡的人，然後問我的目標是什麼。

我以百分之百的誠實回答：「我想參加冠軍巡迴賽，但如果你覺得我永遠都辦不到的話，我還有另一個完全不同的目標。如果不能進比賽的話，我一點都不關心最後差點能夠進步多少，只要能把球打得又高又遠就好，就算無法低於一百桿也沒關係。」

我猜格斯不習慣聽到如此誠實的答案，因爲他笑到不行，整個人差不多要倒在地上。

好消息是，上完六堂課之後，我們依舊在練我的短桿，看來教練覺得我有可能完成夢想，可以打進冠軍巡迴賽。

也或者，他只是想讓自己的收入最大化，賺到最多的教練費，畢竟他可是學經濟的人。

一萬小時的練習之後，ＰＧＡ巡迴賽？

去年春季，我開玩笑說我想參加冠軍巡迴賽，那是給五十歲以上人士參加的職業高爾夫球賽——好吧！其實只是半開玩笑。在那篇文章中，我提到艾瑞克森主張，不管什麼事，只要經過一萬小時的正確練習，幾乎人人都能成爲世界級的專家。我已經練習過五千小時的高爾夫，所以只要找出時間再練五千小時，應該就能和職業選手一起比賽，至少理論上如此。不過，我的高爾夫球計分卡，看起來實在不像我要變成專家了！

我碰到另一個和我志同道合的人，那傢伙也想參加比賽，只不過他是很認眞的！幾年前，二十多歲的丹・麥克朗寧（Dan McLaughlin），不顧自己這輩子只打過一、兩次高爾夫球，而且都打得很爛，就決定自己要進ＰＧＡ巡迴賽。他聽過一萬小時的理論，覺得試一試也無妨，於是辭掉工作，找了教練，全心全力打高爾夫球。到目前爲止，他已經完成兩千五百小時的練習，還把自己的練習情形記錄在 thedanplan.com 網站上。*

不久前，我到班頓沙丘（Bandon Dunes）打球，那是奧勒岡海岸旁的高爾夫球勝地。我在那裡碰到麥克朗寧，兩個人一起打了三十六洞。我們打得很愉快，聽他講自己怎麼練習，實在太有趣。

指導麥克朗寧的高爾夫球教練，有一套極不尋常的計劃。麥克朗寧剛開始打高爾夫球的前六個月，教練只允許他練習推桿。他就那樣站在果嶺上，一天六到八個小時，一週六到七天，一次又一次，一次又一次，那樣練了將近一千個小時，才碰過其他球桿。然後，他拿到一支挖起桿，用那支挖起桿及先前的推桿，又練了幾個月，才拿到一支八號鐵桿。麥克朗寧在開始練高爾夫球之後，花了一年半的時間、兩千小時的練習，才第一次用一號開球木桿擊球。

我能夠了解爲什麼要從離洞口這麼近的地方開始練起，畢竟高爾夫球大部分的擊球，的確發生在洞口附近，但我經濟學家的腦袋覺得，至少基於兩點理由，麥克朗寧的練習方法聽

---

* 在本書英文版編撰完成之際（二〇一五年一月），麥克朗寧只剩四千兩百多個小時的練習，他的差點已降到三・一。

起來是十分糟糕的策略。

首先，經濟學最基本的原則是「邊際報酬遞減」（diminishing marginal returns），也就是最初的一點點東西，可以帶來極大的報酬，但愈做愈多之後，價值就愈來愈低。舉例來說，第一支冰淇淋甜筒很好吃，但吃到第四支你會想吐，推桿一定也是一樣，接連練了八小時之後，一定到了麻木的狀態。我無法想像有人能如此一心一意地練習推桿，而且不只是練一天，而是一個月一個月地一直練下去。

第二，我自己的經驗告訴我，不同的發球方式會有「外溢效應」（spillover），也就是說打低飛球的手感，能幫助你打高揮桿。有時，我直覺知道一號木桿應該怎麼揮，而那讓我知道應該怎麼用鐵桿，有時又相反，鐵桿的揮法讓我知道該如何開球。練推桿與低飛球一連好幾個月，卻對高揮桿一無所知，我總覺得這樣不大對。

最後，麥克朗寧的策略成功了嗎？至少他在練了兩千五百個小時以後還興致勃勃，這已經很了不起了。他的差點數是十一，要打ＰＧＡ巡迴賽的話，大約還差十五到十六桿，也就是說從現在起，他每練五百個小時，大約得進步一桿。或許，他的確能以這樣的速度，在接下來的數千個小時繼續進步下去，但是相當不容易。

不論結果如何，我都會替麥克朗寧加油，因爲他是個好人，也因爲他答應免費送我一張二〇一六年美國高爾夫球公開賽（United States Open Championship, U.S. Open）的票，但前提是他取得參賽資格。

李維特準備好參加長青巡迴賽

李維特讓全天下都知道，有朝一日他想參加給五十歲以上人士的冠軍巡迴賽。上週看過他精彩的表現之後，我現在相信，他有機會參加長青組的職業巡迴賽，不過不是高爾夫球。

事情是這樣的：我到芝加哥住了幾天，和李維特一起完成一些工作。有一天，我們結束令人精疲力竭的工作後，到芝加哥大學附近一個叫「七一〇」（Seven Ten）的地方吃飯。那裡提供食物、啤酒，還有保齡球道，只有幾個球道，不是什麼時髦的設備，就是那種老派的保齡球館。

吃完飯後，我邀李維特跟我打個一、兩局，但他不想打，說什麼怕影響他的高爾夫揮桿——拜託，說得跟眞的一樣。他說，他看我打就好，但我想不出有什麼事會比一個人打保齡球還無聊，而且旁邊還有人坐著看你打。所以我說謊了，我說打保齡球對高爾夫球的揮桿有幫助，因爲保齡球很重，可以鬆開關節什麼的。

當我說到輸的人請客時，李維特終於同意了。

他設法找到一顆能塞進他手指的十磅球，在第一次試丟的時候，像在丟輕量級的鴨瓶保齡球（duckpin ball），一個球瓶都沒打到。我想，這下子我贏定了，看在我們是朋友的份上，我建議他選重一點的球。所以，李維特換成十二磅的球，最後打出一五八分，據說那比他的平均分數高三十分，他贏了。

李維特打保齡球的姿勢，並沒有什麼特別的地方。他是右撇子，卻由左而右拋出球，也沒有花式技巧，但就是有辦法讓球瓶倒下。我當然說再比一場，他還是說他不想比，但是又被我說動。

這次，他在第一局的時候，打了兩球讓十個球瓶全倒，接下來打出「火雞」，連續三局一球全倒，太驚人了！但是接下來兩局，球瓶都沒有全倒，看來他的運氣用完了。但好像又不是，因爲接下來四局，他通通一球全倒。我實在很難形容當下那個情形，是多麼地令人難以置信，但事情眞的發生了，最後他打出二三三分。二三三分！我大學的體育必修課是保齡球，這輩子最高只打過一八四分。

我們回到他家之後，他查了美國職業保齡球選手協會（Professional Bowlers Association，PBA）巡迴賽頂尖選手的分數，發現如果平均打二二二分的話，絕對可以打進前二十強。他用了一顆十二磅的球，在吃了一大堆東西、喝了啤酒，還工作了一整天之後，輕輕鬆鬆就打出二二二分。

我唯一能想出的解釋是：由於李維特正在瘋狂地練習高爾夫球，特別是他數千小時的短桿練習，結果無意間讓他變成保齡球高手。如果不是這樣的話，就是他在說謊，他的保齡球平均分數沒那麼低，根本是在騙我請客。

不管眞相是什麼，那局眞的很精彩。不幸的是，他大概不可能出現在保齡球的長青組巡迴賽，因爲他爲了進高爾夫球賽，發誓絕對不再碰保齡球。

而且李維特說到做到，再也沒碰過保齡球。

NFL的損失規避

大家都知道，美式足球教練是非常保守的人，不會貿然進攻，因爲只要做錯一個決定（甚至沒有做錯決定，只是執行不順利），就會被炒魷魚。以行爲經濟學的術語來說，這叫「損失規避」（loss-averse）；阿莫斯．特維斯基（Amos Tversky）與康納曼率先提出這個概念，意思是一個人因爲損失X而得到的痛苦，超過因爲得到X而獲得的快樂。誰會出現「損失規避」的情形？大概每個人都會，不論是當沖客或捲尾猴都一樣，美式足球教練尤其如此。

這就是爲什麼昨天堪薩斯城酋長隊（Kansas City Chiefs）對奧克蘭突襲者（Oakland Raiders）的最新一場比賽特別値得探討。在昨天那場比賽中，酋長隊教練迪克．弗梅爾（Dick Vermeil）

在時間只剩五秒時，必須做出困難的抉擇。當時，他的球隊還輸三分，而球在突襲者的一碼線上。酋長隊要是選擇交鋒但沒得分，大概沒有時間再次交鋒，這場比賽就輸了。但如果他們能踢出簡單的射門，就會進入延長賽——雖然這是酋長隊的主場，突襲者隊很會拖時間。弗梅爾後來承認，他很怕進入延長賽後，突襲者隊贏了決定誰先攻的擲硬幣，然後立刻得分，讓酋長隊一次進攻的機會也沒有。

以事後諸葛的角度來看，那不是很困難的賭博。弗梅爾可以選：一、如果他的隊伍能夠完成相對容易的前進傳球兩尺，局勢將極為有利；二、在最後很可能贏、也很可能輸的時刻，選擇如果沒有幾百萬觀眾在看、而且立刻就會批評的情況下，我們大部分人會選的選項：達陣。

結果，弗梅爾下令進行跑陣進攻，賴瑞．強森（Larry Johnson）衝進達陣區，酋長隊贏了。《今日美國報》的頭版頭條是：「酋長賭贏，勇敢在主場孤注一擲：堪薩斯城讓奧克蘭嚇一跳，在比賽最後放棄射門，選擇達陣。」

弗梅爾的決定居然能夠成爲頭條新聞，凸顯出美式足球教練有多不常冒這一類的險。他在賽後告訴記者：「哇！我怕得要死，只是我想通了，我太老了，等不了那麼久（他最近剛過六十九歲生日）。如果我們這場沒贏，你們會冷嘲熱諷，但那不是衝動之下做出的決定，我們只是做了該做的事。」

恭喜弗梅爾好決定有好報！希望其他教練也會因爲羨慕媒體一直報導，往後也和他一樣，下聰明的賭注。

畢利契克眞的是好教練！

我從來沒有像現在這樣，那麼敬佩美式足球教練比爾·畢利契克（Bill Belichick）。

昨天晚上，他在球賽的最後幾分鐘做了一個決定，他率領的新英格蘭愛國者隊（New England Patriots）卻因此輸球。那可能是史上最具爭議的一個決定，當時他的隊伍領先六分，比賽只剩兩分多鐘就要結束了，他卻決定從自己的半場繼續進行第四攻攻擊。可惜的是，這波攻勢未能成功，若成功就可再獲得四次進攻機會，而印第安納波利斯小馬隊（Indianapolis Colts）立刻發動達陣。

畢利契克因爲那個決定成爲衆矢之的，每個人都認爲那是個很糟糕的大失誤。

那正是我敬佩畢利契克的原因。其實數據顯示，如果他的目標是贏得比賽，他所做的決定是正確的。經濟學家大衛·羅默（David Romer）曾研究過大量的美式足球年度數據，發現球賽的實際情形和大家想的不一樣，球隊太常採取「棄踢」（punt）策略了，讓球權轉到對方手中，從場地遠方開始進攻。如果是在自己半場的短碼，選擇進行第四次的進攻，可以增加球隊贏球的機率，雖然只是高一點點。但畢利契克一定知道，這個戰術一旦失敗，他將被罵到臭頭。

如果畢利契克的隊伍成功獲得再次進攻的機會，最後愛國者隊贏了，大家也不會覺得他有多大的功勞。但要是失敗了，大家都會怪他，這就是經濟學家探討的「委託—代理問題」（principal-agent problem）。雖然繼續進攻會增加隊伍的贏球機率，但在乎個人名聲的教練，卻想要做錯誤的事：棄踢，因爲他不想當代罪羔羊。我在研究足球的時候，也發現罰球有這種現象：往球門的中間位置踢是最好的策略，但失敗的話會特別尷尬，所以球員不大會選擇往正中間踢。

然而，畢利契克在昨晚選擇繼續進攻，證明了：一、他清楚數據；二、贏球是他最重要的目標。

主場優勢有多大？爲什麼？

主場眞的有優勢嗎？

絕對有。托比．摩斯考維滋（Toby Moskowitz）與強．魏塞姆（Jon Wertheim）的著作《運動分數》（*Scorecasting*），提供了相當有用的數據。兩位作者蒐集所有主要運動主場隊伍獲勝的百分比，有的運動有較爲早期的資料集，例如美國職棒大聯盟有一九〇三年以來的資料，ＮＦＬ「只有」一九六六年以來的數據，美國職業足球大聯盟（Major League Soccer, ＭＬＳ）有二〇〇二年以來的數據，但所有資料集的樣本數都大到足以歸納出結論：

看著這些數據，你很難反駁主場隊伍沒有優勢。但事實上，李維特研究過主場居於劣勢的隊伍，寫過一篇探討「該如何下注」（噓！小聲點）的學術論文。後來，我們兩個在《紐約時報》上，又進一步探討這個主題。

爲什麼主場隊伍會比較有優勢？理論有百百種，包括：

- 「睡在自己的床上」與「吃熟悉的食物」
- 更熟悉主場的場地
- 群衆的支持

這些聽起來都有道理，對吧？摩斯考維滋與魏塞姆的《運動分數》蒐集了大量數據，檢視了各種流行的理論，他們的結論可能會讓你嚇一跳，或甚至是失望：

聯盟	主場隊伍獲勝
美國職棒大聯盟（MLB）	53.9%
國家冰球聯盟（NHL）	55.7%
國家美式足球聯盟（NFL）	57.3%
美國國家籃球協會（NBA）	60.5%
美國職業足球大聯盟（MLS）	69.1%

運動員在主場的時候，棒球似乎沒有打得比較好，不論是揮棒或投球都一樣……美式足球也沒有傳得比較好，而群眾似乎也沒有幫到主場隊伍的忙，或是讓客隊表現得比較差。「舟車勞頓」不會造成影響，此外，雖然賽程的安排對客隊不利，這點可以用來解釋部分的主場優勢，尤其是大學的運動比賽，但對許多運動來說並不重要。

如果這些常見的說法，都不大能解釋主場優勢，究竟什麼因素才能解釋？答案有兩個字：「裁判」。摩斯考維滋與魏塞姆發現，不論是判斷棒球的三振，或是導致足球罰球的犯規，裁判都會對主場隊伍稍微偏心一點。值得一提的是，相較於其他運動的裁判，足球裁判有較大的空間可以影響比賽結果，這解釋了爲何以全球各項職業運動來看，足球的主場優勢特別大。

不過，摩斯考維滋與魏塞姆也清楚說明了一點：裁判可能是在無意之中偏心。什麼意思？就是裁判並非有意讓主場隊伍占優勢，他們就和我們一樣，是群居動物、是人類，會被主場群眾的情緒感染，偶爾會做出讓近在咫尺又鼓噪不安的觀眾十分開心的判決。

湯馬士．多曼（Thomas Dohmen）探討德國甲級足球聯賽（Bundesliga）主場優勢現象的研究論文，幫這個理論提出最令人信服、也最聰明的論點。他發現，如果體育館內的足球場地四周有跑道，或是沒有跑道卻是大型的體育館，主場隊伍的優勢會比較小。

爲什麼？

顯然當觀衆愈靠近比賽場地的話，裁判就愈容易受到主場隊伍支持者的情緒影響。或者，以多曼的話來說：

> 雖然裁判的判決公正，最有可能讓自己再度被指定爲裁判，但體育館內群眾的氣氛導致裁判偏心。

看來，群衆的支持的確會帶來影響，但不是透過你以爲的方式。下次，在你觀看賽事喊到腦袋都要爆掉的時候，別忘了這件事，別弄錯你要用力呼喊的對象。

我愛匹茲堡鋼人隊的十個理由

紐約市發生九一一恐怖攻擊事件後，很多人寫信或打電話來，問我和家人是否安好。有些朋友並不大熟，但我是他們唯一認識住在紐約的人，所以他們表達關心。起初我有點嚇一跳，但他們讓我感到十分溫暖。

過去兩週，我又再次感受到這種人情味，我有回不完的電子郵件還有電話，因爲人人都恭喜我匹茲堡鋼人隊重返超級盃，再次對上聖路易紅雀隊（Saint Louis Cardinals）爭奪冠軍。我想，這次的原因，同樣是他們只認識我一個喜歡鋼人隊的人。

大家的恭喜讓我有點心虛，因爲我所做的一切，只不過是替一支贏過多次美式足球冠軍的隊伍加油而已，什麼功勞都沒有。我的確在過去連續三個賽季，都帶著同是球迷的兒子去匹茲堡看了球賽，但那三次鋼人隊都輸了！鋼人隊在那段時期的整體主場紀錄是十三勝六負，我顯然不是他們的幸運星。

不過，人得到的恩情愈多，責任就愈大。爲了報答大家對我的關心，我克盡己職地列出自己喜歡鋼人隊的十個理由。我的目的不是叫大家都要喜歡鋼人隊，只是提供尚未決定要喜歡哪一隊的人一些參考。

一、雖然鋼人隊目前正在努力贏得第六座超級盃冠軍，但他們在隊史的前四十年打得很爛，所以不論你是喜歡常勝軍，還是喜歡可愛的輸家，鋼人隊都能一次滿足你的需求。一九三〇年代，鋼人隊付了一大筆錢，簽下大學明星拜倫·「炫風」·懷特（Byron "Whizzer" White）。懷特打得很出色，但只待了一季，後來選擇了更令人敬畏的職業，成爲美國最高法院大法官。

二、鋼人隊自一九三三年成立以來，老闆都是魯尼家族（the Rooneys）。故事要回溯到有一天，亞特・魯尼（Art Rooney）在薩拉托加跑馬場（Saratoga Race Course）度過了美好的一天，然後用贏來的兩千五百美元買下鋼人隊。亞特是精力充沛的賭徒，也是人們喜愛的浪蕩子，但那可能是虛構的故事。鋼人隊目前由家族的第三代管理，魯尼是模範家族，擁有誠實、熱心公益、謙虛等特質。另外，如果你喜歡歐巴馬的話，你又多了一個喜歡這個家族的理由：鋼人隊現年七十六歲的董事長丹・魯尼（Dan Rooney）一生都是共和黨員，但去年很早就開始幫歐巴馬站台，在賓州大力幫他宣傳。說魯尼讓選舉情勢倒向歐巴馬是有點牽強，但賓州沒有太多像鋼人隊這麼強大的品牌，所以魯尼的支持絕對有利無害。魯尼家族以自家經營美式足球隊的方式自豪，鋼人隊反映出這個家族的價值觀，被外界視爲一支「有品格」的隊伍，因此當球員展現出不良的品格時，事情就有趣了。在這一季剛開始時，打外接員位置的桑托尼奧・霍爾姆斯（Santonio Holmes），被警察臨檢是否持有大麻（原來他青少年時期販賣過毒品），鋼人隊便下令要他停賽一週。其實，鋼人隊完全沒必要這麼做，因爲霍爾姆斯甚至沒有被捕，但此舉是在要求球員注意自己的行爲。

兩相對照，聖地牙哥衝鋒者隊（San Diego Chargers）的外接員文森・傑克森（Vincent Jackson），也因涉嫌酒駕被捕，時間是衝鋒者隊即將到匹茲堡打季後賽的前幾天。但衝鋒者隊只象徵性地發出「我們會監督此類情形」的新聞稿，傑克森照常出賽。

三、體育記者麥隆・寇普（Myron Cope）功不可沒。寇普原是才華洋溢的作家，後來轉行當鋼人隊的播報員，雖然他的聲音聽起來就像沙礫和意第緒語（Yiddish）被放進果汁機裡一起打。他實在很獨特，會在廣播上驚呼「呦！」（Yoi!），如果發生非常令人興奮的事時，則會說「呦！呦！」（Double Yoi!）寇普在去年過世，他是球隊熱情的支持者，但也會冷言冷語，這個特點讓他成爲匹茲堡的名人。不過，他最有名的事蹟是發明「恐怖加油毛巾」（Terrible Towel），那是一塊代表鋼人隊的毛巾布，金光閃閃，十分顯眼。球迷在週日時，會在坦帕（Tampa）的陽光下，瘋狂地搖晃著那條毛巾。很多隊伍都跟風推出類似毛巾，但沒有一隊像匹茲堡這麼成功，部分原因是寇普將這條毛巾的銷售利潤，大多捐給兒子就讀的阿勒格尼山谷啓智學校（Allegheny Valley School）。

四、鋼人隊的球迷流散在各地。雖然匹茲堡已經從製造業爲主的城市轉型到服務業，但過去數十年來，這座城市流失了大約一半的人口，造成鋼人隊的球迷目前居住在全美與海外。他們當初被迫「離開匹茲堡，以尋求更好的工作機會。但是讓自己的孩子也愛上鋼人隊，就算如今他們居住在亞利桑那、佛羅里達或阿拉斯加也一樣。這也正是爲什麼只要是在美國，有一定人口的城市，就有所謂的『鋼人隊酒吧』——球迷可以在週日聚在一起看球賽的地方。鋼人隊不是達拉斯牛仔隊（Dallas Cowboys）自許的『美國之隊』，但他們其實可以這樣稱呼自己。」

五、佛朗哥．哈里斯（Franco Harris）：哈里斯是史上最有趣、最謎樣的美式足球選手，甚至有人寫書探討他的獨特魅力（就是在下）。一定得提的是，他也是美式足球奇蹟事件「天恩接球」（Immaculate Reception）的當事人；順帶一提，也是播報員寇普讓這個名稱流行起來的。他的隊友、人稱「銅牆鐵壁」的格林（Mean Joe Greene），曾擔綱演出電視史上最棒的可樂廣告之一，而魅力驚人的鋼人隊現代新秀特洛伊．波拉馬魯（Troy Polamalu），在今年重新詮釋了那支廣告。

六、看鋼人隊二〇〇〇年後的第一輪選秀名單就知道，他們很會看人，而且同時看到球員有形與無形的特質。他們選中的人包括布雷西克．布瑞斯（Plaxico Burress）、凱西．漢普敦（Casey Hampton）、肯戴爾．西門斯（Kendall Simmons）、波拉馬魯、班．羅斯利斯伯格（Ben Roethlisberger）、海斯．米勒（Heath Miller）、霍爾姆斯、勞倫斯．丁莫斯（Lawrence Timmons）與拉俠．曼登霍爾（Rashard Mendenhall）。除了布瑞斯及其中兩人，剩下的人都已經是鋼人隊寶貴的先發球員。丁莫斯即將成爲重要先鋒，曼登霍爾這位新人會怎麼樣還很難說，因爲他的肩膀在季中被雷．劉易斯（Ray Lewis）撞斷。此外，更驚人的是，鋼人隊最優秀的兩名球員威利．帕克（Willie Parker）與詹姆斯．哈里森（James Harrison），當年並沒有任何隊伍在選秀賽上挑中他們，但哈里森最近獲選爲聯盟最有價值防守球員，他是史上唯一非選秀出生拿到這個獎的球員。順帶一提，鋼人隊在超級盃對上的紅雀隊，四分衛是柯特．華納（Kurt Warner），華納也同樣坎坷，雖然他可能會進名人堂，但當年他在成爲美式足球員之前，曾經靠著在小型超市打工過活。

七、鋼人隊是小型市場的球隊，因爲匹茲堡的人口不到三十五萬，但他們永遠表現得像一支大型球隊。關於這點，我們可以拿匹茲堡已經連續十五年勝率不超過五成的海盜棒球隊（Pittsburgh Pirates）來做對比。的確，小型市場的隊伍在美式足球的世界，比在棒球界容易生存，因爲NFL採取營收共享的政策。但鋼人隊也是支精打細算的球隊，例如他們願意放走高價的自由球員，近期有艾倫・范尼卡（Alan Faneca）、喬伊・波特（Joey Porter）與布瑞斯。此外，他們也不買年紀較大的超級明星，因爲他們也不是靠明星球員取勝的隊伍。

八、很少有講美式足球的好書，尤其和棒球相比的話，但小羅伊・布勞特（Roy Blount, Jr.）精彩的《大約少了三塊磚》（*About Three Bricks Shy of a Load*）就是在講鋼人隊。

九、鋼人隊目前的主教練麥克・湯姆林（Mike Tomlin）年輕有爲，聰明、低調又令人充滿驚喜。舉例來說，在鋼人隊擊敗巴爾的摩烏鴉隊（Baltimore Ravens）、搶下超級盃後立即召開的記者會上，他引用了羅伯特・佛洛斯特（Robert Frost）的詩。湯姆林兩年前才被鋼人隊聘用，接替前面兩位一共任職了三十七年的查克・諾爾（Chuck Noll）與比爾・考爾（Bill Cowher）。近年來，NFL的教練是被用過即丟的「免洗職位」，通常只有兩、三年的任期，但我有預感，湯姆林的任期可能長過考爾與諾爾。

十、職業球隊的命名依據，很少眞的是母城市過去或現在的主要產業，鋼人隊則是例外。匹茲堡是煉鋼之城，就像綠灣包裝工隊（Green Bay Packers）的綠灣產業是在做肉類包裝，或紅雀是一種很好的鳥，但沒有好好待在亞利桑那，先前也沒有好好待在聖路易。鋼人隊的隊徽並不是一隻卡通造型的鳥，也不是紆尊降貴的「紅人」，而是貨眞價實的製鋼標識，黑環裡有紅、藍、黃三個內凹菱形。另外，鋼人隊只在頭盔的一側放上隊徽，謠傳是因爲這隻隊伍太節儉了，不願意多花錢在每頂頭盔上放兩個印花。

當然，各位還是可以忽略這十點，選擇支持紅雀隊——一支恰巧由鋼人隊的衆多前教練與前球員組成的球隊，甚至有過同樣的球僮。不過，如果你眞的選擇幫鋼人隊加油，你會知道自己爲什麼支持他們。

後記：大家的加油打氣的確有用，鋼人隊以二十七比二十三擊敗紅雀隊！

小一生的資料調查能力養成

我兒子的一年級老師，最近舉辦家長參觀日，向父母介紹孩子本學年要學些什麼。我必須說，我印象深刻，我最喜歡的課程是學校想讓孩子成爲小一的實證研究者（說不定還是一流的）。

我兒子老師的名字是芭芭拉．蘭卡斯特（Barbara Lancaster），德州人，教學經驗豐富。她向家長介紹接下來的家庭作業：孩子要蒐集中央公園（Central Park）二十二座兒童遊戲場的數據，看是要全部蒐集，或是只挑幾座就好。

首先，孩子要選出自己「最喜歡」與「最不喜歡」的中央公園遊戲場。然後，他們必須蒐集各種數據，例如鞦韆的數目、開放空間的大小，以及遮蔭處與陽光直射處等，試著找出是哪些因素，讓一座遊戲場成爲優良的遊戲場，或是不理想的遊戲場。此外，孩子還得評估每座遊戲場的安全程度及其他事項。

在我一年級的時候，沒有這種家庭作業，老實講我很羨慕兒子。

最近，我帶著家裡兩個孩子，在中央公園玩了一個遊戲，和老師出的作業很像。我們坐在我們最喜歡的大岩石上，俯瞰著一條包圍公園的六英里長（約九．六五公里）道路。我問孩子，在那條路上跑步的人比較多，還是騎腳踏車的人比較多？兩個孩子覺得，一定是騎腳踏車的人比較多，原因或許是腳踏車的速度比跑步的人快很多，所以讓人印象較爲深刻。我和孩子打了一個小賭，我選跑步的人比較多，他們選腳踏車騎士比較多，我們賭誰會先經過我們的眼前：是第一百個跑者，還是第一百個腳踏車騎士？我贏了，但比數很接近：一百比八十七。

那天是平日傍晚，幾天後的週末早上，我們又玩了同樣的遊戲。孩子們堅守自己的立場，再度選了腳踏車騎士。這次他們是對的，騎腳踏車的人多過跑步的人。我猜，很多人不願意在平日傍晚抬出腳踏車，特別是目前日照時間正在變短，不過在週末早上時，他們就願意大費周章地抬出腳踏車。

我們全家人都玩得很開心，還開始找出其他可以計算的有趣事物。把教學與遊戲結合在一起，永遠是個好點子，不論是教你自己還是教孩子都一樣。

肯塔基賽馬大會的贏家預測

我不曉得自己爲什麼開始，但我不認爲有人應該在乎或眞的在乎，每年我都縱容自己在部落格上，預測「肯塔基賽馬大會」（Kentucky Derby）的贏家。

今年，我的肯塔基賽馬電腦模型，預測能力比過去兩年強上許多。從賭博的角度來看，我最喜歡的兩匹馬，一匹叫「全體就備戰部署」（General Quarters），另一匹叫「克藍爸爸」（Papa Clem），我認爲如果你賭牠們贏，期望值是正的。這兩匹馬贏的機率都不高，隔夜賠率（morning-line odds）是一賠二十，但我的模型預測，牠們實際的賠率遠比這個數字低。

其他幾匹馬看起來也很不錯，例如「福瑞森火焰」（Friesan Fire）、「火繩槍兵」（Musket Man）與「飛翔士兵」（Flying Private），但牠們沒有好到下注的期望值是正的。

最受歡迎的「我要復仇」（I Want Revenge）看起來也很有希望，但是也沒有好到可以下注。如果要我選最後一名的話，我會選「我的博德馬」（Mine That Bird）；可惜的是，主辦單位永遠不會提供這個下注選項，因爲賽馬人士太清楚人們會如何回應誘因。

幾天後……

謝天謝地！幸好沒人理會我的預測

還好沒有人關注我的年度肯塔基賽馬預測，因爲如果有人在看，他們會看到我在週五的部落格上預測：

> 如果要我選最後一名的話，我會選「我的博德馬」（Mine That Bird）；可惜的是，主辦單位永遠不會提供這個下注選項，因爲賽馬人士太清楚人們會如何回應誘因。

然後，他們會看到《波士頓環球報》（*The Boston Globe*）週日體育版說：

大爆冷門！賽馬大會出現一賠五十
「我的博德馬」領先六．七五個馬身大獲全勝

我的預測眞的是太慘了！除了看衰的馬跑第一，我看好的五匹馬其中一匹在十八匹馬中墊底，另一匹則是倒數第二名！

不過，其他三匹倒是跑得還不錯，分別奪得第三名、第四名與第十名。

照這樣的預測結果來看，接下來的必利時錦標（Preakness Stakes）會不會有人請我預測？我想會有。是這樣的，有些人可以預測到事實，但像我這種猜得超級不準的人，其實也是一種預測能力。這是一種反指標，你就照猜不準的人的預測，賭相反的就對了！

9 何時搶銀行最好？

我們兩個一直深受犯罪吸引，不一定是自己想犯罪，而是想探討這個主題。《蘋果橘子經濟學》最常被拿出來討論的內容，是我們兩個主張墮胎合法化與二十年後犯罪率下降有關。我們對於犯罪的熱愛，讓我們被請去上電視，其中一人還差點被送進關塔那摩灣監獄（Guantánamo Bay Detention Camp）。此外，本書的原文書名，也就是本章的篇名〈何時搶銀行最好？〉（When to Rob a Bank?）也源自我們的犯罪研究。

搶銀行的最佳時機

我最近讀到一則新聞，有人在紐澤西搶了六間銀行，而且那個人只在週四那天搶。報導指出：「沒有人知道他爲什麼特別選在那一天。」或許，他熟悉銀行業務，知道那天最好搶；

或許，占星師曾告訴過他，週四是他的幸運日；也或者，他只是剛好週四有空。

不管答案是什麼，我想起最近我去愛荷華州聽到的一個故事：地方上有個銀行行員叫柏妮絲．蓋格（Bernice Geiger），在一九六一年時被捕，因為她多年間盜用公款超過兩百萬美元，而那家銀行是她父親開的。據說蓋格人很大方，把大筆偷來的錢，通通送給別人。她被捕的時候，銀行就破產了。她被關了五年後假釋出獄，搬回爸媽家，顯然她的父母是會原諒人的那種人。

據說蓋格被捕的時候，整個人精疲力竭，簡直快累壞了。為什麼？因為她從未休過假，這也是她的犯案關鍵。這個故事是從蘇城（Sioux City）一名退休員警那裡聽來的，但是我未能證實故事的真假。據說她永不休假的緣故，在於她有兩套帳簿，不能冒險讓暫代她職務的人，發現公款被挪用。

告訴我這個故事的員警說，最有意思的地方是蓋格在坐完牢後，到某家銀行的監管部門做事，防止行員盜用公款。她最大的貢獻就是找出從不休假的職員，而這個簡單的防監守自盜的指標，具有很強的預測力。偷銀行錢的人，就和作弊的小學老師，或是串通騙人的相撲選手一樣，有時會留下洩漏犯行的模式，可能是從不休假，也可能是一連串的週四搶劫等，最後讓他們被識破。

連續幾個故事，讓我開始好奇銀行搶案的整體統計數據。或許，週四真的是搶銀行的最佳時機？

根據ＦＢＩ提供的數據，美國一年大約發生五千起銀行搶案，在週一到週五，週五顯然是最忙碌的一天（搶案很少發生在週末）。發生在週五的搶案，一年有一〇四二起，接下來分別是週二（九二二起）、週四（八八五起）、週一（八五八起）與週三（八四二起）。不過，沒有證據顯示，哪天搶銀行的成功機率比其他天高。

但是，搶匪搶錢的功力似乎並不高。搶匪早上搶到的錢，比下午高很多（五一八〇美元對上三七〇五美元），然而選下午的搶匪多很多（或許是因爲他們喜歡睡到很晚才起床？如果他們有辦法早起去「上班」，就不必去搶銀行？）整體而言，美國的銀行搶匪如果搶成功，平均可以拿到四一二〇美元，但是他們成功的機率沒有我想像的高，有三五％的機率會被逮捕！所以，紐澤西那個一連犯下六起週四搶案的搶匪，算是十分高竿。

英國銀行搶匪的成功率，大約和美國的一樣，但英國搶匪一般可以搶到比較多錢。經濟學家貝瑞．萊利（Barry Reilly）、尼爾．瑞克曼（Neil Rickman）與羅伯特．維特（Robert Witt）取得英國銀行協會（British Bankers' Association）的搶匪資料，進行分析，並將結果刊登在皇家統計學會（Royal Statistical Society）的《顯著性》（*Significance*）研究期刊上。他們三人發現，如果把不成功的搶案也算進來，搶銀行平均大約可以得到三萬美元。如果是結夥搶劫，一般而言可以搶到多很多的錢。整體而言，平均每個英國搶匪可以搶到約一萬八千美元，比美國的搶匪高太多了！不過，英國和美國一樣，搶匪被捕的機率很高，所以三位作者的結論是：「坦白講，搶銀行的報酬率一般來說實在是爛透了。如果要靠這行吃飯，實在會餓死。」

如果各位想知道搶銀行的最佳時機，答案似乎是……沒有這種時機。當然，如果你剛好是銀行行員，那就另當別論，但代價實在很高，因爲你永遠無法休假。

中國眞正的犯罪率是多少？

官方統計數字一定會告訴你，中國的犯罪率極低，除了謀殺率大約只有美國的五分之一，所有的犯罪都很罕見。中國的確讓人感覺很安全，我們去中國的時候，不管是走在富庶的地帶，或是貧窮的區域，我不曾有一秒感到危險過，而且街上完全沒有塗鴉。我唯一一次以爲自己終於看到塗鴉，是在江西上饒市一個火車站附近，後來才知道原來橋上的噴漆文字，是在警告：在橋下便溺的人，被抓到將處以重罰。

然而，種種奇怪的事，讓人覺得某些類型的犯罪似乎是大問題。

首先，中國似乎十分關心假錢的問題。我們的導遊覺得有必要教我們辨識假鈔，而且每回我用現金買東西，老闆都會用各種方式檢查鈔票是不是眞的。

第二，我們退房時得等上十五分鐘，等飯店員工檢查我們的房間。我猜，他們可能是在檢查時鐘、毛巾，還有迷你酒吧裡的食物、飲料有沒有被偷走。當然，我也可能誤解了他們檢查房間的原因，就像我無法理解爲什麼弄丟房卡要賠十五美元，但飯店要付的成本不可能高過幾美分。

第三，一般理智正常的人不會闖空門的地方，例如孤兒院等，由警衛室還有鐵門保護，車輛必須通過檢查才能進去。雖然我不認爲那些門是爲了防止孤兒逃跑的，但也許眞是如此！

第四，我們在搭火車的時候，得先查票才會讓我們上車，但我們坐在火車上及出火車站的時候，也得備好車票，讓站務人員再檢查一次。

最後，最明顯的是，公廁裡面完全不提供衛生紙，就連某些比較高級的餐廳也一樣。當然，我可能再度完全弄錯了某些事，但我的感覺是：一、衛生紙是非常珍貴的東西；二、如果衛生紙放在公廁的話會被偷。

別提醒罪犯他們是罪犯

心理學家一直在爭論「促發」（priming）究竟有多少影響力，也就是查而不覺的線索與提示能夠影響人類行爲的程度。舉例來說，數份研究報告發現，如果要求女性在考數學之前，先寫上自己的姓名並圈選性別，她們的考試分數將大幅低於只寫上名字的時候。研究提出的解釋是：女性認爲自己的數學不好，考試時圈選性別會讓她們意識到自己是女性，理應數學不好。當然，我一直很懷疑這種結論到底正不正確，而且我和羅蘭．佛萊爾（Roland Fryer）與李斯特一起進行研究時，也無法重現這種結果，但因爲性別是人類身分認同很重要的一環，我很難相信我們需要提醒女性她們是女性！

亞蘭．科恩（Alain Cohn）、米歇．安德烈．馬歇科（Michel André Maréchal）與湯馬士．諾爾（Thomas Noll）最近提出一份有趣的新研究，題目是〈壞男孩：犯罪身分認同對不誠實的影響〉（"Bad Boys: The Effect of Criminal Identity on Dishonesty"）。他們三人找出很妙的促發效應，他們跑到一間關重刑犯的高度安全管理監獄（maximum security prison），請囚犯自己擲銅板，然後回報擲出多少次「人頭」。擲到的「人頭」次數愈多，囚犯就可以拿到愈多錢。

三位作者無從得知每位囚犯是否誠實，但他們知道出現「人頭」的機率，應該要接近一半才對，所以可以推估整體的說謊程度有多高。在實驗開始之前，他們將犯人分成兩組，一組問：「你被判了什麼罪？」另一組問：「你每週平均看多少小時的電視？」最後的實驗結果是，被問到犯過什麼罪的那一組，說自己擲出「人頭」的機率是六六%，被問到電視的那一組則「僅」爲六〇%。

那麼，相較於一般人，這些囚犯有多不誠實？三位研究人員請一般大眾進行相同的遊戲，「人頭」的機率是五六%。

「犯過什麼罪」這個問題的影響有多強大？被問到每週看多少電視的囚犯，他們接下來的行為比較接近一般人，比較不接近被「促發」的囚犯。

我是經濟學家，我痛恨「促發」可能有效的結論，但我也是實證主義者，我想最好還是努力習慣吧。

V 正牌黑道怎麼看警匪影集《火線重案組》？

客座版主簡介：《蘋果橘子經濟學》的讀者，應該很熟悉蘇西耶・凡卡德希（Sudhir Venkatesh）這個名字。他在芝加哥念研究所時，和販賣毒品快克的幫派一起生活過數年，我們兩個依據他當時的研究，寫成〈為何毒販還和母親住一起？〉那一章。後來，凡卡德希繼續在最貧窮與最富裕的人士之間，做引人入勝的研究，並時常將結果放上「蘋果橘子經濟學部落格」。

我從一開始看HBO的警匪影集《火線重案組》（*The Wire*）時，就一直覺得這個節目很眞實，栩栩如生地描繪出現代城市生活的情形，除了幫派與毒品的世界，還精闢道出黑社會與市府、警察、工會，以及其他各種團體之間的關係。這個影集的內容，符合我在芝加哥與紐約市做「田野調查」時看到的事，而且比任何學術研究或新聞報導，都更能呈現出貧民窟在城市社會結構中扮演的角色。

幾週前，我打電話給紐約地鐵區幾位角頭老大，請他們一起看最新一季的《火線重案組》，我想不出比這更能確保節目品質的方法。

我們在夏恩（Shine）位於哈林區的公寓看第一集，他是多明尼加與非裔美國人混血，今年四十三歲，曾掌管幫派十五年，後來因爲販毒坐了十年牢。我請夏恩等較爲資深的黑道人士一起看電視，是因爲他們和流氓警察、政治惡棍，以及各種讓《火線重案組》這個影集引人入勝的人物打交道的經驗十分豐富。不過，他們大多退休了，已經不幹毒品這一行，大夥也熱情地把這次的聚會命名爲「黑道與小老弟」（Thugs and Cuz）——「Cuz」是「cousin」（堂／表弟）的簡稱，也就是我。

我們準備了很多爆米花、肋排、地方自釀啤酒，以及辣醬炸豬皮。豬皮顯然是美國黑道的最愛，一下子就被吃光了，一個在旁邊待命的小弟，被派去多買幾包。

後文摘要當晚的節目高潮：

一、警探邦克（Bunk）收受賄賂，大家一致覺得他有罪，我很沮喪，因爲他是我最喜歡的角色。夏恩說：「我不是故意針對他，但一個這麼有手腕的人，不可能不拿錢！不過，他私底下一定有幫那些街頭混混。」現場好幾個人因爲看過前面幾集，都知道邦克是很厲害的警探。在這集的開頭，他就以高超的手法套出自白，大家覺得他這麼厲害，一定隱瞞些什麼。

二、預測一：警官麥克納提（McNulty）會跟邦克鬧翻。預測二：在場眾人見識到邦克的偵查技巧後，一致同意麥克納提或邦克會被幹掉，可能是中槍、被捕或被殺。預測二與預測一密切有關，爲什麼？因爲每個人都覺得馬洛（Marlo）、喬（Proposition Joe）或是另一個黑幫老大，一定和其中一個警探走得很近（劇情尚未演到這裡）。前北紐澤西州藥頭酷J（Kool-J）說：「要不然的話，他們不可能在假日酒店（Holiday Inn）見面！」布魯克林的前幫派老大奧蘭多（Orlando）認爲，麥克納提與邦克都很有野心，但一山不容二虎：「其中一個會被幹掉。那個白人會喝醉，在盛怒之下對某個人開槍，或是邦克會爲了破案犧牲他！」

三、大家最不滿的劇情是：剛剛崛起的馬洛居然在合作會議上，對有年資的喬老大嗆聲。奧蘭多大呼：「要是喬有種的話，馬洛在二十四小時內就會被幹掉！但是白人（這部影集的編劇）老是喜歡讓這種自以爲是的角色活著，這種人不可能在眞實的東紐約活超過一分鐘！」然後大家下注，一共賭了八千美元，看馬洛什麼時候會死。下注的人要我（中立的第三方）負責保管賭金，但我委婉地說，我的小豬撲滿已經滿了。

四、卡瑟提（Carcetti）是白痴。好幾個人說巴爾的摩的市長太菜、影響力不夠，沒能力和聯邦政府合作。他們覺得，聯邦警察喜歡干擾地方警察辦案，老愛用聯邦的《反勒索及受賄組織法》（The Racketeer Influenced and Corrupt Organizations Act, RICO）來破解販毒集團。東尼T（Tony-T）解釋：「聯邦的人用反勒索法時，地方警察會覺得自己使不上力。」他頗同情在聯邦行動中什麼都不能做的地方警察，並表示：「那個白人（卡瑟提）如果知道自己在做什麼，就會讓他們繞著馬洛轉，時間長到可以起訴就好。然後，跟聯邦的人交換條件，得到自己想要的東西。」其他人也同意這個說法，他們說：編劇要不是不知道這麼基本的事，就是他們想把卡瑟提塑造成蠢貨。

那天晚上，眾人又多打了很多賭：有人跟東尼T對賭，說邦克在這季結束時不會死；夏恩覺得馬洛會幹掉喬；現場最年輕、二十九歲的阿福（Flavor）下注兩千五百美元，賭參議員克雷・戴維斯（Clay Davis）不會被起訴，還會揭露自己和馬洛的關係。

我覺得自己也有義務參一腳，於是出了五美元，賭第四集的時候，《巴爾的摩太陽報》（*The Baltimore Sun*）的發行量會加倍，引來華倫・巴菲特（Warren Buffett）的收購，結果沒人有興趣跟我賭這件事。

同場加映：凡卡德希後來又寫了九篇他和黑幫朋友一起看《火線重案組》的故事，如果有興趣的話，大家可以上 freakonomics.com 看。

V 如何有效打擊幫派？老大們的回覆

紐約州的參議員最近通過法案，宣布招人加入街頭幫派是違法行爲。市政府的官員還有議員們，永遠都在打擊幫派，但怎麼打也打不完。這項新法案是他們祭出的最新一招，他們還推出新的市政法規，規定一次不能有兩名以上的幫派成員在公共場所逗留，學校應該規定不得穿戴任何能夠識別幫派身分的帽子、衣服與裝扮顏色，而且公共住宅的管理單位應該驅離讓幫派成員（或是任何其他「罪犯」）住進家裡的房客。

可惜的是，這類法規鮮少能夠減少幫派人數、幫派暴力或幫派犯罪；事實上，我認識的警察都覺得這些法規及法條是在浪費時間，他們寧可把力氣用在將幫派活動「控制在一定程度」上。大部分的貧民窟警察都知道，幫派活動無法完全被消滅，若是逮捕兩個幫派分子，就會出現十二個排隊等著取代他們的人。警察知道幫派分子熟悉地方上的犯罪，所以會交換條件，讓幫派待在特定區域就好，不要把犯罪活動帶到其他地方；此外，高階的幫派成員還會提供破案線索。

這種策略事實上能夠抑制幫派人數成長，至少大城市裡有經濟頭腦的幫派並不會隨便亂徵人，管區警察也會確保幫派老大不會吸收太多孩子。在功效方面，這種執法方式限制了幫派的勢力範圍；雖然社會可能不會讚揚這種執法方式，但如果從「能否減少幫派人數」的成效來看，這種方式有用。

我訪問過芝加哥幾位幫派頭頭，請教他們招募新血最大的阻礙是什麼？他們的回答如後文。

三十歲的非裔美國人麥可（Michael）堅稱，今日的幫派分子大多是「毒品工作人員」，幫派其實就是企業：

我們經常流失人才，我手下的黑鬼老是找到好工作就跑了，所以只要兄弟們沒工作可做，我們就不用擔心缺人。我們大部分都是有家庭的人，不會去幹那種白痴在幹的事，什麼在學校集體鬥毆等的。我們可是努力在江湖上賺錢，大家老是說我們應該接受教育，我一個月賺好幾千美元，幹嘛上學？

三十二歲的非裔美國人達尼爾（Darnell）說，警察應該更有創意一點：

假設抓到我們其中一個人好了，如果我是警察，就會讓那個男孩穿女裝還有化妝，也許兩週就好，讓他打扮得像女生去上學，像同性戀一樣走在街上。我跟你保證，如果你幹那種屁事，幫派絕對留不住人！

四十九歲、波多黎各與黑人混血的老喬（Jo-Jo）說，警察應該……做我還年輕時他們做的事。半夜把小混混丟到邪神幫（Vicelords）的地盤，讓他被痛扁一頓，然後每天晚上再扔一次！我記得，在我年輕的時候，那些小貓被打個半死。你知道嗎？這太棒了！可以幫我們處理掉一堆一點屁用也沒有卻只會惹麻煩的傢伙。事實上，我很願意跟條子合作的，他們可以打電話給我，也許我們應該互相幫忙？

我的好朋友桃樂絲（Dorothy）雖然從來沒帶過幫派，但她是社福人員，專門幫助貧民窟的年輕人改善生活，所以很了解那個世界。桃樂絲回憶，在一九九〇年代，她曾經阻止人們加入幫派，因此得出下列這項建議：

向那些黑人抽稅！如果我是市長的話，就會這麼做。別把他們關進監獄，而是拿走他們五成的錢。你懂我的意思嗎？如果逮到他們在街上爲非作歹，就拿走他們一半的現金，然後交給社區基金，看是要交給守望相助會或教堂都可以。我向你保證，如果你從他們的收入下手，很多兄弟以後做事都會三思而後行。

非常有趣的想法。不曉得市場的力量，能否爲市場帶來紀律，從而限制年輕人進入由幫派控制的毒品經濟？如果事情眞如美國財政部部長小亨利．鮑爾森（Henry Paulson, Jr.）所言：「市場紀律」足以管制金融市場，或許市場的力量也能有效影響地下經濟。

喔，對了！我剛才不小心忘記貝爾斯登（Bear Stearns）的事了，就是那家揭開二〇〇八年次級房貸風暴序幕的投資銀行。抱歉，我就是忍不住嘛。

煮飯別把飯燒焦了！

一九九九年至二〇〇四年間，十三個非洲國家的意見調查顯示：五二％的女性認爲，如果女人沒有照顧好孩子，丈夫打她們是應該的；四五％的人認爲，如果她們沒向丈夫報備就出門，或是和他爭論，丈夫打她們是應該的；三六％的人認爲，如果拒絕和丈夫上床，以及三〇％的人認爲如果飯煮到燒焦，丈夫打她們是應該的。

女性是這麼認爲的。

我們活在一個奇怪的世界。

問這些問題到底有什麼意義？

如果你想成爲美國公民，就必須塡寫「歸化入籍申請表 N-400」（Immigration and Naturalization Service's Form N-400）。

你覺得上次有人在 10 (b) 項目下的問題 12 (c) 塡「是」，是什麼時候？

你在一九三三年三月二十三日至一九四五年五月八日期間，是否曾替德國、納粹、SS 親衛隊軍事單位、準軍事單位、自衛單位、自發性民兵單位、市民單位、警察單位、政府部門、滅絕營、集中營、戰俘營、監獄、勞改營、軍事難民營工作過？

我也好奇，是怎樣的人，會對下列這個問題回答「是」：

你是否曾爲恐怖組織的一員，或者因爲任何理由（直接或間接）與他們有關聯？

我訝異我們還在問這種問題：

你是否曾是共產黨的一員，或者因爲任何理由（直接或間接）與他們有關聯？

不過，說眞的，有些問題確實比較難回答，像是：

你是否曾經犯罪但未被逮捕？

能夠誠實回答最後這個問題的人不是很多，但我想大家都還是回答了。

我們都知道，這些問題永遠不會有人回答「是」，那麼究竟爲什麼要問？

原來，這種問題還眞的有意義：美國的執法單位能在證明你並未誠實回答後，起訴你或是把你驅逐出境。事實上，前幾天我跟幾個警察聊天，他們希望 N-400 列出更多與恐怖活動有關的問題。

美式足球員布瑞斯持槍入獄是特例嗎？

幾年前，我幫《紐約時報雜誌》寫過一篇文章，談ＮＦＬ每年都會舉辦「菜鳥座談會」。在爲期四天的新生訓練中，聯盟會向新人警告他們未來可能碰上的麻煩，例如人身安全受到威脅、被朋友帶壞、女人想從他們身上挖錢、不誠實的基金經理人等。

ＮＦＬ甚至請來很多前輩與退休老將，試圖教這些小夥子們一些事，例如我在文章中提到，打過外接員位置的艾文．費賴爾（Irving Fryar）告訴大家：

「等等會有幾個白痴走出這裡。如果在座有人自我感覺良好，請你停止，你什麼屁都還不是。」費賴爾報告自己的生涯統計數字：他打過十七季NFL，十三歲起就有嗑藥習慣，還曾經四度鋃鐺入獄。

「第一次的時候，我在紐澤西被攔下。那時我正要去開槍幹掉某個人，我開著BMW，把槍放在行李箱裡，然後就被送進監獄裡。第二次也是因爲槍，第三次是因爲家暴，第四次又是因爲槍。對，沒錯，還是因爲槍。事情糟到不行，我用一把點四四馬格南（.44 Magnum）對準自己的頭，扣下扳機。」

費賴爾現在是個牧師。「在我還是菜鳥的時候，我們沒有這種座談會。我自己親身經歷過很多不好的事，才會學一些道理。兄弟們，不要存著僥倖心態，要拿我當壞榜樣，別做不該做的事。」

不過，看來布瑞斯並沒有把費賴爾的話聽進去。布瑞斯剛被選進匹茲堡鋼人隊時，我和他有過一面之緣，之後就一直密切追蹤他的比賽新聞。我對他的第一印象是正確的：他是個一流的傻瓜。他幹的最新一樁蠢事，就是在夜店拿槍射傷自己的腳，後果也是最嚴重的，因爲根據紐約市的法律，他可能因非法持有槍械而入獄。不過，他其他場上與場下的紀錄，讀起來也像傻瓜會做的事。

但布瑞斯究竟有多反常？依照ＥＳＰＮ的報導來看，他也不算奇葩。美國職棒大聯盟的內部人士曾經推估，有兩成的球員會私下偷帶武器，但某位曾擔任ＮＢＡ球員保鏢的前警員，則說數字「接近六成」。那ＮＦＬ呢？ＥＳＰＮ的報導說：「新英格蘭愛國者隊的外接員賈霸．加富尼（Jabar Gaffney）也有一把槍，他說他認爲九成的ＮＦＬ球員都有槍。」

布瑞斯的問題——除了他射傷自己之外——在於他沒有攜槍證。他住在紐澤西，但槍擊發生地點在紐約市，而紐約市市長麥克．彭博（Michael Bloomberg）全力打擊槍枝。

就算ＥＳＰＮ的數據只有五成眞，我們也得問這個問題：一般ＮＦＬ球員到公共場所不帶槍可能遇上的危險，難道比非法攜帶槍枝的大，所以他們寧願攜帶非法手槍？

看來，布瑞斯的確認爲不帶槍比較危險。

不過，球員因爲槍枝而惹上麻煩的故事，還包括在自己家中被入侵者射死的西恩．泰勒（Sean Taylor），即使當時他手中拿著武器，試圖保護自己。

他的武器是什麼？一把開山刀。

在密蘇里，你可能會想計劃邀請敵人來家裡吃飯

多年來，我一直夢想著能買一把槍。我的理由只有一個：如果某天有人闖進我家，嚇到我的家人，我就可以保護他們，因爲床底下的棒球棍感覺根本不夠用。不過，我其實是個膽小鬼，有槍也沒用——但至少我幻想自己有槍的話，事情會不一樣。

由於我幻想自己能夠變成英雄，所以我完全支持密蘇里州通過的新法案。這項新法案說，如果有人非法闖進你家（甚至是你的車子），就算你並未明顯處於危險當中，依舊可以用致命性武器攻擊對方。在美國大多數的地方，你必須證明自己的確處於危險當中，可能會受傷或被殺，才能使用致命性武器。

從嚇阻犯罪的角度來看，我覺得這條法律理論上來說合理。小偷沒有闖進你家的正當理由，而盜竊是高社會成本的犯罪，就算小偷沒有偷到多少東西，家裡被洗劫的受害者也會覺得受到嚴重侵犯，但是可預期的處罰相當小，因爲逮捕率很低。大部分的受害屋主並沒有看到小偷的臉，所以很難抓，和抓街上的搶匪不同。幾年前，我曾經大略估算了一下，如果我沒記錯的話，小偷因爲被屋主開槍射死、壽命因而折損的年數，大約等同因被捕而坐牢的總服刑時間的一五％。換句話說，如果你是小偷，可能被屋主殺死是你應該關切的問題。如果密蘇里州的新法令鼓勵更多屋主殺死入侵者，那麼小偷應該會減少。

然而，從另一方面來說，新法條大概不會有太多實質作用，因爲會殺死闖空門的小偷的那種人，大概不管各州有沒有保障屋主的法條，都還是會開槍（這或多或少是我對私藏武器法的證據的解讀。）我認爲，新法條的主要用意，只是萬一你射殺入侵者，你在法律上就可以脫身。但如果受害者的行爲沒有實質改變，小偷的行爲也不大可能會改變；更糟的是，可能會出現一群像我這種笨手笨腳、試圖依據新法令來對抗小偷的民衆，而最後被槍射到的人是我們。

但這項新法令的確帶來一些有趣的可能性，比方說如果你很討厭一個人，討厭到希望殺掉他，你只需要想辦法讓對方進入你家，然後讓他看起來像是入侵者就可以了。你可以告訴他，你舉辦了一場深夜撲克派對，然後開門讓他走上你家樓梯，以爲要到樓上打牌。你也可以說，大家幫一個朋友辦了驚喜派對，到時候燈都會關著，請他在半夜兩點的時候，走進你的臥室。

永遠都不要低估人類的創意，以及他們狡猾的程度——也不要低估《法網遊龍》（*Law and Order*）會立刻把這個點子改編成最新一集劇情的速度。

華盛頓特區取消槍枝禁令？那又怎樣

美國的最高法院，近日撤銷華盛頓特區的槍枝管制法，芝加哥可能是下一個取消類似法令的地區。槍枝管制法的主要目的是減少犯罪，但這種法令眞的有用嗎？很少有學術研究直接回答這個問題，不過還是可以看到一些間接證據。

讓我們先從直接證據說起。過去曾有幾份學術報告，直接研究華盛頓特區的槍枝管制情形，但它們得出與期望相反的結論。這類研究很難做的原因，在於一個地區必須修法過後，才會有對照組，例如比較華盛頓特區「修法前」與「修法後」的情形。不過，你也可以試著找出控制組，然後拿華盛頓特區前後的情形，對照控制組前後的情形，經濟學家稱爲「差異中之差異法分析」（differences-in-differences analysis）。

這類研究方法的問題，在於犯罪率會一直變動，所以選擇的控制組很重要。我會說，最合理的控制組是犯罪事件頻傳的大城市，例如巴爾的摩或聖路易，然而以這些城市當對照組的時候，槍枝管制禁令看起來沒有效果。

那間接證據呢？芝加哥也有槍枝管制法，八成的凶殺案凶器都是槍枝。至於華盛頓特區的槍枝凶殺案比例，我所能找到的最接近數據來自某篇部落文，聲稱特區也是八成，而ＦＢＩ的全國數據是六七．九％。看著這些數字，你很難嚴正主張槍枝禁令很有效，而且華盛頓特區與芝加哥的整體謀殺率並沒有特別低。

在我看來，管制城市槍枝的禁令，就和其他許多試圖減少槍枝犯罪的政策一樣，其實是無效的。當黑市活躍、市面上有大量槍枝庫存時，很難使用法律來規定或管制槍枝。當最重視槍枝的人，是在毒品交易中使用槍枝的人，你幾乎沒辦法讓他們碰不到槍。

我的看法是：我們不該就「擁有」槍枝這件事立法，因爲根本沒用；有用的做法似乎是重罰「非法使用」槍枝者。舉例來說，如果你用槍枝犯下重罪，你的刑期將依法增加五年。當採取這種做法時，部分證據顯示槍枝暴力情形確實減少——雖然也發生了替代情形，犯人改用其他武器犯案。

重罰非法使用槍枝的法律規定，有許多吸引人的地方：第一、它們有用，而別的槍枝政策沒用；第二、奉公守法者將不會因爲希望擁有槍枝而連帶付出代價。

減少槍殺案的最好辦法？

美國是槍枝比較多，還是衆說紛紜的槍枝意見比較多？

很難說。過去幾年，我和李維特寫過很多和槍枝有關的事，這次我們縮小範圍，問大家一個問題：有什麼好辦法可以減少槍擊死亡案？先別管大家平常愛討論的人民究竟有沒有權利帶槍，而是正視下列這個事實：美國有很多人死於槍下；我們究竟要如何解決這個問題？

我們請了幾位平日研究槍枝議題的人士，來回答一個簡單的問題：你認爲減少美國槍擊案最好的辦法是什麼？各位有可能不會喜歡他們的答案，但我個人覺得那些答案，大多比我們平常會聽到的槍枝辯論有道理。

簡斯・路德維格（Jens Ludwig）是芝加哥大學哈里斯公共政策研究學院麥考默克基金會教授（McCormick Foundation professor），他表示：

> 對於幫助警方沒收違法槍枝的檢舉者，我們應該頒發獎金，而且是很大、很可觀的一筆獎金。
>
> 美國死於開槍自殺的人多過凶殺案，菲爾・庫克（Phil Cook）和我估算過，每年槍枝暴力消耗約一千億美元的社會成本，其中槍枝犯罪占絕大多數。大部分的謀殺都是槍枝謀殺（二〇〇五年芝加哥大約是七五％），我們還知道犯案者絕大多數都是年輕人，尤其是年輕男性，而且大部分的謀殺都發生在户外，很大比例的凶殺案來自幫派間的嫌隙或恩怨。美國的槍枝暴力問題，很大一部分來自年輕人帶槍走在路上或開車，然後用槍做了蠢事。
>
> 年輕人喜歡帶槍上街，因爲那樣很威風。我和庫克、安東尼・布拉卡（Anthony

Braga），曾和社會學家凡卡德希一起執行過一項研究計劃，後來刊登在《經濟期刊》（*Economic Journal*）上。凡卡德希問芝加哥南區的人爲何攜帶槍枝？一名幫派成員回答，如果沒帶槍的話：

「誰會怕我？誰會把我當一回事？一個都沒有。除非我有槍，不然我什麼都不是。」

人們大多帶槍去參加美式足球賽、棒球賽或派對，好向朋友或女朋友炫耀。在此同時，攜帶槍枝的成本很低。凡卡德希先前曾在「蘋果橘子經濟學部落格」發表了一篇文章，指出如果有人被抓到攜帶槍枝，警察比較不可能對他犯下的其他罪睜一隻眼、閉一隻眼，但因爲攜帶槍枝被捕的機率不是太高——其實，就連重大的暴力犯罪或與財產有關的犯罪，逮捕率都低到驚人。

如果提供大筆獎金給匿名檢舉非法持有槍枝的人士，將增加攜帶槍枝的成本、減少帶槍的好處。雖然在派對上亮槍依舊很帥，但你的法律風險將會大增。

此外，提供檢舉獎金還有助於分化幫派成員，能有效地把槍枝趕出校園。須發獎金有很多準備工作得做，例如決定該發多少獎金（我認爲一千美元以上不會太過），以及警方應該如何在尊重市民自由的前提下，妥善處理檢舉案件，沒收槍枝。

無論如何，須發獎金這個點子，至少能讓我們在討論槍枝管制時不再老調重彈，能夠幫助我們設法改善重大的社會問題。

小耶穌．「曼尼」．卡斯楚（Jesus “Manny” Castro, Jr.）十二歲就成爲活躍的幫派成員，他在短暫入獄後加入聖地牙哥基石教堂（Cornerstone Church），目前負責加州丘拉維斯塔輔導中心（Turning the Hearts Center in Chula Vista）的「幫派防治教育宣傳計劃」（Gang Awareness Through Mentoring and Education program）。

我從小在幫派長大、過幫派生活，看過太多人死於幫派與槍枝事件，所以擁有這方面的第一手知識！想減少美國槍殺案的話，有個很好的辦法就是讓行凶者的家人賠錢，補償被害者家屬蒙受的情緒、精神與健康方面的損失。

至於賠錢的方法，至少應該包括從他們一輩子的薪水中扣錢，而且讓他們出全部的喪葬費用，並且代替受害者償還所有尚未還清的債務。如果行凶者不滿十八歲的話，不只本人要坐牢，父母也應該爲了自己的孩子所犯的罪行一起去坐牢，刑期至少要是當事人的一半。因爲一切的一切，都始於也終結於家庭！

想要眞正落實這個辦法，最好的策略就是立法成立組織，教導父母阻止槍枝暴力的辦法，清楚讓他們知道要是他們的孩子拿槍做了壞事，他們將必須承擔什麼後果。我們在輔導中心執行「幫派防治教育宣傳計劃」時，發現我們輔導的年輕人很在乎自己的父母，很在乎他們的看法。

我會請父母幫忙提供家裡的情形，依據孩子生活上的問題，設計一系列引導他們的課程。孩子尊敬自己的父母，如果父母知道自己也必須因爲孩子的非法行爲坐牢，或許他們會更願意參與孩子的生活。

如果全美各地的社區，能夠效法我們在輔導中心所做的事，我們就能讓這個世界變得不同。持槍殺人這種嚴重的事，需要的是鐵腕的做法。

大衛．海明威（David Hemenway）是哈佛大學公衛學院的健康政策教授，也是哈佛傷害控制研究中心（Harvard Injury Control Research Center）的主任，著有《私人槍枝，公衛議題》（*Private Guns, Public Health*），他說：

我的建議是：成立全國槍枝安全管理局。

四十年前，美國成立今天的國家公路交通安全管理局（National Highway Traffic Safety Administration, NHTSA），對美國及全球來說，這個機構是機動車輛安全的歷史里程碑。該管理局建置了一系列的資料系統，監控機動車輛的車禍事件與死亡情形，並且資助各種數據分析，讓我們知道哪些政策能夠有效減少交通事故、哪些政策沒效。

國家公路交通安全管理局規定了眾多的車輛安全標準，帶來今日的可潰縮式方向機柱（collapsible steering columns）、安全帶與安全氣囊等。管理局提倡改善道路的設計與功用，讓公路的設計哲學從「方向盤後的瘋子」（“nut behind the wheel”）變成「有轉圜餘地的緊急用路肩」（“forgiving roadside”）。美國疾病控制與預防中心將機動車輛安全改善的程度，列爲二十世紀最成功的範例。

因此，美國也需要靠著類似的國家級行政單位，減少槍枝帶來的公衛問題。槍擊目前是美國傷害死亡的第二大死因，二〇〇五年每天有超過二七〇名美國公民被槍擊，八十四人死亡。美國國會應該成立國家級機構，就像當初爲機動車輛成立機構的做法一樣，致力於減少槍枝帶來的傷亡。

該國家級機構應建置與維護完整、詳細的全國槍枝傷亡資料系統，並且資助相關研究。目前，美國的全國暴力死亡通報系統（National Violent Death Reporting System）僅資助十七州的資料系統，而且不資助研究。

該國家級機構應該要求全美各地製造、販售的槍枝，必須符合安全與犯罪防範規定，並且禁止一般人民使用打獵或防身都用不到、只會危害大眾的槍枝。該國家級機構應該有職權在所有槍枝過户時，進行使用者背景調查，以防槍枝被販售給罪犯與恐怖分子。

如同車輛的側面撞擊性能標準由相關管理單位負責判定，是否該禁止三輪越野型沙灘車也由相關管理單位決定（管理單位放行較爲安全的四輪車輛），這個管理槍枝的國家級機構也必須擁有足夠的資源與力量，包括各項標準的設定、撤銷與研究槍枝的能力，以期能爲全美的槍枝使用制定合理的決策。

同樣地，每一條槍械的製造與銷售規定，應該通過更科學化的行政程序，而不是更政治化的立法程序。該是時候讓政治離開槍枝安全的領域了。

我差點被送進關塔那摩灣監獄

昨天，我抵達佛州棕櫚灘國際機場（Palm Beach International Airport），想搭機回芝加哥，結果只看到離境班機表把我的班機列爲「延誤」，航空公司甚至不假裝飛機會在可預見的未來起飛。

我研究了一下，發現可以搭另一家航空公司的飛機回家，所以就買好一張單程票，走向機場的安檢區。

當然，最後一分鐘才買一張單程票，一定會讓運輸安全管理局「警鈴大作」。結果，我被請到一旁，先是搜身，然後搜行李。

當時，我並沒有想到，我的最新研究會讓我陷入麻煩。那時我研究了很多關於恐怖分子的事，我的手提行李內還有詳盡的九一一恐怖分子活動文件，以及大量的每一名恐怖分子的照片與背景資料。我放在行李內的筆記，寫著恐怖分子的犯案動機與潛在目標，而那是安檢人員從我包包裡拿出的第一樣東西。原本歡樂的氣氛一下子就凝重起來，四名運輸安全管理局的人員突然圍住我，不大相信我的解釋。在他們的主管抵達時，其中一人說：「他說自己是研究恐怖分子的經濟學教授。」

安檢人員把我兩個包包裡的東西通通都拿出來，而我上一次整理手提包已經是很久以前的事了，包包裡總共有十二個夾層，裝滿雜物。

安檢人員問：「這是什麼？」

我回答：「這是《怪獸電力公司》（*Monsters, Inc.*）的唇蜜，還有鑰匙圈。」

我就這樣被檢查了三十分鐘，除了唇蜜，安檢人員也對我的護照特別感興趣，還好那眞的是我的護照。他們感興趣的東西還包括我的 PowerPoint 報告，以及從袋子縫隙中跑出來的藥丸，上頭沾了多年亂塞產生的毛屑，以及被鉛筆畫過的痕跡；另外，還有一本快翻爛的書《當好人遇上壞事》（*When Bad Things Happen to Good People*）。

等到安檢人員終於確認我是自己人以後，他們讓我搭上前往芝加哥的班機。感謝上帝！還好我把最近在部落格上提到的那本恐怖分子手冊留在家中，否則我可能會直接被載到古巴。

我們被邀請擔任警探影集的顧問！

幾個月前，李維特和我被請去協助拍攝一個警探影集，劇情主要由《蘋果橘子經濟學》改編而成，大概在講某大城市的警方在無計可施的情況下，請一名流氓學者來幫忙控制犯罪。

我們兩個都覺得這個點子瘋了，但又有一股奇怪的魅力。想出點子的人是布萊恩・泰勒（Brian Taylor），他是演員凱西・葛雷莫（Kelsey Grammer）的製作公司葛雷莫網（Grammnet）的年輕主管。他們和獅門娛樂（Lionsgate）合作，知名編劇凱文・福克斯（Kevin Fox）也會加入製作陣容，影集名稱定爲《賤民》（*Pariah*）。

幾週前，李維特和我前往洛杉磯，幫提案人推銷這個節目給電視網。由於我們兩個對電視圈一無所知，所以試著不要講太多話，讓福克斯、泰勒和葛雷莫出面就好，而且他們成功了！娛樂新聞網 Deadline.com 刊出消息：

美國國家廣播公司（National Broadcasting Company, NBC）買下《賤民》……這齣警探影集的劇中人物，源自作家暨經濟學家李維特與杜伯納一炮而紅的《蘋果橘子經濟學》理論。《賤民》的劇情講述聖地牙哥的市長，請來一位沒有警務背景的流氓學者，流氓學者利用《蘋果橘子經濟學》的另類執法方式，帶領一支專案小組。

沒有人知道這個影集會不會成功，但到目前爲止這趟旅程很有趣，和葛雷莫談演戲帶給我許多啓發，他目前正在主演大製作的影集《風雲市長》(*Boss*)，飾演芝加哥市長。我問他，爲什麼某些人的臉在螢幕上就是很吸引人，其他人或許長得比較帥，或是在其他方面比較有魅力，但就是沒那麼紅。

他立刻回答：「關鍵在於頭的大小，大多數成功演員的都很大。」

他是指「思考能力」，至少我是這麼認爲的。

最新進度報告：就算以好萊塢的標準來說，這齣戲的流產速度也是有夠快。只不過開了幾次電話會議，NBC就告訴製作人他們要換方向、要換點子、要換機油還是什麼的，反正我們還在等露臉的那一天。

10 多討論一點性好嗎？我們可是經濟學家

我們當然在部落格上談過性，不過奇怪的是，我們只談論別人的性，在八千篇文章中，沒半篇提過自己的性經驗。也就是說，我們討論過賣淫、性病與網路約會等。

最新消息：足球迷沒有想像中的急於上床

德國幾年前讓性交易合法化，顯然是爲了配合世界盃足球賽（The FIFA World Cup）的球迷。全德國的妓院摩拳擦掌，準備好迎接世界盃帶來的大批恩客，但人潮顯然一直沒有出現。或許，大批球迷覺得，自己已經被裁判搞得精疲力盡，晚上懶得再出錢到外面搞。

一個小小的提議：或許我們該抽性交稅？

基於：

- 民主黨一般喜歡抽稅，共和黨一般反對不必要的性行爲；
- 性行爲在無意間衍生的成本高到令人無法接受，特別是在政治圈，看看前總統柯林頓（Bill Clinton）與白宮實習生的性醜聞；衆議員馬克・佛利（Mark Foley）涉嫌性騷擾青少年，後來辭職；參議員賴瑞・克瑞格（Larry Craig）的公廁事件；前民主黨副總統候選人約翰・愛德華茲（John Edwards），被揭露與女助理有婚外情、育有一女……從諸位先生的後續發展，就知道需要付出不少代價，而且這還只是順手舉的幾個例子；
- 從生產力下降、意外懷孕、染上性病、婚姻破碎（及其他認真的關係破碎）等幾個角度來看，在政治圈以外的地方，隨便上床的代價也很高；
- 一如往常，聯邦政府目前亟需更多錢；

綜合前述幾點理由，在此提議：我們應向美國公民徵收「性交稅」。

首先，我必須說明，此稅的目的並非嚇阻性行爲，而是爲了彌補特定類型之無意義性行爲所帶來的成本，尤其是一旦關係公諸於世後，容易讓寶貴資源無法流向重要議題的性行爲。爲此：

- 已婚配偶進行法律許可、在家進行之性行為，應適用大量扣除額。反之：
- 婚前性行為、婚外性行為、不尋常或不受歡迎之性行為，應負擔最高稅率；
- 同性間之性行為、兩人以上之性行為，或是在飛機、海灘等「非傳統」情境下發生之性行為，適用較高稅率，但實際稅率迄今尚未決定。
- 非交媾之性行為，亦應另行判定稅率。國稅局應全權負責徵收前述稅項，此外：
- 前述稅項之支付雖為自願給付，其正當性不亞於其他稅務相關活動之繳納或抵免，如慈善捐款、企業減免、產品與服務現金收入，應能鼓勵國民踴躍納稅；同時：
- 繳稅者將可獲得性行為紀錄證明文件，未來可在無數場合派上用場，包括但不限於就業、求偶與參與政治活動等；
- 對稽查員而言，國稅局平日之稽核工作趣味程度將大幅增加，對人力吃緊的國稅局而言，有趣的工作內容是吸引並留住適任員工的重要誘因。

為前述性行為之稅項命名，在政治上有一定的執行難度，一如「遺產稅」與「死亡稅」，然而實為敵對政黨間名稱不同、但意涵相同之徵稅項目。主事者可考慮的選項，包括「家庭創造稅」、「通姦暨抑制性行為稅」或「上床稅」等。此外：

- 本提案並非美國史上第一次向性行為徵稅之提議；一九七一年，羅德島州普羅維登斯市（Providence）民主黨議員伯納德．格萊斯頓（Bernard Gladstone），亦曾替羅德島州提出類似法案，指出性交稅「可能成爲罕見的人民過度繳納之稅項」，惜該提案立即因「品味不佳」爲由遭到否決。我們完全不認同此類提案「品味不佳」；

- 細數歷史，作家強納森・史威夫特（Jonathan Swift）曾在作品中提出類似的徵稅提議（雖爲虛構）。《格列佛遊記》（*Gulliver's Travels*）提及「飛島國」（Laputa）一地：「最受異性歡迎之男性，需繳納最高稅額。受歡迎程度的判定依據，係爲他們得到的性交次數與種類，男性可自行作證。」最後：
- 我們不清楚爲何史威夫特與格萊斯頓僅提議向男性收稅，但依據近日及先前的新聞事件來看，他們百分之百正確。

多討論一點性好嗎？我們可是經濟學家

史帝文・藍思博（Steven Landsburg）是羅徹斯特大學（University of Rochester）經濟學教授，著作豐富，向來以語出驚人聞名，經常提出爭議性的理論，例如女性遇到壓力時會喘不過氣，或是小氣其實是一種大方。他的作品包括《生命中的經濟遊戲》（*The Armchair Economist*）與《公平賽局》（*Fair Play*），在某種程度上來說，直接影響了《蘋果橘子經濟學》。他的最新著作原文書名叫《性事愈多，愈安全》（*More Sex Is Safer Sex: The Unconventional Wisdom of Econom-*

ics)，我們請教他這個書名提倡的性觀念爲何？

問：您書中提到的許多理論，都認爲人們應該爲了公眾利益改變自身福祉。舉例來說，未染性病的男性應該讓自己的性生活更活躍，好讓健康女性能夠找到未染性病的性伴侶。在我們的社會，眞的有可能推動這種概念嗎？

答：當然有可能，我們永遠都在推動這類概念。大家都認爲，造成環境汙染的工廠老闆，應當放棄他們的個人福祉（利潤），而我們說服他們的方式，包括可交易的排汙許可（聰明做法），或是生硬的法規（愚蠢做法）。我們也認爲，專業的小偷應該爲了公眾利益，放棄他們的個人福祉（盜取贓物），而我們說服他們的方式是當小偷被抓到必須到監獄服刑。

我們的個人福祉幾乎永遠都和公眾利益起衝突。舉幾個簡單的例子，當棒球場上發生令人興奮的事件時，每個人都站起來，想要看得更清楚一點，結果就是沒有人可以看得更清楚。在派對上，每個人都大聲講話，想讓對方聽清楚自己在講什麼，最後每個人都啞著喉嚨回家。不過，在這類人聲吵雜的場合中，唯一理想的例外是競爭市場裡買家與賣家的互動，基於考量，價格體系會同時照顧到私人與公眾利益。但那是一個奇蹟式的例外，我們不應列爲常態。

在其他多數的領域，人們的誘因有很大的改善空間。

《性事愈多，愈安全》的重點是：個人福祉與公眾利益起衝突之處，有些的確令人感到訝異也違反直覺，比方說到處上床就是其中一例。當然，如果你是不顧後果到處濫交的那種人，確實會有很高機率感染HIV。而且每次你跳進性伴侶的池子中，都是在汙染這個池子，確實應該被勸阻進入，就像所有製造環境汙染者都應該被勸阻一樣。但如果你是很小心的人，感染的機率應該很低，而且不大可能散布身上的其他病毒，所以每次你跳進池子，都是在改善性伴侶池子的品質，而不是在汙染。因此，你應該被鼓勵，理由就跟我們應該勸阻環境汙染一樣。

A 我是高級應召女郎，大家想問什麼都可以

我們兩個在《超爆蘋果橘子經濟學》中，介紹了一位高級伴遊，她靠著做生意的手腕，以及她對經濟學的了解，改善了自己的財務。我們叫她「愛莉」(Allie)，但那不是她的眞名，也不是她的花名。那本書出版了以後，大家對愛莉很感興趣，於是她同意在部落格上回答讀者的問題，下列是她的回答整理。

問：妳能否告訴大家，妳是如何成爲伴遊的。家人如何看妳的職業，他們知道嗎？

答：我父母不知道我在做什麼工作，也對我的性生活一無所知。我曾經是程式設計師，後來辭職，成爲伴遊。我單身，用熱門的約會網站認識新朋友，但要找到命中注定的那個人實在是太難了。不過，我的確碰到很多人很好的男人。我在一個壓抑的小鎮中長大，當時還在了解自己的性欲。我從來沒有處女情結，也不執著於一夫一妻制，但當時我尚未眞正探索自己的欲望。後來，我接觸到不同生活方式的人，在開始眞正認識他們以後，我的成見就消失了。

在我二十五、六歲時，我擁有活躍的性生活。有一天，我決定在線上即時通的自我介紹中加上「伴遊」這個職業，結果幾秒鐘之內就收到很多回應。我和幾個人聊天，聊了大約一週之後，決定到飯店見一名牙醫。那次的過程沒什麼特別的，沒有我想像中的那麼刺激，但回家後我開始想：「嗯……也還不錯。」我算一算，如果一個月只接一個工作就好，就可以付車貸了，還多了一點零用錢。最後，我選擇當全職的伴遊，放棄程式設計師的工作，因爲當伴遊有比較多的空閒時間。當時，我正在照顧生重病的家人，而當伴遊帶來的空閒時間與金錢，幫了我很大的忙。

問：妳的工作是否讓妳有道德上的負擔？

答：我不覺得為了錢上床，有什麼道德上的問題。只要進行的是安全性行為，而且雙方是合意性交的成人。不過，我一直擔心社會與法律議題可能會影響我的未來，以及我所愛的人。

問：妳的顧客大概都是什麼樣的人？

答：一般都是從事專業工作的已婚白人男性，大概在四十歲到五十歲之間，年收入超過十萬美元。他們很多是醫生、律師或生意人，想在一天內放鬆幾個小時。

問：妳的客人有多少是已婚男性？

答：幾乎都是，應該超過九成。我不是在幫這一行辯護，但這些男人希望有人陪。他們通常不是沒本錢搞外遇的人（他們想的話當然有辦法），但他們只是想要無後顧之憂的幽會，他們是想顧全家庭生活的那種男人。

問：客人的老婆知道自己的老公來找妳嗎？她們的反應是什麼？

答：我很少有機會知道客人的太太能否接受這件事，不過我的確接過幾對夫妻，所以我猜「他們」應該可以接受。

問：妳知道客人的眞實姓名嗎？

答：知道。我堅持要他們告訴我全名，還有他們的工作地點，以便我在見面之前先聯絡他們。此外，當我們見面時，我也會核對他們的身分證件，而且我還會使用徵信社的服務。徵信社可以協助應召女郎確認客人的身分，他們會進行調查，然後把資料輸入資料庫，以後每次客人想要認識新女孩的時候，就不必再接受一次徵信調查。我只要付服務費，打通電話給徵信社，他們就會告訴我某位客人是否曾經造成女孩們的困擾，以及他的工作地點與完整姓名。

問：妳有哪些付現成本（out-of-pocket costs）？

答：每個月我都要花三百到五百美元購買線上廣告。網站的話，每年是一百美元。電話費，每個月一百美元。至於拍照，每年則是一千五百美元。如果我去外地工作，還會有額外的支出，例如旅遊成本、飯店費，以及更高的廣告成本。

問：妳是否曾後悔進了這一行？

答：當伴遊給了我很多機會，我不確定如果沒當伴遊的話，能不能得到那些機會。除了廣告費、拍照費還有網站費，當伴遊的確還有其他成本。我想，只要我還在做這份工作，就幾乎不可能談一段好感情，所以這是一種寂寞的生活。此外，基於許多理由，我必須花費很大的力氣，在親朋好友面前隱瞞我的職業。

問：妳覺得性工作如果合法化，這一行會有什麼不同？妳會想讓自己的孩子成爲性工作者嗎？

答：如果少了社會或法律上的議題，我覺得當伴遊其實很像是在當治療師。但我從來沒請過治療師，所以能夠知道的事顯然有限。治療師和大多數的伴遊一樣，按時數收費，販售自己的專業。治療師必須會見從來沒見過的人，不知道進門的會是什麼樣的人。很多治療師都有自己的辦公室，而且獨自工作。此外，一般都在私下進行治療，通常會需要保密。我猜很多時候，治療師也有喜歡和不喜歡的病患，治療師的收入幾乎就像其他絕大多數的職業一樣，如果客人覺得治療師喜歡自己，他們的收入大概會增加。當然，我的意思不是說自己擁有像治療師那樣受過專業訓練的能力，也絕對無意貶低他們的職業，我只是提出明顯的相似之處。

如果我有孩子的話，我希望不論他們想做什麼，都覺得自己有能力做，而且也有機會做。性生活是他們的事，他們想怎樣都可以。不過，這份工作有缺點，可能會讓人付出很高的代價。舉例來說，它讓我在生活上碰到一些問題，而且我很難正常談一段感情。我和所有父母一樣，都希望孩子的人生能夠比自己的好。

問：妳贊成性工作合法化嗎？

答：我覺得性工作理應合法。如果有兩個人共度晚餐，喝了一瓶酒，然後上床，我們說那叫約會。如果他們共度晚餐，喝了一瓶酒，然後上床，但櫃子上多了一個裝錢的信封，我們卻說那是違法行爲。我知道有些女性做這一行，是因爲她們覺得自己別無選擇。這些女性和我處於這個產業的不同階層，很多都有吸毒、物質濫用等問題。我認爲，與其把時間和有限的資源，用在逮捕與宣布這些女人有罪，我們應該把資源用在確保這些女人能夠獲得其他機會，以及尋求協助的地方。不想當妓女的女人就不該被迫當妓女，社會理應提供她們需要的協助；至於想做的，就讓她們有權利做。我不認爲任何人應該在違反個人道德判斷的情形下，爲了討生活而不得不做某份工作。

問：性交易合法化，可能如何影響妳的商業模式？

答：我確定我將得降低收費標準，也確定有更多人會開始從事這一行，而且會有更多男性加入。不過，合法化並未移除所有的進入障礙。這一行依舊伴隨著眾多汙名，不論是伴遊小姐或客人都會被貼上標籤。在加拿大等反娼妓法執法非常寬鬆的國家，費率比較低，但也是沒有太大的差別，還是有很多男人害怕自己的老婆發現，我也還是不會想和家人分享自己的工作。

問：杜伯納和李維特在書中提到，妳受過某些經濟學的訓練，這點是否影響到妳如何看自己的職業？

答：當然有影響，我可以隨便舉幾個例子：

和朋友聚餐＝機會成本

完備訊息（perfect information）＝鄉民網站

交易成本＝約見面

重複博弈（repeated game）＝口碑好

產品差異化＝非金髮

說真的，要是我早點知道這些事就好了。

蘋果橘子經濟學電台讓世界不同！

播客受到歡迎是件好事，但如果播客能讓世界不同，那又是另一個層次了。大家猜不猜得到我們最近錄的哪一集節目改變了世界？法律允許駕駛撞行人那一集？還是「用實證對抗貧窮」那一集？或是在美國買酪梨其實是在資助墨西哥的犯罪集團那一集？

都不是。

辛辛那提的聽眾曼蒂・葛澤拉克（Mandi Grzelak）寄給我們一封信：

這是眞實的故事。我在聽完你們二月六日的「網路約會面面觀」那一集之後，心想：「我應該來試試看網路約會！如果全國公共廣播電台（National Public Radio, NPR）的員工，也會上 OKCupid 等約會網站，說不定我也能交到那樣的男朋友！那不是太好了嗎？」

接下來長話短說。所以，那天下午我就註冊了，我先通了幾封電子郵件，然後在二月十日那天參加第一次的約會（是第一次的「網路約會」，不是這輩子的第一次約會。）提姆（Tim）和我立刻陷入熱戀，我們帶給彼此無窮無盡的快樂。昨天晚上他求婚了，我當然也答應。我們計劃今年八月要私奔到紐約市，因爲我們不想舉辦太盛大的婚禮，但我們非常歡迎你們兩位和你們的家人出席。

一切都要感謝你們！

我們兩個可以含笑而終了。我們或許從來不曾替社會或政策議題做出重大貢獻，只要曼蒂和提姆能夠幸福一輩子，我們便深感欣慰。

11 水果牌萬花筒

本書的前十章經過編排，各有主題，讓這本雖然是部落文集結而成的書，不致雜亂無章。我們寫部落格的方式，是其中一人某天突然想寫些什麼，然後點選發表，文章就公諸於世。每篇文章和上下一篇毫無關聯，所以部落格讀起來很像萬花筒，我們也試著在這一章重現那種萬花筒的感覺，讓各篇文章沒有明顯的主題。或者，比較不「友善」（其實是明察秋毫？）的說法是，我們編輯這本書到後面，發現只剩下這些彼此沒有關聯的文章，也就是一堆雜文，所以決定把它們硬塞進同一章。「雜文集」是比較好聽的說法，但也是眞的。

在肯德基排隊時可以思考的事情

我從小就愛吃肯德基，我父母很節儉，所以在我成長的過程中，吃肯德基已經是吃大餐。每年經過我再三懇求後，他們大概會帶我去吃個兩次肯德基，可能剛好他們看到電視在播廣告，覺得肯德基是適合全家聚餐的地方。但是，從小到大，肯德基提供的服務一直很差。

昨天就是一個好例子，我帶女兒亞曼達（Amanda）去吃肯德基，從我們踏進店內，一直到我們拿到食物，總共花了二十六分鐘。隊伍的前進速度實在太慢，最後我們放棄，直接去得來速。我們拿到食物，但沒有紙巾和吸管，也沒有塑膠餐具。不過，這已經比上次好了，我上次去的時候，他們居然告訴我沒有雞肉了。

肯德基的差勁服務諷刺的地方，在於以公司的立場來看，他們很努力想提供良好的服務。昨天服務我們的櫃檯人員，名牌上寫著他是「客服狂」還是什麼的，因爲「爲客瘋狂」（Customer Mania）是肯德基的服務理念。我記得，幾年前肯德基似乎推行過全面品質提升運動，有一陣子還在牆上貼出十大待客之道，要求所有員工遵守那些原則。

既然如此，肯德基的服務爲什麼還是那麼糟？我有兩個彼此相關的假設：

一、**肯德基的員工人數不夠**。下次你去麥當勞的時候，可以數一下店裡面的員工有多少人。麥當勞服務人員的數目之多，每次都讓我嚇一跳。如果是生意很好的分店，同時有十五到二十人一起工作，是很常見的事。肯德基的員工人數似乎比麥當勞的少很多，昨天我去的時候，大概只有四、五個人。

二、**肯德基的客層比其他速食店的窮，而窮人比較不願意花錢買好服務**。我明確感受到，窮人常去的地方服務一般很糟。我不確定原因是否是窮人比較不在乎服務，但我的確知道，在我造訪史丹佛的一整年間，幾乎沒碰過任何糟糕的服務。我一直覺得，原因就是那一區有非常多有錢人。

上完《每日秀》的感想

我上完《每日秀》（*The Daily Show*），而且活著回來了！我想記錄一下這次上電視節目的感想。

首先，主持人喬恩・史都華（Jon Stewart）人眞的很好。他很聰明、和善，不做作，而且不管在螢光幕前或幕後，都是一樣的幽默、風趣。或許他該考慮選總統，我會投他。但他唯一的問題是不夠高，美國人喜歡高的總統。

第二，坐在攝影棚內實在很難想像，有兩百萬人正在看著你——事實上，我那集有兩百萬零二人在看，因爲我那兩位平常不大看節目的父母，當晚也跟著一起看。如果你跟我一樣天生反社會，而且害怕群衆，你就知道那有多可怕。要是在華盛頓國家廣場（National Mall）兩百萬觀衆面前接受現場訪問，更是讓人嚇破膽。

第三，除非是上《查理・羅斯訪談秀》（*Charlie Rose*），否則電視是很糟糕的打書管道。

我得到很長的訪問時間——超過六分鐘——但史都華問我的，都是很難眞正好好回答的問題，例如他要我解釋迴歸分析（regression analysis），但是只給我十五秒。《蘋果橘子經濟學》這本書的重點是，我和杜伯納試圖向讀者解釋，我們是如何找出答案的，而非只是要告訴大家我們是對的。不過，上電視節目沒有那麼多時間可以解釋事情。

第四，如果平常聽我說話的人，都能像這次的觀衆一樣就好了！他們隨時準備大笑，不管你說什麼，他們都會有很熱烈的反應。舉例來說，我實在是不懂爲什麼，但當我提到快克古柯鹼的時候，所有人都爆笑了。我眞希望我大學部的學生在早上九點的課堂上，也能有這麼熱烈的反應。當然，如果我的課有《每日秀》十分之一有趣，我想學生應該會很熱情。

牙醫的智慧

我眞的很喜歡瑞斯醫生（Dr. Reiss），他是我的牙醫，年紀大概快七十了，也可能是七十歲出頭。他對口腔無所不知，但那不是我喜歡他的唯一原因。他最近告訴我，他是如何解決一個困擾他的問題。是這樣的，由於瑞斯醫生上了年紀，很多病患都會問，他是不是快退休了？但瑞斯醫生不喜歡這個問題，他每週會打兩次網球，還博覽群書，精力旺盛地參與紐約市的文化與政治活動，並不打算退休。不過，他並沒有對每個病患解釋這個煩人的問題，而是找到一個不算太貴的暗示方式，讓對這個問題有興趣的人知道他的答案——他幫他的診所換了全新的家具還有設備，突然間，再也沒有人問他是不是要退休了。

其實，我很怕看牙，但每次坐上診療椅，我都會學到新的東西。昨天也是一樣，我問瑞斯醫生，人爲什麼會蛀牙，是基因問題還是飲食問題等。結果，他開始解釋，牙膏根本是騙人的東西，所有號稱可以防蛀牙和美白牙齒的牙膏，通通都是假的。他告訴我，牙膏如果要有那些功效，必須加入某些成分，而美國食品藥品監督管理局（U.S. Food and Drug Administration, FDA），並不允許、也不能允許沒有處方就能夠購買那樣的產品，因爲孩子太容易拿得到。他推薦我 Gly-Oxide 等抗菌產品，那種產品的氣味很難聞，但顯然能夠有效消除導致蛀牙的細菌。

我昨天還學到另一件更有趣、有更多探討空間的事。瑞斯醫生告訴我，蛀牙的問題整體而言正在惡化，就連有錢的病患也是一樣，特別是中老年人。爲什麼會這樣？因爲民衆服用愈來愈多治療心臟病、高膽固醇、憂鬱症及其他問題的藥物。瑞斯醫生解釋，許多相關藥物會抑制口水分泌，導致口腔乾燥；由於口水會殺死口腔中的細菌，口水分泌不足意味著細菌數增加，導致蛀牙率上升。如果可以選擇的話，我想多數人依舊會選擇服用藥物，忍受自己有一點蛀牙，不過我猜大部分的人並沒有想到這兩件事情有關。

不幸的是，我今天又得去看瑞斯醫生，但至少我可以再長點知識。

這麼多「狗屎」是怎麼一回事？

去年，哲學教授亨利．佛蘭克福特（Harry Frankfurt）的新書，有個響亮的英文書名《論狗屎》（*On Bullshit*）。*這本書賣得出乎意料的好，甚至登上《紐約時報》暢銷書排行榜第一名一週。這個成績對我在普林斯頓大學出版社（Princeton University Press）的朋友來說，算是非常驚人的銷量。

《論狗屎》大賣，顯然鼓勵了其他作者：

- 美國高爾夫球選手約翰．戴利（John Daly）本週出版了一本自傳，英文書名叫《我人生中的大風大浪：你以爲你清楚我的生平，但你知道的都是狗屎》（*My Life in and out of the Rough: The Truth About all the Bullshit You Think You Know About Me*）。這本書由哈珀科林斯（HarperCollins）出版，和《蘋果橘子經濟學》是同一家出版社，當初我姊姊琳達．詹恩斯（Linda Jines）建議我們書名取「蘋果橘子經濟學」（*Freakonomics*，直譯爲「怪胎經濟學」）時，哈珀科林斯驚恐萬分，一開始還不敢採用，我想他們現在放寬標準。
- 接下來，市面上出現史丹利．賓（Stanley Bing）的《一百種狗屎工作……以及如何才能錄取那些工作》（*100 Bullshit Jobs... and How to Get Them*），本週才剛剛出版。你猜，是哪家出版社出的？哈珀科林斯！

- 兩週前出版的新書還有《狗屎字典》（*The Dictionary of Bullshit*），但這次不是哈珀科林斯出的了。不過，小心，別把《狗屎字典》和別的書弄混了，另外有一本書叫《企業狗屎字典》（*The Dictionary of Corporate Bullshit*），那本書是二月出的。
- 還有一本書叫《狗屎大師：九一一的領導迷思》（*Bullshit Artist: The 9/11 Leadership Myth*），平裝版在三月出版；《子彈、警徽與狗屎》（*Bullets, Badges, and Bullshit*），也是三月的新書。另外，有一本書叫《在爛城市裡的另一個狗屎夜晚》（*Another Bullshit Night in Suck City*），去年九月出版。

狗屎夠多了嗎？顯然還不夠。

- 本月即將出版一本新書，叫《狗屎企業》（*The Business of Bullshit*）——小心！不要搞混成《狗屎企業字典》（*The Dictionary of Business Bullshit*），但如果你搞錯了，也是情有可原；以及《我們十分重視您的來電：狗屎回覆的眞相》（*Your Call Is Important to Us: The Truth About Bullshit*）。
- 不過，讀者們至少可以暫時喘一口氣，因爲新書《哈囉，說謊的經紀人：以及好萊塢電視編劇會聽到的其他狗屎》（*Hello, Lied the Agent: And Other Bullshit You Hear as a Hollywood*

＊繁體中文版爲《放屁！：名利雙收的捷徑》。

TV Writer），要到明年九月才會出版。

我只能說，他 X 的發生了什麼事？

如果歐巴馬的從政功力和寫書能力一樣強，他很快就會當上美國總統

這篇文章最初在二〇〇六年十一月二十五日發表在我們的部落格上，大約比歐巴馬宣布參選總統早了五個月。我和杜伯納很少做出正確的預測，但這次我們說對了！

這不是一個討論政治的部落格，我對政治也毫無興趣，不過我最近讀了一本恰巧是由政治人物寫的好書。

我第一次注意到歐巴馬這個人是在選舉年，我看到他的名字出現在人們插在前院的選舉看板上。我對這個人一無所知，只知道他是芝加哥法學院的老師，以及他要參選根本就選不上的參議員。我以爲，他在我家鄉的支持者，會是他在整個州的唯一支持者；我住在橡樹園（Oak Park），那是一個非常左派的地方，有時左到滑稽的程度。比方說，當你穿越市內，路牌會告訴你，你正在進入「無核區」。我還以爲，橡樹園的人會支持歐巴馬，只是因爲他英文名字的音節和橡樹園的很像——Barack Obama 與 Oak Park。

雖然我沒有在關心參議員的選戰，但恰巧接到《芝加哥論壇報》（*Chicago Tribune*）的隨機民調電話。我不曉得誰領先，他們問我：在即將到來的參議員選舉中，您會投票給誰？出於對芝加哥大學的同情與忠誠，我說自己會投票給歐巴馬，這樣至少等到民調結果出爐時，他會得到幾%的支持率，不至於太灰心喪氣。幾天後，《芝加哥論壇報》用頭版頭條刊出民調結果，我整個目瞪口呆：歐巴馬是民主黨初選第一名！當然，這件事離民主黨要他去全國大會發表演說，還有很長一段時間。

我對政治不是很熱中，所以並沒有特別關注參議員的選情——最後，歐巴馬以壓倒性的票數獲勝，連艾倫・基斯（Alan Keyes）都不是他的對手。我的確看過歐巴馬的兩場演說，一場是民主黨的全國大會，另一場是他在獲勝當晚發表的演說。兩次我都感受到他的魅力，他說話時，我會想要相信他。就我記憶所及，從來沒有政治人物讓我有這種感受。我有個朋友同時認識歐巴馬與前美國司法部長小甘迺迪（Bobby Kennedy），他說他從未見過有誰像小甘迺迪，直到他遇到歐巴馬。

說了這麼多，我的重點是：我讀了歐巴馬寫的《歐巴馬勇往直前》（*The Audacity of Hope*），那本書精彩的程度讓我嚇了一大跳。他寫的故事有時讓我大笑，有時又讓我熱淚盈眶，我在某些句子底下反覆畫線，方便自己以後隨時找出最精彩的部分。此外，根據我那個認識他的朋友，我幾乎確定整本書是他自己寫的。如果你今年不想買《蘋果橘子經濟學》當作聖誕禮物，《歐巴馬勇往直前》會是很好的選擇。

其實想一想，我也不該訝異他的文筆很好，因爲兩年前我就讀過他的第一本書《歐巴馬的夢想之路：以父之名》（*Dreams from My Father*）。那本書我也很喜歡，但那是他在從政之前寫的，已經是十五到二十年前的事。我本來還以爲，他當政治人物後寫的新書會是垃圾，但很少有書如此超出我的期待。此外，我應該強調：我不完全同意歐巴馬的政治觀點，但這無損於《歐巴馬勇往直前》的精彩程度。

如果他能夠感動其他人，就像他感動我一樣，美國未來的總統正在各位眼前。

統計數字和眞實情況是兩回事

我朋友最近正在接受不孕症治療，他們很努力想要懷孕。做不孕症治療很貴，而且很痛、很不舒服。他們花了很多錢，取出六顆卵子並讓卵子受精，接著送去做「胚胎著床前基因診斷」（Preimplantation Genetic Diagnosis，ＰＧＤ），光是這個診斷就要五千美元。

但診斷後告知的結果很糟，其中四顆胚胎被診斷爲完全不可能存活，剩下的兩顆則缺少關鍵的基因／ＤＮＡ序列，植入胚胎後會出現自然流產，或是會懷上具有嚴重先天缺陷的寶寶。唯一的一絲希望，是後者的偽陽性率是一〇%，也就是說兩顆胚胎還能有十分之一的機會可以存活。

所以，實驗室再跑一次測試，但兩顆胚胎還是少了關鍵的DNA序列。實驗室告訴我的朋友，已經測了兩次，兩顆胚胎能夠存活的可能性只剩一%。

我的朋友——要不是很樂觀，就是或許比檢測人員更懂統計學——決定放手一搏，又花了一大筆錢，把幾乎肯定無用的胚胎植入子宮。九個月過後，好消息傳來，他們有了一對美麗、完全健康的雙胞胎！依據實驗室的說法，發生這種事的機率是萬分之一。

所以，發生了什麼事？這是奇蹟嗎？我猜不是。我對醫院進行的測試一無所知，但我猜測試結果是正相關，對同一顆胚胎連做兩次測試時一定是，對同一批的不同胚胎大概也是。

然而，醫師在詮釋測試結果時當成不相關，所以造成他們過度悲觀。正確機率可能高達十分之一，或甚至是三十分之一；也或者，整個測試根本莫明其妙，機率高達九成！

不論眞相是什麼，我向來不相信醫療人員提供的數據，這次的不孕事件只是最新的例子。

我最喜歡的故事，和我兒子尼可拉斯（Nicholas）有關：

我太太在懷孕初期照了超音波，醫檢師說雖然還太早，但如果我們想知道的話，他覺得他可以預測是男孩還是女孩。我們說：「我們當然想知道。」醫檢師說，他覺得是個男孩，雖然他不能確定。

我問：「你有多確定？」

他回答：「大約五成的機率。」

如果你喜歡惡作劇……

你得承認，下列這個惡作劇很妙：把假的研究資料，送到你討厭的傳記作家手上。這次的受害者是研究英國桂冠詩人約翰・貝杰曼（John Betjeman）的傳記作家A・N・威爾森（A.N. Wilson）。威爾森引用了一封別人造假的信，最後太晚發現那封信是假的。如果把那封信每個句子的第一個英文字母圈出來，你會發現藏著有趣的訊息：A・N・威爾森是一泡屎。

這件事讓我想起我在新聞界的第一份工作。當時我是《紐約》（*New York*）雜誌的編輯助理，每一、兩週會加一次班，留下來確認文章中沒有任何編審者、責任編輯、校對人員等疏漏沒看到的錯誤。我最重要的任務，就是確認段落的首字母，沒有「無意間」藏著不好的字眼。有一天晚上，我在看一篇講乳癌的文章時，發現前面四個段落的首字母排起來，分別是「TITS」，也就是「乳頭」。是的，我們把它們改掉了。

從A到A^++……到低於平均

我現在幾乎都不看商業書了。我回學校念博士之前當過管理顧問，在那段時間，我已經讀了太多商業書。

不過，上週我看了詹姆．柯林斯（Jim Collins）的《從A到A^+》（*Good to Great*）。這本書在出版界賣得轟轟烈烈，在二〇〇一年出版後，銷量高達數百萬本，到今天每年依舊可以賣出三十萬本。它的銷路眞的很好，出版七年後依舊只有精裝本，還沒出便宜的平裝本。我在好多年前就曾聽說過這本書，但從未眞正打開來看，既然人們一直問起這本書，我想我應該讀一讀。

《從A到A^+》主要講十一間原本普普通通的公司，在經過改造後成爲A^+公司，而A^+的定義是股價長期大幅超越大盤與競爭對手。那十一間公司不但從A到A^+，而且還擁有「基業長青」（built to last）的特質，那是柯林斯另一本早期著作的書名。

但諷刺的是，在我開始讀這本書的那一天，書中提及「從A到A^+」的房利美公司（Fannie Mae），便登上了金融新聞的頭條，聯邦政府似乎得替房利美紓困。如果你在《從A到A^+》出版時，買了房利美的股票，你將損失當初八成的投資。還有另一間「從A到A^+」公司：美國消費電子連鎖店電路城公司（Circuit City），如果你當初投資這間公司，也會輸到脫褲，因爲股價跌了八成以上。

在十一家公司中，九家還算持平。在這本書出版以後，紐柯鋼鐵（Nucor）是唯一一家大幅打敗大盤的公司，亞培（Abbott Labs）和富國銀行（Wells Fargo）表現得也還算可以。不過，整體而言，由「從 A 到 A^+」公司所組成的投資組合，看來會輸給標準普爾五百指數（S&P 500 Index）。

印象中，有人分析過湯姆．畢德士（Thomas Peters）與羅勃．華特曼（Robert Waterman）的經典著作《追求卓越》（*In Search of Excellence*），他們的結論也是一樣。

所以，這代表什麼意思？從某種角度來看，沒有太多意思。

這類商業書大多是「後見之明」：公司先前做了什麼事，讓它們現在這麼成功？由於未來難以預測，了解過去很重要。另一方面，這種商業書其實也是在說，相關公司採取的原則，不僅讓它們過去表現突出，也奠定未來繼續成功的基礎。

但如果後來公司表現得不佳，人們就會開始質疑這類書籍的基本假設，不是嗎？

後記：本文原本刊登於二〇〇八年。在這本書編撰完成之際，房利美的股價已經從二〇〇一年的每股八十美元，跌至僅剩兩美元，電路城公司則是宣告破產。其他「從 A 到 A^+」的公司在二〇〇八年之後，命運各有不同，有些公司股價大幅上揚，例如克羅格（Kroger）

與金百利克拉克（Kimberly-Clark），其他的則大幅下跌，例如必能寶（Pitney Bowes）與紐柯鋼鐵；此外，有兩家公司與其他集團合併：吉列（Gillette）加入寶鹼（Procter & Gamble），沃爾格林與博姿（Boots）合併。

放上帝一馬吧！

先前我寫了一篇文章，提到每三本書就有一本的書名有「狗屎」這個詞，幸好那股風潮已經過去。去年出版的書，我只在亞馬遜網路書店找到兩本有「狗屎」。

現在，書市的最新潮流，似乎來到質疑上帝。丹尼爾・丹尼特（Daniel Dennett）的《破解魔咒》（*Breaking the Spell*）率先引領此次風潮，接著是理查・道金斯（Richard Dawkins）的暢銷書《上帝的迷思》（*The God Delusion*），然後是維克多・史坦格（Victor Stenger）的《上帝，不成立的假說》（*God, the Failed Hypothesis*），以及克里斯多福・希鈞斯（Christopher Hitchens）的《上帝沒什麼了不起》（*God Is Not Great*）。

再來還有什麼書？《數盲》（*Innumeracy*）作者約翰・艾倫・保羅士（John Allen Paulos）的《不再信仰》（*Irreligion*）。這本書將在十二月二十六日上市，日期選得真是太好了，沒有更適合的日子了吧？

不過，有件事我想不通：誰會買這些書？

我不是一個虔誠的人，除了緊要關頭需要臨時抱佛腳的時刻，我不常想到上帝。我沒有特別理由認爲祂老人家會幫我，但我有時還是會死馬當活馬醫，除了那些時刻，我對上帝不特別感興趣。

我絕對沒有感興趣到會跑去買書，了解爲什麼我不該信神，就算是丹尼特與道金斯這種我欣賞的大師寫的書也一樣。如果我是虔誠信徒的話，我想，我更有理由避開這種說我信錯東西的書。

那麼，這類反上帝的書爲什麼還成爲暢銷書？是否不喜歡上帝這個概念的人士，永遠需要這種書來提醒自己爲什麼不喜歡？還是說，有很多人尚未下定決心，不知道自己要不要信神，所以願意敞開心胸閱讀這方面的探討？

用我想到的另一種方式來解讀好了。我了解爲什麼攻擊自由黨的書會大賣，因爲很多保守黨的人痛恨自由黨；反之亦然，攻擊保守黨的書會大賣也是這個原因。然而，不會有人專門寫一本書來探討賞鳥是一件很浪費時間的事，因爲就算非賞鳥人士的人大概會同意這種看法，也應該不會想花二十美元去購買、閱讀一本探討這件事的書。由於很少人「積極地」厭惡上帝（至少在我身邊是這樣），我很訝異當人們看到反上帝的書時，並不像看到反賞鳥的書一樣打哈欠。

爲什麼我喜歡寫經濟學家的事？

這些年來，我有很多機會撰寫許多有趣的人士，例如我母親深藏許久的信仰故事；此外，我也訪問過「大學炸彈客」泰德・卡辛斯基（Ted Kaczynski）、NFL新秀，以及只偷紋銀的飛賊。然而，最近我寫了很多經濟學家的事，尤其是和經濟學家李維特一起寫。這是我最新的興趣，原因如下。

我是一個非文學類的作家，接受過新聞訓練，也接受過文學訓練。我所寫的東西，受限於受訪者說的故事。當然，我有很大的空間可以追蹤某個主題人物，舉例來說，如果卡辛斯基不肯討論他的審判，還會有很多其他願意討論的人士。儘管如此，我十分受限於別人告訴我的事，以及他們說故事的方式。

我經常碰到一件事：大多數的人知道你要寫他們的時候，就會把自己最好的一面拿出來，說很多讓自己看起來有面子、高尚或無私的故事；有些受訪者很聰明，還會用自貶來表達自己有多優秀。這讓作者很爲難，因爲作者只能倚賴眞實度與完整度不明的軼事寫作，而說故事的人會故意把事情塑造成某種樣子。

經濟學家不同的地方就在這裡，他們不會用軼事來增加可信度，而是用數據說出事實——至少那是他們努力的目標。有些事實說出來會讓人感到不舒服，例如我寫了經濟學家佛萊爾的事之後，他被黑人學者痛批，說他輕忽美國黑人遭受的種族歧視。李維特和約翰．唐納休（John Donohue）研究「羅訴韋德案」（*Roe v. Wade*）與「暴力犯罪減少」的關聯，討論墮胎合法化與犯罪率下降，讓不管是支持哪個政黨的人，都感到坐立難安。

對於寫這些事的我來說，這種思考模式令人喜出望外，以不帶偏見、更具願景的觀點來看世界，而不是一般的新聞角度。

李維特喜歡說，道德是人們理想中的世界，經濟學則是世界眞正的運行方式。我並未聽明到能夠當李維特和佛萊爾那種經濟學家，但我很幸運，我的好奇心碰上他們的腦袋時，能夠派上用場。用經濟學家的術語來說，我的技能和李維特的技能彼此「具有互補性」。如同經濟學大部分的詞彙，「互補」這個詞彙並不優美，但也如同許多經濟學理論，這是個重要的概念。

M 當你的「小情人」離世

李維特寫道：

我姊姊琳達於今年夏天去世，天底下沒有任何一位父親像我父親邁克．李維特（Michael Levitt）一樣，如此深愛自己的女兒。我父親是位醫師，從一開始就對現代醫學如何拯救他罹癌的心愛女兒，抱持著務實的態度。即使期望不高，他對自己的女兒與醫療體系互動不良、甚至產生反效果的程度感到震驚。後文是我父親以自己的話，用沉痛的心情說出我姊姊接受醫療照護的經過。

「爸，我要告訴你一件事，你可能不會想聽。磁振造影（MRI）的結果出來了，我腦裡長了兩顆腫瘤。」我是個胃腸肝膽科的醫師。打電話給我這個老人，留言拋出這顆炸彈的，是我原本健康的五十歲女兒。她因爲走路搖搖晃晃了一週，所以去做了腦部磁振造影檢查。我是個愛擔心又悲觀的人，我怕檢查會照出多發性硬化症（multiple sclerosis），但即使像我這麼多慮的人，也沒料到會是轉移性腦瘤。那天，是二〇一二年八月九日。

出於不明原因，我女兒被用救護車轉診到地方上的一家市立醫院。在一小時內，磁振造影照出來的結果，讓我女兒變成需要救護車的人，我也變成一個極度焦慮又沮喪的父親。全身的電腦斷層攝影（CT）檢查顯示，她的頸部、肺部與腎上腺也有腫瘤，肝臟可能也有問題。腫瘤科醫師做了頸部腫塊的活體組織切片檢查，要我女兒出院等切片報告。四天後，檢查結果說是非小細胞肺癌，醫院告訴我們，如果是無抽菸史的年輕女性，這種腫瘤有時會有理想基因型，對化學治療的反應較佳。我查了網路，網路上的資料說，這種基因型罕見且

「易感受」（susceptible）——那是腫瘤學上用來表示相對程度的術語。

希臘有一句警語：「禍福無常。人死之後，才能確認他生前是幸福的。」我原本希望、也以爲自己永遠不會碰上人生的一種大不幸，那就是白髮人送黑髮人。現在，我很不快樂，我內人也問：我們還會不會有快樂的一天？

我女兒必須在地方醫院，接受腦部腫瘤治療與全身性化療。她和先生選了一家有點距離的轉診中心，中心的神經腫瘤科醫師立刻檢視她的病情，正子斷層造影（PET）證實她的腫瘤四處散布，隔天立刻進行加馬刀治療，處理兩顆主要的腦瘤，一顆在小腦，另一顆在額葉。我女兒的腦部被檢查出有問題九天後，看起來就像以前一樣，健康地離開轉診中心。她吃的藥物「地塞米松」（dexamethasone），緩減她走路不穩的問題。

我暫時再度能吃能睡了。我女兒等著到轉診中心回診，和肺部腫瘤科醫師討論化療的事。我每天都會傳簡訊給她，或是和她通電話，但我完全沒料到，五天後再見到她時，她會變成那個樣子。她看起來「生病了」，聲音沙啞、喘不過氣，力氣一下子就耗盡，而且脖子上的腫塊看起來變成兩倍大。轉診中心通知我們，腫瘤的再度染色檢查顯示，她的腫瘤源自甲狀腺，不是肺部。我們原本要看肺部腫瘤科醫師，現在要改成看內分泌腫瘤科。對方建議做腎上腺切片，以判斷轉移性腫瘤的分化程度。那顆基因產生變化的怪物，顯然並未貼附原發組織，正在我女兒的體內到處肆虐。

除了我其他兩個孩子、我的部門主管（因爲我要解釋請假原因），還有一個幫我代班的老友，沒有人知道我女兒生病了。我保密的原因是我很多疑，不願公開討論家族健康問題，也因爲我知道自己的淚腺一定會不受控制。我知道，要是有人問起我的女兒，我就會開始哭，而一名資深醫師不該淚如雨下地走在醫院走廊上。我那太堅強的女兒則是剛好相反，展現出絕對的自制力，既沒哭、也沒抱怨。我猜，她已經接受最壞的打算，默默地忍受一切的醫療折騰，好讓她的丈夫、兒子和她的父親開心。是因爲網路上找到的資訊，還是因爲我的肢體語言，讓她知道了我的悲觀看法？

六天後，她在看似健康的情況下離開轉診中心，但這次是坐輪椅回去的。就算她都不動，也是在喘氣，說話時有氣無力，呼吸室內空氣時，氧飽和度是九○%。由於她沒有喘鳴（stridor）的問題，呼吸不順顯然反映出腫瘤入侵肺臟。我女婿在她做完腎上腺切片後，從術後觀察室回來，說她脈搏跳得很快。在此之前，我都當個被動的旁觀者，但是現在不得不插手，我測量了女兒的脈搏，心跳一四五，顯然不正常。我告訴護士，我懷疑是心房顫動，建議做心電圖，並且中止快速靜脈注射生理食鹽水。要做心電圖的話，就得呼叫緊急應變小組（Rapid Response Team）。小組來了，心電圖顯示心房顫動情形，用了貝他與鈣離子阻斷劑後，我女兒的心跳慢了下來，血氧飽和度每五公升氧氣僅八六%。

我女兒的肺部功能，在接下來的八小時內惡化。這些腫瘤能以這麼快的速度散布？在我看來，經過心速控制的心房顫動，只是我女兒病情急速惡化中的一個小問題。對年輕的緊急應變小組來說，他們要處理的疾病只是新發生的心房顫動，但我想做肺部血管攝影檢查，以排除肺栓塞與缺氧的可能，好讓女兒回家。但是，這兩項檢查都得回急診室才能做，我知道這一去，又會讓已經累壞的女兒，必須再走一次問診、檢查、靜脈切開等繁複的醫療流程，但我們默許一切。肺部血管攝影檢查顯示，我女兒的肺部有一顆巨大的腫瘤，沒有肺栓塞的情形。內分泌腫瘤科的醫師到急診室看她，耐心解釋爲什麼需要判定腎上腺腫瘤的分化程度，才能夠開始進行治療。女婿問，能不能立刻先從某些治療開始？醫師回答，方向錯誤的治療，將是最糟糕的治療。我女兒被安排在四天後回轉診中心，開始接受化療，但我擔心不會有回診了。

我女兒被建議留院「觀察」，在回家前，先休息一下。然而，從我行醫五十年的經驗來看，我知道病人在教學醫院住院，將會得不到休息，我數不清曾有多少病患要求出院休息。但我擔心女兒要是沒有氧氣罩，會撐不過回家的路，而只有住院才能有氧氣罩。

住院確實沒有讓我女兒得到多少休息，有好幾個住院醫師似乎每三十分鐘就要來問診一次，做身體檢查、做更多血液測試、檢查生命徵象等。我試圖插手阻止，要他們別再做超聲波心動圖，別再來注射抗凝血劑，別再做心臟問診，少量幾次生命徵象等，但是到了早上八點，在病房內待了一夜的女兒和女婿，兩個人都精疲力盡。

他們想要立刻出院，但出院需要主治醫生先看過才行。我在早上十點左右攔截主治醫師，解釋我女兒有多處轉移癌，現在只想帶著家用氧氣設備立刻出院。醫院向我們保證，他們會「立刻」準備氧氣設備和出院需要的藥物，但在三個小時過後，我們還在醫院。那天是週末，很難準備家用氧氣罩，而且醫院的藥局顯然配不好一種普通的藥物。在我第三次去藥局時，也就是在他們拿到處方籤一個半小時之後，還是被通知要再三十分鐘才會好。我忍不住羞辱了整個藥師界，問他們把三十顆藥裝進一個瓶子裡是有多難？

就這樣，大約到了下午兩點，氧氣設備和藥終於都好了，我們可以出發了。唯一的問題只剩下女兒擔心自己會在回家的路上失禁，所以需要尿布。然後，我上演了每天在醫院一定都會演出多次的戲碼：向護理站解釋我們的情形，護士說她會去拿尿布，但她先打了一通似乎永遠都講不完的電話（眞正的時間大約是三、四分鐘），然後開始做文書工作。我禮貌提醒：我們需要尿布。護士說：「李維特醫師，我手上不是只有您女兒一個病患。」那是當然的，但我只對我女兒的安康有興趣。最後，等到我們終於出院時，相信我們的所作所爲，無疑讓醫院覺得我們是個非常難搞的家庭。

女兒回家後，病情持續惡化，但她顯然承受不了再次回到轉診中心。她的內分泌腫瘤科醫師，安排她由附近的腫瘤科醫師做化療。當時，我女兒已經無法講話了，我們每天靠著傳簡訊聯絡。在她準備接受第一次化療的前一天，也就是距離最初那份磁振造影報告不過十八天，我們的簡訊對話如下：

「如果化療沒用的話，你得完成『剩下的事』。」

「樂觀一點，我會盡我所能。」

「爸，你答應我了嗎？」

「我答應。」

我不知道我女兒要我完成什麼，但是我會做到我的承諾。

隔天早上，我女婿告訴我，她已經無法下床，每次她試著吃或喝點什麼，就會開始咳嗽、喘氣。她體內的腫瘤怪物，已經讓她無法吞嚥，顯然化療幫不上忙，她也承受不了化療。我和我女兒當地的腫瘤科醫師討論，他同意用救護車把我女兒送到醫院，理論上是去接受安寧病房的舒緩照護，但是救護車來的時候，司機判斷她的情況必須送到最近的醫院急診室（比市立醫院少不到十分鐘的車程）。我知道她在地方急診室得不到舒緩照護，所以和救護車司機談，堅持要他把我女兒/病患送到該送的地方，但後續我聽到的是，她還是被送到最近的醫院急診室。當我抵達的時候，她再次被送去做一堆測試，再一次的電腦斷層血管攝影，再次得知肺部有大量腫瘤，沒有肺栓塞。她呼吸急促，用雙相陽壓呼吸輔助器吸百分之百純氧，然後被送到市立醫院。

在她抵達醫院之後，立刻跟我要了某樣東西。我努力猜出，她想要冰片，所以就向護士要了冰片，但護士回答：「恕不提供」，必須要有醫師指示才行。我告訴她，我就是醫師，我要我的病患拿到冰片。她說我不是主治醫師，不能下指示。我請她告訴我製冰機在哪裡，她也充耳不聞。

我女兒的腫瘤科醫師在幾分鐘內抵達。他比較胸腔電腦斷層掃描結果以後，發現她肺部的未分化腫瘤，在不到三週的時間內漲大一倍。醫師和女婿討論這種無法醫治的情況，決定在安寧醫生的協助下，進行舒緩照護。我女兒終於拿到冰片，打了嗎啡，大約四小時過後，她平靜地進入昏迷，在八月二十九日早上六點三十分離世，離最初的檢查不過才二十天。

這篇簡短的紀錄，目的不是要批評醫師的醫術。我雖然數度和醫師以外的人員意見不和，但照顧我女兒的醫師，無一例外都十分體貼，而且慷慨地撥出時間。他們已經做了一切能做的事，盡力治療我女兒體內的高侵略性惡性腫瘤。我想表達的是一個父親/醫生，眼睜睜看著女兒死於癌症的經歷。我女兒的遭遇，說明了醫療照護的局限性。在這個分子生物學的年代，最寶貴的藥物居然是嗎啡，一種已經存在近兩百年的藥物。

雖然心很痛，我還是寫出我女兒罹病的始末。我無法用文字表達出自身的沮喪和哀痛。

琳達．李維特．詹恩斯，一九六二年—二〇一二年

在此遺憾告訴大家，我親愛的姊姊琳達．李維特．詹恩斯（Linda Levitt Jines），歷經簡短但堅強的抗癌之旅後，在上個月離開人世，享年五十。

我坐在桌前試圖讚美琳達時，第一個念頭就是很想打電話給她，要她幫我寫。在我這一生，每當我得找出最精確的文字時，幾乎都會打電話給她。

最有名的例子是，杜伯納和我在寫書時，雖然寫了五花八門的故事，但是缺乏一個統一的主題。出版社、杜伯納和我，一起想出了大概十五個很不怎麼樣的書名，然後就再也擠不出任何點子了，但我確定琳達一定有答案。

她的確有答案。不過幾個小時，她想出了一個書名：「《蘋果橘子經濟學》。」我喜歡這個名字，杜伯納不確定這個名字好不好，而出版社則是恨透了。編輯告訴我們：「嘿，我們花了很多錢簽這本書，不能叫《蘋果橘子經濟學》！」但是，最後這個名字勝出，而且引起了很大的回響。要是當初琳達沒有提出這麼好的書名，我不知道會不會有人想看這本書，我認爲這個書名非常成功！

當然，《蘋果橘子經濟學》這個書名，不是第一次、也不是最後一次琳達的巧思幫上我的忙。她第一次幫上我的忙，我記得是在我七年級、她十二年級的時候。當時，我是你所能想像最書呆子、最不會社交的孩子，她決定把我當成她的任務。我那時跟長大後一樣，聰明到知道要聽姊姊的話。我們成爲最好的朋友，她徹頭徹尾改造我，重新打造我的穿著，還溫柔地向我解釋，我的性格有多糟糕、多不討人喜歡，全力協助我成爲一個全新的人。她帶我認識很酷的音樂，那年我用自己的零用錢，買了人生中的第一張專輯：U2的首張專輯《男孩》（*Boy*）。在她的指導下，我在幾年後變得完全不一樣了。雖然在接下來的四、五年間，我還是約不到女孩子，但我整個人變得有趣許多。

在我翻閱剪貼簿的時候，看到她當年寫給我的一張紙條。她寫的內容，很能夠說明她的思考方式：

親愛的小豬寶貝：

七年級裡有一堆可愛又美麗的小女人，但今年已經過了一半以上，你似乎還沒有認識她們任何一位。你到底是如何抗拒她們自然散發的魅力？她們就像讓男人不惜喪命的海妖「塞壬」（Siren）或「羅蕾萊」（Lorelei）！難道當你看到那些活潑的女孩子在數學課上安靜下來，雙頰散發著自然的紅潤光澤、思考著異性的優點時，你內心沒有小鹿亂撞？繼續努力吧！

姊姊琳達

我上中學的時候，每個學生都得背下一則短篇故事，或是一首詩，然後在全班面前表演。每班會選出兩個表現最好的人，那兩個人必須在人很多的大禮堂裡再表演一次。我是一個幾乎從來不講話的孩子，在衆人面前開口是我最害怕的事。我問琳達該怎麼辦？她告訴我，一切都交給她。她幫我選了一個幽默、有趣的故事，還陪我練習，教我如何朗誦每一句話。不過，她知道那樣還不夠。

她選的故事是一個女生的故事，所以她翻出自己的舊衣服，找到一件我能穿的洋裝，然後拿了老媽的金色假髮，戴在我的頭上。她教我行女性的屈膝禮，然後說我已經準備好了。我居然也就這樣乖乖地打扮成一個女孩，照她希望的那樣在衆人面前說故事——這件事說明了我有多信任她。結果，我被選上要在爆滿的禮堂內說故事，最不可能的事發生了：班上最害羞的孩子，男扮女裝，然後抱回比賽獎品。在那之後，我對琳達言聽計從，她說什麼，我就做什麼。

我姊姊沒忙著對我的人生下指導棋時，也在她自己的人生中表現傑出。她大學畢業後，在西北大學的麥迪爾新聞學院（Medill School of Journalism）取得學位，然後加入重視創意的廣告界，在芝加哥最頂尖的廣告公司找到工作。她在自己第一支廣告的拍攝期間，對拍攝過程中發生的奇怪現象感到好笑，便寫了一篇諷刺文章刊在《廣告時代》（*Advertising Age*）雜誌上，結果隔天馬上就被開除。但這件事對她的職業生涯來說，實在是太好的發展，因爲幾天內她就被對手挖角，薪水三級跳。

後來，我姊姊對廣告業感到厭倦。一九九五年，她打電話給我，說要開一家網路公司。她的點子是買一堆用來做肥皂的香精油，把油倒進小瓶子裡，然後貼上漂亮的標籤，放到網路上去賣。這聽起來像我這輩子聽過最糟糕的點子。首先，在一九九五年的時候，根本沒有人靠在網路上賣東西賺到錢。第二，哪有那麼多人想做肥皂，還可以讓妳靠賣香精油來賺錢？我們每個人都對她大呼小叫，要她別浪費時間。但是，十七年過後，www.sweetcakes.com 依舊是欣欣向榮、很賺錢的事業，我到今天還是不敢相信她是對的。後來，我姊姊又開了第二家網路事業 www.yarnzilla.com，販賣毛線材料。在《蘋果橘子經濟學》出版後，我開了一家小小的顧問公司，後來逐漸變成今日的 TGG 公司（The Greatest Good）。琳達擔任創意長，我們所做的每一件事，都散發著她獨特的精神。

我姊姊在做這麼多事的同時，還與她的先生道格（Doug）一起養大兒子萊禮（Riley）。萊禮目前是最有教養、最吃得開、最討人喜歡的十七歲男孩。顯然，琳達把男孩改造成男人的功力，這些年來有增無減，因爲我在中學時雖然經過她的改造，但完全比不上萊禮。除了道格與萊禮，我姊姊遺留在這個世上的，還有我們的父母邁克和雪莉（Shirley）、妹妹珍奈特（Janet）、我，以及好幾個最喜歡琳達姑姑/阿姨的姪/甥兒女。

每次琳達走進房間，她不需要刻意做什麼，所有人的目光就會集中到她身上。有一次，

ＴＧＧ公司一位從未見過她的員工走進會議室，只見在場同事的臉上都掛著大大的微笑，他好奇是發生了什麼事，答案是那場會議將由我姊姊主持。

我姊姊才華洋溢、創意過人，她留下的空缺，沒有人可以填補。

琳達，我們所有人都好想妳。

12 一日蘋果橘子，終身蘋果橘子……

當你是「蘋果橘子」經濟學家，就擺脫不了《蘋果橘子經濟學》的思考，至少我們兩個是如此。放眼望去，我們看到四處都是經濟學，不論主題是動畫、嬰兒配方奶粉、女人的幸福，還是海盜。

在中國，賣一罐嬰兒配方奶粉，需要幾名員工？

我最近去中國的時候，發現在美國一般由一個人做的工作，在中國通常會有五個人一起做。例如，我們住的旅館，有一個樓層服務人員，她唯一的工作似乎是按電梯按鈕，也許她還負責其他我沒有看到的工作，但每次按電梯的人都是她。餐廳也是一樣，到處都是服務人員，每桌似乎都有一個。

江西省南昌市有一條大街，那裡大概有兩百個人，每天拿著手寫的牌子站在路邊。我還以爲他們失業，正在找工作，結果他們其實是在工作，但我無法理解他們的工作。他們的工作就是一整天拿著牌子站在角落，牌子上說他們願意收購二手手機。不幸的是，我在那條街上走來走去一整週，大概只看到他們交易了三支手機。這是我看過最競爭的市場，不過那些人賺的錢，一定是他們覺得合理的薪資，否則他們不會站在那裡。

我到一家大型的雜貨店，幫我女兒蘇菲（Sophie）買配方奶粉。在那裡，我看到最極端的勞力過剩的例子。我在貨架上，找我女兒在孤兒院喝的那種奶粉，結果有四個年輕女子非常熱心要協助我。一開始，我以爲她們只是好心的顧客，最後卻發現她們其實是在工作（她們不會說英語，我大概也只知道五十個中文單字。）四個人擠在我的身邊，大概忙了十分鐘，最後我買了四美元的奶粉，我完全不懂爲什麼要這樣做生意。

後來回到飯店，我的中國導遊解釋那是怎麼一回事。那些女性不是雜貨店的員工，而是敵對奶粉公司的員工，她們是在努力讓顧客買自家的奶粉！喔，難怪她們會那麼熱情，堅持介紹各式各樣的奶粉給我。雜貨店不在乎我買哪一牌的奶粉，只要能夠賣出去就好。然而，對奶粉廠商來說，值得花錢請員工從敵對品牌那裡搶生意。

爲什麼動畫電影要請名人配音？

這個週末，我帶著四個孩子去看電影《第十四道門》（*Coraline*）。看完電影之後，我問他們喜不喜歡？四個人的回答分別是：「很好看！」、「好看」、「還好」和「終於演完了。」

我的孩子每看完一部新電影，都會說新電影是他們最喜歡的電影，所以這次的評語算是不太正面。

我從來沒見過一部電影像《第十四道門》一樣，讓整座電影院的孩子靜悄悄的。現場一片靜默，再加上電影緩慢的步調，讓我有很多時間東想西想。

首先，我無法理解，爲什麼電影裡的一個孩子要叫「Wyborn」（懷伯恩），暱稱「Wybie」（懷比），英文諧音是「爲什麼要生出來？」（Why be born?）懷比似乎無父無母，雖然他確實有一個沒事就會對他大吼大叫的祖母，讓我想起《蘋果橘子經濟學》裡不被祝福的孩子——墮胎議題。

第二，知名童星達科塔·芬妮（Dakota Fanning）和女星泰瑞·海契（Teri Hatcher）幫這部電影配音。我上次看的《雷霆戰狗》（*Bolt*），配音員是青少年偶像麥莉·希拉（Miley Cyrus）與男星約翰·屈伏塔（John Travolta）。好多明星都幫動畫電影配音，包括艾迪·墨菲（Eddie Murphy）、達斯汀·霍夫曼（Dustin Hoffman）、卡麥蓉·狄亞茲（Cameron Diaz）與約翰·古德曼（John Goodman）等。

爲什麼動畫片要找這麼多大牌好萊塢演員配音？

一個可能的原因是：他們的配音功力比別人強，但我幾乎確定這個假設不成立。我相信有很多電影和有聲書的專業配音人員，雖然沒有成爲電影明星的長相，但擁有很好的聲音。

第二個假設是：大明星們配音不會收很多錢。我在《紐約時報》和其他地方看到的報導說，替動畫電影配音不用花很多時間和力氣。如果是這樣的話，或許配音費只是電影製作成本中很小的一部分，不過我覺得實情並非如此，至少並不是每一次都很便宜。我看到一篇報導說，卡麥蓉．狄亞茲和麥克．邁爾斯（Mike Myers）幫《史瑞克二》（*Shrek 2*）配音，各自拿到一千萬美元。

第三種解釋是：觀衆眞的很喜歡聽到明星的聲音，但我也懷疑是否眞的如此。除了幾個聲音很好認的明星，我想觀衆如果沒有看到配音名單，根本就聽不出來是誰配的。

第四種解釋雖然聽起來很怪，但經濟學家熟悉這種理論：雖然知名演員的配音能力沒有比較強，看電影的民衆也沒有特別喜歡他們的聲音，而且請明星配音也不便宜，但一流演員被請去配音的眞正原因，正是因爲他們很貴。如果請觀衆不認識的配音人員，五萬美元就能夠打發，但公司卻願意花幾百萬美元請明星配音，表示製作人很有信心電影一定會大賣。所以說，請大明星配音，只是爲了讓外界相信，製作人認爲這次的電影會是熱門票房大片。

但我還是不確定，這四種假設哪一個眞的說得通。

我爲什麼要替臭酸的雞肉付三六・〇九美元？

不久前，老友崔比（Trilby）來找我，我們一起到上西區吃了一頓午晚餐。崔比點了不要麵包的漢堡加布利乳酪（Brie），我點了烤半雞和馬鈴薯泥。餐點一直沒上，但我們忙著敘舊，所以沒關係。

當我的雞終於端上桌時，賣相很差，但我沒有多想，就吃了一口。那隻雞臭酸到我不得不把食物吐在餐巾紙上，整個人噁心反胃。我請女服務生過來，她是一個長得很漂亮的紅髮年輕女生，很配合地做出「怎麼會這樣?!」的表情，然後把食物端走，重新給我菜單。

然後，餐廳經理出現了。她比女服務生年長，留著深色長髮，用法國口音向我致歉，說廚師正在確認那道菜，也許是香草或奶油壞了，才會酸酸的。

我告訴她：絕對不是，我煮過很多雞，我知道臭掉的雞聞起來像什麼樣子，你們的雞臭掉了。崔比也說，他坐在對面都聞得到那股味道，餐廳另一頭大概也聞得到。

餐廳經理不肯承認雞臭掉了，她說雞肉今天早上才送到，不可能壞掉。我認爲這句話的邏輯莫名其妙，這就好像在說：「不，某人今天不可能殺了人，因爲他昨天沒殺人。」

經理先離開，五分鐘後又回來。她說：你們是對的！雞臭掉了。廚師檢查了一下，雞爛掉了，他們會丟掉那隻雞。太棒了，贏了！但到底是誰贏？經理再次道歉，問我要不要甜點或飲料，餐廳免費招待。我說，先讓我在菜單上找到在那隻雞之後，不會令人反胃的主菜。於是，我改點薑汁柳橙紅蘿蔔湯、一些薯條，還有炒菠菜。

崔比和我繼續吃飯，我們聊得很開心，雖然我嘴裡還是有一股臭酸的雞肉味——事實上，我到今天都還能感受到那個味道。崔比在點餐前喝了一杯酒，吃完飯後又點了一杯白蘇維濃（sauvignon blanc），我只喝了水。女服務生過來收盤子的時候，再問了一次要不要免費的點心，我們說不用了，咖啡就好。

崔比和我聊天的時候，我提到不久前，我訪問了結合心理學與經濟學的行爲經濟學教父理察．塞勒（Richard Thaler），那次我們一起想了一些用餐時可以做的小實驗，像是給服務生大筆小費以交換特殊待遇等，但我們一直沒有機會眞正實驗一下。他覺得很有趣，所以我們就一直討論錢的事，例如我提到行爲學家講的「定錨」（anchoring）概念（二手車推銷員特別懂這個道理），也就是提出比你需要的多一〇〇%的價格，以確保自己最後仍可以得到例如五〇%的利潤。

然後，崔比和我聊到，等一下結帳的時候，我們可以說什麼。我們似乎有兩個不錯的選擇，第一個選擇是：「我們不需要任何免費的甜點，謝謝。不過，剛剛發生了雞肉事件，我們希望這一餐就不要算錢了？」這個說法會幫帳單定下○%的錨。第二個選項是：「我們不需要免費的甜點，謝謝。不過，剛剛發生了雞肉事件，請妳去問經理，看看帳單可以怎麼樣處理？」這個說法會幫帳單定下一○○%的錨。

女服務生拿了帳單過來，價格是三一．○九美元。或許是出於臉皮薄，也或者是我說話太快，更可能是我們不想顯得一副貪小便宜的樣子（各位知道的，當事情跟錢扯上關係時，一向很複雜），我脫口而出第二個選項：請幫我們問問看經理，「帳單可以怎麼處理？」女服務生帶著微笑告訴我們，剛才已經免費送我們兩杯酒了。對我來說，這個補償特別不夠，因爲喝了兩杯酒的人是崔比，我沒喝到，嘴巴裡都還是臭酸雞肉的味道。不過，女服務生依舊笑笑地，拿著帳單去找經理。經理馬上過來，也在微笑。

我說：「剛剛的雞肉臭掉了，不曉得帳單可以怎麼算？」

經理說：「我們已經沒收你們酒錢。」她的語氣非常和善，就好像她是原本要割掉我兩顆腎臟的醫生，但發現只要割一顆就夠了。

我問：「你們最多只能做到這樣嗎？」（依舊無法定下○%的錨。）

餐廳經理看著我，態度依舊很和善。她的心裡正在算計，準備賭一把，賭用餐費，也賭心理戰。我們每個人每天都在做這樣的賭博，她準備押注我是不會大吵大鬧的那種人，畢竟剛才我在僵局之中，一直都很和善，沒有大聲跟她吵，甚至沒有大聲講出「想吐」或「臭酸」

這種字眼。她顯然認爲我會保持這種態度，她賭我不會摔椅子破口大罵，也不會站在餐廳外面，告訴每個想上門的客人，我吃到讓人反胃的雞肉，整隻雞都是臭的。而且廚師肯定是聞到了，但是覺得可以矇混過去；如果他們沒有聞到，顯然他們非常心不在焉，誰知道他們出下一道菜的時候，菜裡面會出現什麼？一隻湯匙、一截拇指，或是一坨洗潔精？經理決定放手一搏，她說：「就這樣了」，她最多只能給我打這麼多折。我說：「好吧。」她人就走了。我多放了五美元的小費，讓帳單總額變成三六．○九元——何必懲罰可憐的女服務生，對吧？我走出餐廳，送崔比上計程車。經理賭我不會製造麻煩，她賭對了。

直到這一刻。

各位如果想知道的話，那家餐廳叫「法式燒烤」（French Roast），位在曼哈頓西北八十五街和百老匯大道（Broadway）的交叉口。

上次我查的時候，烤雞依舊在菜單上，祝大家胃口大開。

請買汽油！

下列這封電子郵件被到處瘋傳，顯示人們最近用經濟學思考的能力創下新低。信中宣布九月一日爲「無汽油日」（No Gas Day）：

經過計算，美國和加拿大的民眾只要同時選一天，一滴汽油都不要買，石油公司就會被庫存淹沒。

此外，整個產業將出現四十六億美元的淨損失，石油公司的利潤將大受打擊。因此，九月一日被正式定爲「懲罰日」，美加兩國的人民在那天應該一滴汽油都不要買。

大家必須盡快將這封信轉寄給所有認識的人，趕快把訊息散布出去，我們才有辦法給石油公司一個教訓。

想等政府插手控制油價的話，我們永遠等不到那一天。阿拉伯國家兩週前就答應降價和控制價格，結果呢？

記住一件事：現在不只是油價正在上漲，航空公司也被迫漲價，還有貨運公司也是。這造成所有需要運送的物品，價格通通連帶受到影響，例如食物、衣服、建材和醫療物資等。最後誰得買單？就是我們！

我們可以讓事情不同。如果拒買一天還不能讓他們得到教訓，我們就繼續拒買。趕快盡你的一份心力，把這個訊息傳出去。請各位把這封信轉寄給所有你認識的人。在你的日曆上做個記號，美國與加拿大的人民要在九月一日「站出來說不」。

謝謝各位，祝大家有個美好的一天 :O)。

這封電子郵件漏洞百出，後文僅列出幾點（顯然列不完）：

一、如果今天沒有人買汽油，但每個人還是開同樣里程的車，那只表示我們得預先多買一點汽油，或是晚幾天再買，因爲九月一日那天不能買。所以，就算你相信九月一日會讓石油公司少賺四十六億美元，消費者也會立刻雙手奉還那些錢。如果九月一日是「無星巴克咖啡日」，或許還有點影響，因爲人們購買、喝星巴克咖啡的日期會在同一天，而今天沒喝咖啡的話，也許永遠不會補喝或是提前喝。然而，石油不一樣，尤其如果沒有人被要求減少汽油的使用量，你只會在九月一日之後，看到隊伍排得更長的加油站。

二、只是拒買汽油一天，絕不會讓石油公司減少四十六億美元的利潤，就算那天大家都完全不用汽油也是一樣。美國人一天大約消耗九百萬桶石油，一桶大約是四十二加侖，等於美國一天賣出三億七千八百萬加侖的石油。再加上加拿大的十%，一加侖三美元，營收大約是十二億美元。該產業的利潤，大約是營收的五%以下，所以最多只會影響六千萬美元的利潤，大約是這封信號稱的數字的百分之一。如同第一點，就算眞的有影響，這封信顯然過分誇大。

三、一天不買汽油，絕不會讓石油產業被自己的庫存淹沒。美國的石油庫存一般是兩億桶左右，但目前處於低谷，這也是油價目前這麼高的重要原因。多個九百萬桶石油，絕對不會造成庫存問題。

所以，請大家在九月一日買汽油。

如果你有聰明的點子，想請大家轉寄這類電子郵件，至少要請大家「別用」汽油，而不是「別買」汽油。

後記：本文最初刊登於二〇〇五年八月。當時，美國普通汽油的平均價格約為每加侖二．八五美元。在本書英文版編撰完成之際（二〇一五年一月），每加侖普通汽油約降為二．〇六美元，人們更有理由買汽油了！

H 海盜經濟學的第一堂課

問答整理：萊恩．海根 Ryan Hagen

快桅阿拉巴馬號（*Maersk Alabama*）的船員最近浩劫餘生，被索馬利亞海盜攻擊後獲救，回家好好靜養。基於美國與索馬利亞海盜聯盟之間日益緊張的關係，我們認爲，應該回顧過往，找出如何制服這些海上不法之徒的方法。

彼得．里森（Peter Leeson）是喬治梅森大學（George Mason University）的經濟學家與《海

盜船上的經濟學家》（*The Invisible Hook: The Hidden Economics of Pirates*）一書作者。他同意回答幾個重要的海盜問題：

問：你這本書的書名，不只是別出心裁而已。英文原意「看不見的鉤子」和亞當·斯密（Adam Smith）的「看不見的手」，哪裡不一樣？

答：亞當·斯密說，個人在追求自己的利益時，就好像有一隻看不見的手，促進社會的利益。「看不見的鉤子」是指，海盜雖然是罪犯，他們依舊受到自身的利益驅使，所以會想建立更能達成犯罪目標的政治體系與社會架構。「看不見的手」和「看不見的鉤子」有關聯，但是也有很大的不同點。對亞當·斯密來說，自身利益會導致帶來財富的合作，讓別人也有更好的結果。對海盜來說，自身利益會導致摧毀財富的合作，促使海盜以更有效率的方式進行燒殺擄掠。

問：你提到，海盜建立了早期的立憲民主制度，權力分立，比美國革命還早了數十年。而他們之所以能夠做到這點，完全是因爲他們是亡命之徒，不受任何政府的控制？

答：沒錯。十八世紀的海盜，建立了相當完整的民主制度。犯罪行爲之所以能夠帶來這些制度，是因爲罪犯無法倚賴國家，他們比任何人都需要自己想出一套法律制度，來維護海盜世界的秩序，以便彼此能夠和平共處夠長的時間，利於打劫。

問：這種參與式民主的體制，是否讓商船水手有誘因加入海盜，因爲當海盜會比待在原本的船上自由？

答：水手當海盜，的確會比在商船上工作自由，而且拿到的錢也多。不過，最重要的大概是，當海盜的話，就不必忍受反覆無常的船長，以及船長不人道的虐待。商船的船長以濫用權力出名，在海盜的民主政體，要是船長濫用自己的權力，或是昏庸無能，船員可以罷免船長，而且他們經常這麼做。

問：你在書裡提到，海盜跟我們想像的不一樣，不一定是嗜血的惡魔。你如何解釋他們的行爲？

答：基本上，如果我們把海盜看成經濟體系中的成員——他們其實是生意人——他們不會虐待每一個俘虜的原因就很清楚了。如果要鼓勵商船投降，海盜必須讓商船覺得，要是你們投降的話，我們會好好對待你們的。那是海盜給水手的誘因，讓他們不要抵抗，就乖乖投降。如果海盜像我們聽過的故事那樣，任意虐待自己的俘虜，就會讓商船上的人缺乏投降的誘因，反而會增加自己搶劫的成本。這樣一來，他們就必須更常打打殺殺，因爲商人可能覺得自己一旦被抓，無人能夠倖免於難，都會遭到虐待，所以將會更頑強地抵抗海盜。

就是這個原因，當我們在看海盜的歷史紀錄時，其實經常會發現他們很慷慨。當然，這也是說萬一你抵抗的話，他們會降下雷霆之怒。說海盜很殘暴的故事，大部分都來自反抗的人。不過，這不是說所有的海盜，都不曾一時心血來潮，化身爲施虐狂，但我猜在海盜的世界，施虐狂的比例大概不會高過法治社會。海盜世界的施虐狂，一般會把施虐的行爲，留到施虐會帶來好處時才做。

問：這麼說，海盜從來不曾要人走木板跳海？

答：沒這回事。沒有歷史證據顯示，十七、十八世紀的海盜會做那種事。

問：你的書提到，海盜是一種品牌，而且這個品牌還滿成功的。在海盜絕跡之後，他們的故事又流傳了數百年。爲什麼海盜這麼成功？

答：海盜小心翼翼營造出某種名聲。他們不想讓外界覺得他們殘暴不仁，沒事就像瘋子一樣虐待俘虜，但他們也想讓人覺得，千萬別輕易觸怒他們，這是一群很容易會被惹惱的人。如果你惹他們生氣，如果你反抗，就會立刻得到恐怖的下場。海盜靠著營造出這種名聲，這樣一旦被抓到當俘虜，就有小心翼翼服從他們一切要求的誘因。海盜想讓人們覺得，如果不服從的話，就會被殘忍虐待。虐待俘虜的恐怖故事，除了會經由口耳相傳流傳出去，十八世紀早期的報紙，其實也是在幫忙宣傳。俘虜獲釋後，經常會跑到報社那裡，提供自己被俘的故事。殖民地的民眾，在報刊上讀到那些故事以後，會內化爲海盜沒事就變成惡魔的印象。而這種印象幫了海盜很大的忙，等於是法治社會的成員幫海盜免費宣傳，幫助他們降低搶劫的成本。

問：我們可以從你這本書中，記取什麼樣的教訓，找出方法來對抗現代海盜？

答：我們必須把海盜視爲經濟體系的理性成員，了解當海盜是一種職業選擇。如果把他們想成不理性的人，或是以爲他們追求別的目標，我們就會想出無效的解決方法。既然我們已經知道，海盜會回應成本與利益，就應該想出改變那些成本與利益的方法，讓海盜擁有不同的誘因，不會想繼續當海盜。

看得見的手

假設你正在市場上尋找便宜的 iPod，你搜尋 Craigslist 等拍賣網站，照片裡拿著未開封 iPod 盒子的那隻手，主人究竟是黑人或白人，對你來說有差嗎（你只看得到他們的手和手腕）？如果拿著 iPod 的那隻手上有明顯的刺青，會影響你向對方購買的欲望嗎？

我猜大部分的人會說，iPod 展示者的膚色，並不會影響自己的選擇。至於刺青的話，則會有比較多的人說，他們比較不會回應那則廣告。

經濟學家從來不喜歡根據人們說的話來得出答案，我們相信事實勝於雄辯。經濟學家珍妮佛．多雷克（Jennifer Doleac）與路克．斯坦（Luke Stein）所做的最新研究顯示，人們的確說的是一回事，做的又是另一回事。他們兩人在過去一年，在地方拍賣網站上，貼出好幾百則廣告，並且隨機更改廣告裡的照片，有時拿著 iPod 的那隻手是黑人的手、有時是白人的手，有時則是露出一大片刺青的白人的手。兩位學者發現：

> 從數項市場成果指標來看，黑人賣家的表現遜於白人賣家。黑人賣家得到的回應，比白人少一三％，出價則少一七％；這類效應在美國東北最強大。手腕上若有刺青，也出現了類似結果。此外，雖然拍賣的買家是願者上鉤，理論上應該比較沒有

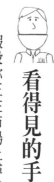

偏見，但得到一個以上出價的賣家，如果是黑人，他們收到的競標價低二到四％。而且，回應黑人賣家的買家，信任感最低：他們在電子郵件中附上姓名的比例少了一七％，接受郵寄的比例少了四四％，擔心線上支付安全性的比例則多了五六％。

我們發現，在買家與賣家人數稀少的市場，黑人賣家的表現特別差；在買家之間競爭激烈的時候，歧視則無法「存活」。在種族最隔離的市場，以及財產犯罪率最高的市場，黑人賣家的表現最差，這表示當資訊不足時，「統計歧視」（statistical discrimination）可以解釋結果差異。

各位可以從這份研究得出什麼結論？最明顯的答案是：如果你想在網路上賣東西，不論你是黑人或白人，都應該找白人拍廣告照片。不過，我想你會說大家都知道，廣告主很久以前就發現這件事，他們甚至不只會找白人，還會找美麗的白人金髮女性。

比較困難的一件事，則是釐清買家爲何會以不同的方式，來對待白人與黑人賣家？做這份研究的兩位學者指出，探討歧視的理論主要有兩種：「惡意歧視」（animus discrimination）與「統計歧視」。對經濟學家來說，「惡意歧視」的意思是說，就算交易結果一樣，買家就是不想向黑人賣家買東西。也就是說，就算黑人賣家提供的商品品質和白人賣家的一模一樣，買家就是不喜歡黑人賣家。至於「統計歧視」，黑人的手則代表著某種負面意涵，例如買家更可能被騙、拍賣品更可能是贓物，或是賣家可能住很遠而面交的話又太麻煩等。

多雷克與斯坦的研究論文最了不起的地方，在於他們試圖區分「惡意歧視」與「統計歧視」。他們是如何做到的？刊登品質不同的廣告。他們猜想，如果廣告看起來很高級，或許廣告傳遞出來的訊息，將可抵消不想向黑人賣家買東西的「統計歧視」動機。而實驗做出來的結果是：廣告的品質，對不同種族的組別，並沒有太大的影響，但這可能是因爲不同廣告的品質差異不夠大所致。兩位作者也探討了其他因素的影響力，例如住在市場集中/分散的區域，以及財產犯罪率高/低的區域，是否會影響結果？結果顯示，黑人賣家在犯罪率高的城市表現特別差，多雷克與斯坦認爲，這就是受到「統計歧視」影響的明證。

我眞的很喜歡這份研究，它正是經濟學家所謂的「天然實地實驗」（natural field experiment）。這種實驗具有實驗室實驗的最佳優點（眞正的隨機取樣），但是在實際市場上觀察人們，而研究對象並不知道自己被分析，情境比實驗室眞實許多。

美國黑人與白人電視

我和杜伯納在《蘋果橘子經濟學》中，曾提到美國的黑人與白人有非常不一樣的電視收視習慣。《週一美式足球夜》（*Monday Night Football*）是美國電視史上，唯一觀衆同時包括黑人與白人的前十大熱門節目。最受白人歡迎的影集《歡樂單身派對》（*Seinfeld*），則從來不曾擠進黑人排行榜的前五十名。

最近我恰巧看到尼爾森（Nielsen）依族群分類的黃金時段收視率，便覺得十分有趣。

白人最喜歡的十個節目：

第一名：《CSI犯罪現場》（*CSI*）
第二名：《實習醫生》（*Grey's Anatomy*）
第三名：《慾望師奶》（*Desperate Housewives*）
第四名：《與星共舞》（*Dancing with the Stars*）
第五名：《CSI犯罪現場：邁阿密》（*CSI: Miami*）
第六名：《週日美式足球夜》（*Sunday Night Football*）
第七名：《我要活下去》（*Survivor*）
第八名：《犯罪心理》（*Criminal Minds*）
第九名：《醜女貝蒂》（*Ugly Betty*）
第十名：《CSI犯罪現場：紐約》（*CSI: NY*）

黑人最喜歡的十個節目：

第一名：《實習醫生》
第二名：《與星共舞》
第三名：《CSI犯罪現場：邁阿密》
第四名：《醜女貝蒂》
第五名：《週日美式足球夜》
第六名：《法網遊龍：特殊受害者》(*Law and Order: SVU*)
第七名：《CSI犯罪現場：紐約》
第八名：《CSI犯罪現場》
第九名：《超級名模生死鬥》(*Next Top Model*)
第十名：《失蹤現場》(*Without a Trace*)

如果這份一週的收視數據是良好的指標（我認爲是），代表美國黑人和白人的電視收視習慣，在很大程度上趨於一致。幾年前，幾乎所有收視率最高的黑人節目，主角清一色都是黑人，節目甚至不在四大電視網播出。今日，美國黑人與白人收看的節目幾乎一致，雖然那些熱門節目也有黑人主角，但沒有一個節目主要都是由黑人演員演出。

大家開始看同樣的電視節目，是否代表在文化上也更爲融合了呢？大概不是，不過值得觀察。

在所有的變化之中，似乎有一件事是肯定的，就跟人必有一死，以及賦稅的存在一樣：如果在黃金時段播出，不論黑人或白人，都會收看美式足球賽。

你的無私有多無私？

最近幾週，全球發生兩起大型天然災害：緬甸發生風災，中國發生地震，兩場天災都帶走數萬人的性命。

各位有沒有開支票捐錢給這兩場天災？我猜，很少美國人這麼做。

爲什麼我這麼說？在探討這兩場天災之前，讓我們先回顧近年來的三起天災。請看死亡人數，以及美國個人的慈善捐款金額，資料來源：美國施惠基金會（The Giving USA Foundation）：

一、南亞大海嘯（二〇〇四年十二月）

二十二萬人死亡

一九・二億美元

二、卡崔娜颶風（二〇〇五年八月）

一八三三人死亡

五十三億美元

三、巴基斯坦地震（二〇〇五年十月）

七萬三千人死亡

一・五億美元

美國人捐給卡崔娜颶風的錢，是南亞大海嘯的近三倍，即使南亞大海嘯奪走的人命超過百倍。不過，這很合理，對吧？因爲卡崔娜的發生地點在美國。

再看奪走巴基斯坦七萬三千條人命的恐怖大地震，美國只捐了約一・五億美元。兩相對照，美國人捐給南亞大海嘯的一九・二億美元，感覺就很慷慨了！換算一下，巴基斯坦的每一條人命，大約只獲得二〇五四美元的捐款，而南亞大海嘯的每條人命，則得到八七二七美元。這兩場災難距離美國都很遙遠，也都奪走大量人命，但美國的捐款金額卻差很多，爲什麼會這樣？

有幾種可能的解釋：

一、接連發生卡崔娜和海嘯之後，人們已經對天災較爲無感。

二、媒體很少報導。

你還記得南亞大海嘯的報導嗎？我想應該還記得，尤其除了海嘯重創貧窮地區之外，也影響到泰國普吉島等著名觀光勝地。你還記得卡崔娜颶風的報導嗎？當然記得。但巴基斯坦的地震呢？我記得我讀過幾篇很短的報紙報導，但沒有在電視上看到任何新聞，也許是恰巧。

菲利浦．布朗（Philip H. Brown）和潔西卡．明蒂（Jessica H. Minty）最近發表了一篇論文，題目是「媒體報導與二〇〇四年大海嘯過後的慈善捐款」（"Media Coverage and Charitable Giving After the 2004 Tsunami"）。他們的結論令人嚇一跳，但還滿合理的：

我們做了二〇〇四年大海嘯過後的網路捐款研究，研究結果顯示，媒體的災難報導對於救災單位收到的捐款，有著強烈的影響。晚間新聞每多報導一分鐘，捐款金額會自平均數增加〇．〇三六個標準差；也就是說，一般救災單位每日收到的平均捐款金額會增加一三．二％。同樣地，《紐約時報》或《華爾街日報》每多報導七百字，每日的平均捐款金額會增加一八．二％。控制新聞播出時段與爲求節稅的捐款等因素之後，相關結果依舊成立。

那麼，爲什麼有的災難被大幅報導，有的卻沒有？答案依舊牽涉眾多因素，但影響最大的是災難的性質，例如那場災難有多戲劇性、有多適合在電視上播出，以及災難的發生地點等。前文最先提到的兩場緬甸和中國的近日災難，還有幾點因素也值得納入考量：

一、美國目前正是選舉的時候，政治新聞滿天飛，媒體很難報導其他事。

二、報導遠方發生的災難既耗時又昂貴，對於想省成本的媒體來說，有雙重理由不報導。

三、對美國人來說，緬甸和中國（和巴基斯坦），都不是什麼讓人有好感或熟悉的地方。

我猜，大多數的美國人找不到緬甸在地圖上的哪裡，而且如果他們對緬甸有任何印象，都不是好印象（想想「軍事政變」）。

緬甸目前收到的捐款的確非常、非常少。不同災難收到的援助，原本就分配得很不平均，這樣想，緬甸的情形或許不是太離譜。然而，不管怎麼說，如果你平日會捐錢給處於急難的人士，緬甸風災受害者的家人，難道不像其他需要幫助的人一樣，值得你慷慨解囊？災難發生國的政治制度，以及有多少媒體報導，不該影響我們如何回應需要幫助的人，不是嗎？

我們喜歡覺得自己在捐款時一視同仁，捐不捐錢是看有沒有人需要幫助，不是看某場災難激起我們何種情緒反應。然而，經濟學界有愈來愈多針對慈善捐款的研究指出，實情並非如此。李斯特曾在一篇研究範圍小、但很有說服力的研究中指出，如果你挨家挨戶上門請大家捐錢，想要得到大筆捐款的話，請先讓自己變成有魅力的金髮女郎。

ＮＦＬ在卡崔娜颶風過後，在週末的電視捐款節目上，請大家共襄盛舉。他們募到的錢，讓我再度想起李斯特的研究。聯盟在比賽過後，以及中場休息時間，請明星球員接聽捐款電話。然而，相較於美式足球驚人的收視觀眾人數，聯盟募到的捐款少得可憐。我在想，如果把球員換下去，改請啦啦隊來拜託大家捐款，效果會不會好得多？

依據緬甸和中國的災難特性來判斷，雖然都是悲劇，我大膽預測美國捐給這兩場災難的錢都不會多。或許，世上只有一種利他主義，就是經濟學家說的「不純粹的利他主義」（impure altruism）。這是否意味著人類膚淺又自私，只捐錢給自己覺得有吸引力的號召源頭？未來是否會出現某種「災難行銷」，因爲救災單位學會了吸引潛在捐款者的方法？

街頭捐款的經濟學

不久前，我、佛萊爾與我們兩人的另一半一起吃飯。不知怎的，我們聊到街頭捐款。由於那場對話實在太有趣，我提議再多問幾個人，請教他們對街頭捐款的看法。受訪人士的答案如後，最後面有我和佛萊爾的答案。

受訪者包括：一、在紐約州雪城大學（Syracuse University）教商業與政府的亞瑟・布魯克斯（Arthur Brooks），他也是《誰會眞正關心慈善？》（*Who Really Cares: The Surprising Truth About Compassionate Conservatism*）一書的作者；二、泰勒・柯文（Tyler Cowen），喬治梅森大學經濟學教授、作家、「邊際革命」（Marginal Revolution）部落格的版主；三、馬克・庫班（Mark Cuban），多才多藝的創業家；四、芭芭拉・艾倫瑞克（Barbara Ehrenreich），經典著作《我在底層的生活》（*Nickel and Dimed*）及多本書籍的作者；五、納西姆・尼可拉斯・塔雷伯（Nassim Nicholas Taleb），知名的漫遊者，以及《黑天鵝》（*The Black Swan*）、《隨機騙局》（*Fooled by Randomness*）等書作者。

我們問每個人這個問題：

> 你走在紐約市的街頭，口袋裡有十美元的可支配所得。你來到一個轉角，一邊是熱狗攤老闆，另一邊是乞丐。乞丐看起來有酗酒問題，熱狗攤的老闆看起來是正派市民。你會把口袋裡的十美元給這兩個人嗎？如果會，你會如何分配？爲什麼？

布魯克斯

不論就實質意義或象徵意義來說，我們永遠都在面對這個問題。如果你住在城市，你經常會碰到窮困的酒鬼，但到底是要給他們錢，還是不給他們錢？你不免擔心，要是自己把口袋裡的零錢給他們，只會害了他們；但如果不給，又太鐵石心腸了。

我們不只在面對遊民時，心中有這種兩難。以公共政策來說，我們也擔心如果一直幫助需要幫助的人，社會上有一些人會「過度」依賴政府的救濟金。有些人甚至主張，要是提供外國援助，接受援助的整個國家，就會失去自立自強的能力。這就是為何我們有各種相關諺語，像是「給人魚吃，不如教人捕魚」的原因。

此外，有些人非常害怕傷到貧困者的自尊心。這對某些人來說，意味著對方要什麼、我們就該給什麼；對另外一些人來說，卻意味著慈善捐款是在汙辱人、並不是一件好事，應該完全由政府的救濟制度取代。美洲原住民因紐特人（Inuits）說：「送禮送成奴，揮鞭打成狗。」

說了這麼多，如果我碰到喝醉的乞丐，還有正派經營的熱狗攤老闆時，究竟會如何決定？答案得看我是否在乎：一、乞丐的欲望與自主權；二、我的行善帶給這個世界什麼影響，以及效果如何？下列四種不同的做法，將帶來四種可能：

如果我在乎乞丐的自主權，但不在乎自己的捐款會帶來什麼影響，我會給乞丐一些錢，雖然他大概會拿去買酒喝，但是管他的，每個人都有自由意志，對吧？我可沒強迫他買酒，雖然他可以買食物。

如果我在乎自己的捐款會帶來的影響，但不在乎乞丐的自主權。那麼，我就會買一份熱狗送給他，或者更好的做法是，把錢捐給幫助遊民的組織。

我在乎乞丐的自主權，也在乎自己的捐款會造成的影響。如果是這種情況，那最難辦，通常解決的方式是徒勞無功地勸乞丐「去尋求協助」。想想看，在街上這麼做會發生什麼事？

我不在乎乞丐的自主權，也不在乎自己的捐款會造成的影響。這是四種情形中最好辦的一個。我會給自己買份熱狗，不去管那個酒鬼。對了！請幫我加一點酸菜，再來罐健怡百事。

我會選什麼？我通常會選二，除非那天我特別懶，或是跟我走在一起的人知道我寫了探討慈善的書——如果是這種情形，我有時會選一。

柯文

我不是很喜歡給乞丐錢，因爲就長期而言，給錢只會助長乞討行爲。如果乞丐一年能賺五千美元，想當乞丐的人，就會願意花値五千美元左右的時間和精力，讓自己成爲乞丐。這麼做的淨收益很小，甚至是零。有個很極端的例子就是，人們謠傳印度加爾各答人會砍下手腳，以期乞討到更多錢。我在我的《發現你的經濟天才》（*Discover Your Inner Economist*）這本書中，詳細探討了這件事。

弔詭的是，如果向你討錢的乞丐有酗酒問題，給這種人錢可能還比較有道理，因爲酗酒問題讓人更可能四處討錢，他們是眞的乞丐，不是投機取巧的職業乞丐。不過，如果是酗酒的乞丐，給出去的錢大概會被浪費在酒精上，所以我還是不想給。

如果我喜歡吃熱狗，我會跟小販買，不會白白送他錢，因爲當天過完，他應該會把沒賣完的食物扔掉。如果錢無論如何都要送給小販，幹嘛浪費一份熱狗？

雖然題目中沒有明講第三種可能的選擇，但我可以選擇撕碎那張十美元鈔票。少了我這張鈔票，其他人手中的貨幣，價值會相對提高，所有人都能夠獲利。由於許多美鈔都在我們貧窮的鄰居手上，尤其是拉丁美洲，我創造的價值會跑到能夠存下美元的人士手中，包括許多辛苦工作的窮人。我認爲，這群人値得得到我創造的價值。

不過，這個選項有兩件會令我擔心的事。首先，毒販和其他罪犯也持有大量現金，我爲什麼要幫助這種人？第二，聯準會可能會印更多鈔票（他們的確常印），這樣會造成我創造的價值被抵消。

不論你想怎麼做，有兩個結論。

結論一：買熱狗。

結論二：不要在紐約市捐錢。

庫班

我會把錢留在口袋裡，然後一直往前走，因爲我沒理由沒事在街角送別人錢。

艾倫瑞克

我們能否先去掉這個題目明顯想引導我們說出的答案？就是：我會用十美元買熱狗送給乞丐吃，再把零錢送給小販當小費。這樣一來，我既獎勵了辛苦工作的市民，也確保不事生產的乞丐不會把錢拿去再買一杯酒，讓身爲中產階級的我，覺得自己做到了公平與正義。

雖然我是無神論者，但在乞丐這件事上，我認同耶穌教大家的事。祂說，如果有人想拿走你的裡衣，那就連同外衣也一起給他（祂的原話其實是：如果有人「想要告你」，要拿你的裡衣。但對大部分的乞丐來說，我們可以跳過法律程序。）耶穌不是說：先叫那個跟你要錢的人來做酒測，或是先請他坐下來，給他來段精神喊話，要他懂得「專心」與「設定目標」。耶穌說：給他那件該死的裡衣。

說到宗教，如果乞丐纏著我要錢，那我必須給他一點錢。我怎麼知道這個乞丐身體會抖，是因爲酗酒，還是其實是得了神經失調的疾病？除非我是這個人的假釋官，否則干我什麼事？此外，任何人好心請乞丐吃熱狗之前，應該先想想或許這位乞丐吃素，或是只吃符合猶太或穆斯林教規的肉。

所以，如果乞丐跑到我面前，伸出他的手，而我有一張十美元鈔票，我得給他那張鈔票。不管他是要把錢拿去買嬰兒奶粉，餵他快餓死的孩子，還是要拿去買一品脫的雷鳥酒（Thunderbird），都沒有我的事。

塔雷伯

這個問題沒有意義，回答這個問題不會帶來有用的資訊，爲什麼我這麼說？

最近，我和杜伯納一起喝酒、吃起司（起司都是我吃的），他問我，爲什麼經濟學這門學科讓我這麼反感，當我碰上經濟學者時還會起過敏反應？我不只心中過敏，而是身上眞的起疹子。我最近搭乘英國航空（British Airways）從倫敦飛往蘇黎世，發現走道旁坐著一個常春藤聯盟的國際經濟學者，穿著藍色西裝外套在看《金融時報》（*Financial Times*），我立刻要求換位子，如果能夠降艙等更好，因爲我想呼吸經濟艙沒被汙染的空氣。我那趟旅程的目的地是瑞士山間一個靜養處，就像湯瑪斯・曼（Thomas Mann）筆下的《魔山》（*The Magic Mountain*），我不想看到任何會刺激神經的東西。

我告訴杜伯納，我在道德、倫理、宗教與美學等層面，對經濟學者過敏。除此之外，還有一個主要的理由，我稱爲「戲局問題」（ludicity）或「戲局謬誤」（ludic fallacy）（源自拉丁文「*ludes*」，意思是「戲局」。）這個詞彙的意思是說，以黑白分明的規則來模擬「戲局」，提出具有學術風格的選擇題情境，但相關原則脫離自身的生態環境。在地球這顆星球上，通常不會出現脫離情境、具有考試風格的選擇題問題——這就是爲什麼在校成績很好的孩子，表現會不如他們熟諳社會規則的堂兄弟。此外，如果說人類有時和很多「謎題」一樣，令人感覺反覆無常，那是因爲測驗本身的設計有問題。套用心理學家丹・高德斯坦（Dan Goldstein）一個術語來說，這叫「生態的無效性」（ecological invalidity）。

在眞實的世界，從生態的角度來說，我們會依據情境做出不一樣的行爲。如果從生態學的角度來看你提出的問題，我會這樣回答：如果我走在紐約市的街頭，我很少會肩負送給別人十美元的任務，因爲我一般會在想自己的下一本新書，或是要怎麼做才能活在一個沒有經濟學家，或沒有分析哲學家的社會。至於我實際遇到乞丐和小販時會怎麼做，則是要看順序：看是先碰上乞丐，還是先碰上小販。

如果我碰到乞丐，我會抗拒腦子裡想要給錢的聲音（畢竟我已經透過慈善機構，捐了很多錢出去），但我確定我不會成功。我需要先實際面對一個喝醉酒的乞丐，才能確定自己會怎麼做。此外，我的反應也要看我在碰到這個乞丐之前，是否先看到正在挨餓的孩童的照片，如果我看到了，照片會觸發我的惻隱之心。此外，千萬不要低估個人魅力這件事。如果這個乞丐讓我想起我最喜歡的舅公，我不只會給他十美元，而是會給他很多錢。但如果他看起來有點像經濟學家羅伯特・默頓（Robert C. Merton），那我會走到對街，不想碰到這個人。

當然，如果你問我這件事，我永遠也不會告訴你個人魅力跟我的選擇有關，而是會告訴你一些聽起來很有道理的理論。

回到剛才那個飛機故事，劇情峰迴路轉。我搭英航從瑞士飛回倫敦時，旁邊也是坐了一個經濟學家，他也許是第一個發現「生態無效性」概念的人，名字是阿馬蒂亞．沈恩（Amartya Sen）。他在自我介紹的時候，說自己是哲學家，不是經濟學家（他獲得諾貝爾經濟學獎）。雖然他看起來跟去程的那位經濟學者很像（但他沒有穿藍色西裝外套），我很榮幸能跟他呼吸相同的空氣。

嗯……老實說，佛萊爾和我幾週前在聊這件事的時候，並不像前面幾位受訪者把事情想得那麼複雜（庫班除外）。

我抱持的立場是：乞討行為幾乎普遍缺乏效率，而且難以解決；此外，由於我寧願獎勵好行為，也不願意處罰壞行為，所以我大概會給賣熱狗的人一點或全部的錢，畢竟他是每天辛苦提供服務的人，而且還得繳稅、交營業執照費什麼的。乞丐如果想得到食物和住所，他們有遠遠更具效果與效率的選項，隨機向我這樣的人討個幾美元並沒有用。我給了愈多錢，只會讓他們把更多時間浪費在街上。

佛萊爾則說，他會把十美元給乞丐，因為十美元非常少，把錢給乞丐帶來的邊際影響，會大過給熱狗攤販。

賄賂孩子要他們考試考好一點

人類在生活中，用財務誘因鼓勵許許多多的活動。沒有人期待速食餐廳的員工免費幫人煎漢堡，也沒有人期待老師拿不到薪水還到學校教書，但對學齡孩子我們卻認爲幾年或幾十年後遙遠的未來，他們將可拿到的財務報酬足以讓他們現在好好念書，儘管對大多數的孩子來說，一、兩個月感覺就像是永遠。

爲了了解孩子在學校的用功程度，是否和財務誘因有關，我和李斯特、蘇珊・內克曼（Susanne Neckermann）和莎麗・山道夫（Sally Sadoff）一起做了一系列的實地實驗，最近正在把研究結果寫成初步報告。

不同於先前其他探討孩童、學校與獎學金的多數研究，我們的目的不是要讓孩子更努力讀書，或是學習到更多的知識。我們的目標遠遠更爲簡單：讓學生認眞考試。因此，我們並未事先告訴孩子，他們會得到金錢獎勵，而是在他們坐下來考試的時候，臨時告訴他們，如果這次有進步的話，就可以拿到二十美元的獎金。

這個二十美元的財務誘因想要有用，就必須讓學生知道，他們會立刻拿到錢。如果我們告訴他們，他們會在一個月後才拿到錢，他們的表現會是一樣的，有沒有誘因都沒差。我們的研究結果對某些人士來說是壞消息，因爲他們主張數年或數十年後，未來會出現的獎勵就足以讓學生用功念書。此外，如果我們在考試前就先給學生獎金，但後來他們未達標準就收回來，此時他們的表現最好。這個結果，符合心理學家所說的「損失規避」。

如果是年幼的孩子，可以拿便宜的小東西賄賂他們，例如獎盃或惡作劇的放屁坐墊等；但如果是年紀比較大的學生，只有錢才有用。令人驚奇的是，美國民衆對於用金錢獎勵表現良好的學生十分反感，我們收到好多罵我們的電子郵件和評論。佛萊爾在美國不同城市進行財務誘因的實驗時，同樣也被痛批。

或許，批評者是對的，我今日的人生會一團混亂，就是因爲我在國、高中的時候，只要每得到一個 A，我父母就會給我二十美元。我只知道，由於當時我唯一的收入來源，就是把試考好可以拿到獎金，以及打撲克贏朋友的錢，所以非常努力讀書。要是沒有那些現金誘因，我就不會念那麼多書。許多中產階級的家庭，都會用獎金利誘小孩讀書，那爲什麼父母以外的人給小孩獎金，會引發那麼多爭議？

今天的鮭魚很好吃：誘因與點餐

前幾天，我和一群人去一家滿高級的餐廳吃飯。我們在看菜單的時候，女服務生人很熱心，告訴我們今天的鮭魚特別好吃，也可以試試看朝鮮薊沾醬，那是她最喜歡的一道菜。尷尬的是，我們每個人都有自己想吃的東西，沒有那麼容易接受推薦，最後沒人點鮭魚，對朝鮮薊沾醬也是興趣缺缺。女服務生在收菜單的時候，又問了一次眞的不要試試看朝鮮薊沾醬嗎？我們這一桌有個人半開玩笑，問她這麼想讓我們點這道菜，是不是有什麼特別的原因？

女服務生顯然發現，自己正在和一群書呆子經濟學家說話，他們並不介意聽到眞相，於是便誠實回答：其實是主廚研發出一道新甜點（而她很喜歡吃甜點），晚上賣出最多朝鮮薊沾醬和鮭魚主餐的服務生，就可以拿到一大份免費的新甜點。我們這群經濟學家，爲了獎勵餐廳用有創意的方式製造誘因，就多點了一份朝鮮薊沾醬。

那頓飯吃得差不多的時候，我問這位女服務生，他們餐廳是否經常利用誘因，鼓勵服務生特別推銷某道菜？她回答，以前有一次賣出最多某道菜的人，可以拿到一百美元的獎金。

我說：「哇！一百美元，那妳一定卯足了勁推銷。」

她回答：「其實，我對甜點比較有興趣啦。」

非金錢的誘因再度獲勝。

蝦子經濟學

最近，我在部落格上問了一個簡單的問題：「爲什麼我們會吃這麼多蝦子？」在一九八〇年到二〇〇五年間，美國每人的蝦子消耗量幾乎成長三倍。結果，我沒想到會收到超過一千則回覆！

我會問這個問題，是因爲MIT史隆管理學院（Sloan School）的行銷學教授尚恩．費德里克（Shane Frederick），問了我一個很有趣的假設。他說，他問過不同人爲什麼我們吃這麼多蝦子，但是得到的答案類似到驚人：

> 心理學家的解釋，大多是說因爲「需求」曲線改變（事實上，幾乎所有經濟學家以外的人都這樣解釋），而需求曲線改變是因爲民眾的偏好或資訊改變，例如：
>
> 一、大家開始更具健康意識，而蝦子比紅肉健康；
>
> 二、全美連鎖海鮮餐廳紅龍蝦（Red Lobster）換了廣告公司，新廣告發揮作用；
>
> 相較之下，經濟學家的解釋則偏向「供給」那一方，例如：

一、人類研發出能夠捕得到更多蝦子的新型網子；
二、墨西哥灣的氣候發生變化，更適合蝦卵孵化；
……經濟學家的答案大概就像這樣。

我覺得，費德里克的假設滿有可能是真的。我教中級個體經濟學時，學生很容易就能懂需求的概念，但比較不懂供給的概念。大多數人都擁有很多消費的經驗，但沒什麼當生產者的經驗，所以一般會透過需求、而非供給的角度來看事情。如果要懂供給要素的話，需要經濟學者特別教我們。

我的同事也證實了費德里克的假設，當我提出這個蝦子問題時，芝加哥大學的八位經濟學老師，全都提到蝦子的生產今日更具效率——也就是說，他們都從「供給」的角度來解釋。由於經濟學者都給了一樣的答案，所以我想在部落格上公開詢問蝦子問題，看看讀者們會給我什麼答案。我在潘．佛立德（Pam Freed）的協助下，整理我們收到的前五百則部落格答案。佛立德是哈佛大學部計劃主修經濟學的學生，她首先給我「需求」的解釋，但看到我鄙夷的眼神之後，立刻改成和「供給」有關的解釋。

費德里克，很遺憾，不過從數據看起來，你的假設的預測能力普普通通而已。

我們總共收到三九三則可用於分析的答案，有一〇七則大家沒有依照指示回答。

首先是好消息。如同費德里克的推測，非經濟學家（所有主修不是經濟學的人）大多認爲，美國人現在吃更多蝦子的原因和需求有關，例如大家看了提到捕蝦的電影《阿甘正傳》（*Forrest Gump*），或是現在有更多吃蝦不吃肉的養生者等。五七%的非經濟學主修者，只給了和需求有關的解釋；二四%的人只給了和供給有關的解釋；剩下的人則兩種解釋都有，提到供給、也提到需求。

費德里克的理論預測性沒那麼強的地方，在於主修經濟學的人之中，二〇%的答案和一般人的看起來沒有什麼不一樣。主修經濟學的人之中，大約四七%還是只給了和需求有關的解釋，二七%則只提到供給——基本上，念經濟學的人，更可能同時提到需求和供給。

不過，我得說句公道話：經濟學教授與大學主修經濟學的人，兩者的答案很不一樣。事實上，主修經濟學的人答案依舊和大家的都一樣，或許顯示我們目前的經濟學課程，並未讓學生培養出優秀的經濟學直覺，至少是缺乏我同事擁有的經濟學直覺。

那麼，誰的思考方式最「不像」經濟學者？答案是主修英文的人（並不令人意外），以及主修工程的人（比較令人意外），這兩者一起占了四九%只提到需求的答案。

値得注意的是，女性提供「供給」解釋的可能性，整體而言只有男性的一半。至於爲什麼會這樣，以及這種結果代表什麼意義，我留給大家自己去想。

回到主題：爲什麼美國人多吃那麼多蝦子？

雖然我並非百分之百確定，但關鍵因素是蝦子的價格大幅下跌。某篇學術文章說，蝦子的實質價格在一九八〇年至二〇〇二年間，大約下跌了五成左右。數量上升、價格下滑，顯示生產者一定是找到了更便宜、更理想的蝦子生產法。《史雷特》雜誌有一篇文章曾經提到，養蝦出現了革命性的變化。此外，需求因素雖然可能也起了作用，但似乎不是最主要的原因。

對於認眞讀到這裡的讀者，我要再問各位一個問題：相較於蝦子，吃鮪魚罐頭的人少了非常多，消耗量一直在穩定下滑。請問：這是因爲供給改變，還是因爲需求改變？

現代女性，妳爲什麼這麼不快樂？

幾週前，我碰到賈斯汀・沃菲斯（Justin Wolfers）。我開他玩笑，說已經好幾個月沒看到他的研究上頭條。沒多久，他就用實際作爲推翻了我的話，他和貝西・史蒂文森（Betsey Stevenson）在上週兩度登上了新聞。史蒂文森是沃菲斯人生與經濟學研究的伴侶，上週他們先是登上《紐約時報》的專欄，指出媒體完全誤解最新公布的離婚統計數據，記者大肆宣揚新出爐的數據證明，說今日的美國人是史上最容易離婚的一群人，但他倆解釋這種現象純粹是因爲用了不同的數據蒐集方法。事實上，現代人比較少結婚，但如果眞的結了，比較可能會一直牽手走下去。

此外，沃菲斯與史蒂文森還發表了必定引起諸多爭議的新研究：〈女性快樂程度下降的矛盾情形〉("The Paradox of Declining Female Happiness")。幾乎不管從哪個經濟或社會指標來看，女性的處境在過去三十五年間大有進展。生育控制讓她們能夠決定自己要不要生小孩，而且女性的教育程度大增，開始進入從前由男性主導的眾多行業。性別之間的薪資差距也大幅下滑，女性的壽命也屢創新高。研究甚至顯示，男性正在開始做更多家事，擔負起更多養育孩子的責任。

考量到女性處境發生的種種變化，沃菲斯與史蒂文森提出的證據令人嚇一跳：現代女性比三十五年前的女性不快樂，相較於男性的快樂程度特別如此。不論是職業女性或家庭主婦、已婚或未婚，也不論教育程度的高低，大家都不快樂。女性在年紀漸長之後變得不快樂，十八歲到二十九歲的女性倒是還好。有孩子的女性，比沒孩子的女性還要不快樂許多。黑人女性是唯一打破不快樂模式的例外，現代黑人女性比三十年前快樂。

前述的研究發現，可以用很多方式解釋，兩位作者也提出自己的解釋，但我的和他們的有點不一樣：

一、由於女權運動的緣故，以及女權運動帶來的樂觀看法，一九七〇年代的女性快樂程度被誇大。在過去三十年間，女性的境遇確實有改善，但或許改善的速度比預期中慢很多，因此相較於大家殷切的期望，事情令人感覺失望。

二、女性的生活型態在過去三十五年間變得更像男性，而史上的男性一直比女性不快樂。如果職場上向來令男性不愉快的事，今日也讓女性不愉快，並不令人意外。

三、過去的女性，承受著必須假裝自己快樂的巨大社會壓力，儘管她們其實並不快樂。現代社會則允許當女性對生活感到不滿時，可以公開表達自己的感受。

四、由於前述原因三所造成的影響，受訪者表示自己快不快樂的程度，嚴重受到其他因素的影響，導致數據完全不具意義。人數持續成長的幸福/快樂學研究學者，若是聽到數據沒有意義的說法，一定會大受打擊。但是，有不少證據顯示，包括瑪麗安·伯川德（Marianne Bertrand）與森迪爾·穆蘭納珊（Sendhil Mullainathan）的研究，我們自我評估快樂的方法，仍有很大的改善空間。

沃菲斯與史蒂文森並未說明最有可能的解釋是什麼，但如果要我選的話，我賭三和四最有可能。

喔，對了！我問了一位女性朋友，她覺得答案會是什麼？結果她沮喪到無法回答。

你這輩子聽過最好的建議是什麼？

又到了畢業季。名人、政要，還有天知道是誰的人士，被邀請到台上，負責讓畢業生帶著勇氣、信心與信念迎向未來（以下省略數千字）……

有一位女性，我們就叫她S好了，因爲她身負祕密任務。S因爲兒子N即將高中畢業，正在幫他準備一本「忠告收藏冊」。她寫信給各行各業的人（包括我和李維特），問大家：「你這輩子聽過最好或最糟的建議是什麼？」S解釋：「我高中畢業的時候，我母親爲我做了這件事，所以我也想爲我的孩子延續這個傳統。這是我收過最值得珍藏的禮物。」

這麼感人的請求，怎麼有人能夠拒絕？我想告訴N的第一件事，就是他能有這樣的母親，實在是太幸運了！他的母親如此關心自己的孩子，居然花心思向陌生人徵求建議。

後頭是我想告訴N的話，大概不是很有趣，也算不上是什麼有深度的建議，但我想說的就是這些：

親愛的N：

在我十四歲左右，有人建議我一件事，那個人甚至不是在給我忠告，但我一輩子記著那幾句話。

那天，我搭乘一艘迷你汽艇，到一個小湖上釣魚。我們鎮上「唯一」的理髮師伯尼・達滋克維奇（Bernie Duszkiewicz）陪著我——好吧！老實說，我們鎮上其實有兩位理髮師，但你懂我的意思：我們那個鎮很小。我父親在我十歲時就過世了，鎮上有幾個大人很好心，會帶我出去玩。大家大多帶我去釣魚，但我其實不是很喜歡釣魚，不過我母親認爲我應該出去走走。當時，我太膽小、太聽話，所以不曾拒絕。

那天，我和理髮師開船到湖上，我想大概是要釣鱸魚吧！我們一直在換地點，據說都是抓魚的好地方，但是什麼都沒釣到。然後，下雨了，達滋克維奇先生就把船開到岸邊，下錨固定好，我們就在樹葉低垂的樹下躲雨，然後在那裡釣起魚來。天啊！我居然釣到了一條魚，那條魚大概不超過六英寸（約十五公分），可能是翻車魚，也可能是岩鈍鱸，反正是魚就對了。然後，我又釣到一隻，接著又一隻，但牠們都太小了，不能夠帶回家，但是能釣到魚實在是太棒了！

接著太陽再度露臉，達滋克維奇先生開始收錨。我是個極度害羞的孩子，所以鼓起很大的勇氣問：「我們要去哪？這裡很適合釣魚呀！」

達滋克維奇先生說：「喔，別繼續釣這種小東西，牠們不值得浪費時間。走吧！我們要去釣眞正的大魚。」

老實說，我當時有點受傷，因爲我釣到的可是眞正的魚，小歸小，總比什麼都釣不到的好玩。我們回到水比較深的地方，果然和先前一樣，運氣很差，什麼都沒釣到。

不過，我一直記著那個建議：就算我們會雙手空空地回家好了，我們出門是爲了釣大魚！就短期而言，這種做法可能不會帶來太多樂趣，但你應該著眼於長期，要想著大目標，想著那種需要失敗很多次才會成功的目標。那種目標可能值得你花功夫（當然，也可能不值得），這是一種機會成本的概念：如果你把所有時間都拿來釣小魚，就永遠都不會有時間，也不會有機會培養技巧或磨出耐性抓到大魚。

祝你的人生一帆風順。

杜伯納

我的釣魚故事說完了。奇怪的是，雖然我一直把那個建議銘記在心，但我依舊經常未能遵守。

然而，要是我連那個建議聽都沒聽過，未能時常想起那些話的話，我的人生肯定是比現在糟糕許多。

你想不出比這更厲害的讚美

昨天，我收到一位粉絲的來信：

我看完《蘋果橘子經濟學》了。我一定要說，你們實在太讓我震撼了！你們兩位思想家實在太傑出，老實說，你們讓我想到我自己。

謝辭

蘇珊・格魯克（Suzanne Gluck）是我們的守護神。蘇珊，我們太感謝妳的支持，尤其感謝妳的友誼。我們還要謝謝威廉・莫里斯奮進娛樂（William Morris Endeavor Entertainment, WME）的太多人，包括崔西・費雪（Tracy Fisher）、凱瑟琳・桑莫海斯（Cathryn Summerhayes）、亨利・萊區（Henry Reisch）、班・戴維斯（Ben Davis）、羅里・歐丁諾（Lori Odierno）、艾瑞克・佐恩（Eric Zohn）、戴夫・沃查佛特（Dave Wirtschafter）、布萊德利・辛格（Bradley Singer），還要感謝下列人士這些年來幫了我們各式各樣的忙：伊芙・亞特曼（Eve Attermann）、艾倫・馬龍（Erin Malone）、茱蒂斯・伯格（Judith Berger）、莎拉・賽格拉斯基（Sarah Ceglarski）、喬治亞・庫爾（Georgia Cool）、卡洛琳・多諾費利歐（Caroline Donofrio）、凱蒂・杜林（Kitty Dulin）、莎曼莎・法蘭克（Samantha Frank）、艾文・葛德弗萊德（Evan Goldfried）、麥克・霍金斯（Mac Hawkins）、克麗絲汀・普萊斯（Christine Price）、克麗歐・賽拉芬（Clio Seraphim）、米娜・夏格奇（Mina Shaghaghi）與麗茲・汀格（Liz Tingue）。

一如往常，我們要大力感謝威廉・莫羅/哈珀科林斯出版社（William Morrow/HarperCollins）傑出的團隊。他們爲了我們，以及其他眾多幸運的作者，費了許多功夫。和你們一起共度的四本「蘋果橘子」系列之旅，走來不易，又很美好！我們要特別感謝亨利・費利斯（Henry Ferris）、克萊爾・威曲特（Claire Wachtel）、黎艾特・史坦力克（Liate Stehlik）、麗莎・嘉勒赫（Lisa Gallagher）、麥可・

莫里森（Michael Morrison）、布萊恩・莫瑞（Brian Murray）、珍・費德曼（Jane Friedman）、林恩・葛萊迪（Lynn Grady）、塔維亞・寇瓦齊克（Tavia Kowalchuk）、安迪・達茲（Andy Dodds）、迪・迪・迪巴特羅（Dee Dee DeBartlo）、崔娜・漢（Trina Hunn），以及其他才華洋溢、爲了我們的書殫心竭慮的衆多人士。

我們極度幸運，我們在英國企鵝出版社（Penguin UK）的編輯是艾力克希斯・克許朋（Alexis Kirschbaum）與威爾・古德拉（Will Goodlad）。他們兩位是傑出的思考者，也是我們的好朋友。此外，也感謝史蒂芬・麥克葛蘭斯（Stefan McGrath）永遠支持我們。

感謝哈里・沃克演講公關公司（Harry Walker Agency）的傑出人士，定期讓我們踏上美好的旅程。感謝紐約市公共電台（WNYC）「蘋果橘子電台」（Freakonomics Radio）的工作人員，厲害的他們讓我們天南地北的漫談有條有理了起來。

此外，這些年來，至少有數十位員工爲了我們的部落格，非常努力地工作，我們眞的無以回報。感謝頑皮工作室（Being Wicked）的瑪麗・艾金斯（Mary K. Elkins）、蘿莉莎・薛波斯東（Lorissa Shepstone）與戈登・克萊曼斯（Gordon Clemmons）。感謝查德・特勞懷恩（Chad Troutwine）的團隊，他們不斷地更新我們在網路上的遊戲沙坑。

特別感謝《紐約時報》的蓋瑞・馬佐拉提（Gerry Marzorati）、大衛・席普利（David Shipley）、莎夏・寇倫（Sasha Koren）、傑若米・席勒（Jeremy Zilar）、傑森・克萊曼（Jason Kleinman）與布萊恩・恩斯特（Brian Ernst）。

我們的部落格網站這些年來，得到多位編輯的鼎力相助，除了貢獻多篇精彩的文章，他們還讓我們兩個人免於出錯。感謝瑞秋・弗希萊瑟（Rachel Fershleiser）、妮可・托德拉（Nicole Tourtelot）、梅麗莎・拉佛斯基（Melissa Lafsky）、安妮卡・曼基森（Annika Mengisen）、萊恩・哈根（Ryan Hagen）、德威爾・甘恩（Dwyer Gunn）、馬修・菲利浦斯（Mathew Philips）、亞瑟・基爾曼（Azure Gilman）、布雷・萊姆（Bourree Lam）與卡洛琳・英格利胥（Caroline English）。我們要特別感謝布雷與德威爾，他們兩位篩選了最初的八千多篇部落格文章。我們也要特別感謝萊恩，除了其他的諸多貢獻，他還整理了第十二章海盜那一篇的問答。

我們要感謝這些年來「蘋果橘子經濟學部落格」的來賓，他們參與問答活動與「合議庭」，有時還親自撰寫文章。我們要特別感謝定期出現的貴客，包括伊恩・艾瑞斯（Ian Ayres）、史帝夫機長、丹・漢默許（Dan Hamermesh）、迪恩・卡藍（Dean Karlan）、安德魯・羅（Andrew Lo）、山卓・馬哈亞（Sanjoy Mahajan）、麥克威廉姆斯、艾瑞克・莫里斯（Eric Morris）、納森・麥莫德（Nathan Myhrvold）、傑西卡・奈基（Jessica Nagy）、卡爾・勞斯提亞拉（Kal Raustiala）、賽斯・羅伯茲（Seth Roberts）、史蒂夫・瑟克斯頓、弗萊德・夏皮羅（Fred Shapiro）、克里斯・史皮格曼（Chris Sprigman）、凡卡德希與沃菲斯。特別感謝史帝夫機長、麥克威廉姆斯與凡卡德希，他們允許我們在本書刊出他們的文章。

「蘋果橘子經濟學部落格」有一個元素，而且毫無疑問是最棒的元素，但無法在本書中呈現出來，那就是讀者們的回應。謝謝大家提供聰明又精闢的見解，也感謝那些不滿我們的留言。謝謝各位提出問題與建言，也謝謝大家無窮無盡的好奇心與鼓勵。

感謝每一位讀者，是你們讓我們堅持了十年。

注釋

1　我們只是想幫忙

22〈關於恐怖主義，我想說的是……〉：「上次有這麼多人寫信罵我們，是大概在十年前我們探討墮胎與犯罪率之間的關聯時」，請見 *Freakonomics* and John J. Donohue III and Steven D. Levitt, "The Impact of Legalized Abortion on Crime," *The Quarterly Journal of Economics* 116, no.2 (May 2001)。／**23「根據經濟學家蓋瑞・貝克（Gary Becker）與尤納・魯賓斯坦（Yona Rubinstein）的研究」**，請見：Becker and Rubinstein, "Fear and the Response to Terrorism: An Economic Analysis," Centre for Economic Performance Discussion Paper 1079 (Sept. 2011)。／**24「我在芝加哥大學（University of Chicago）的同事羅伯特・佩普（Robert Pape）做過研究」**，可參見：Pape, *Dying to Win* (Random House, 2005)。

25〈逃漏稅大戰？〉：「記者大衛・凱・約翰斯頓（David Cay Johnston），報導過一系列……」，請見：Johnston, "I.R.S. Enlists Help in Collecting Delinquent Taxes," *The New York Times*, August 20, 2006。／**26「我和李維特曾在《紐約時報》的專欄上談過這件事」**，請見：Dubner and Levitt, "Filling in the Tax Gap," *The New York Times Magazine*, April 2, 2006。

28〈如果世上沒有公共圖書館，你願意蓋一棟嗎？〉，進一步的探討請見：Dubner, "What I Told the American Library Association," Freakonomics.com, May 5, 2014。

30〈何不取消大學的終身聘制度（包括我的）？〉，亦請見：“The Freakonomics of Tenure,” *The Chronicle of Higher Education*, March 23, 2007。

36〈恢復徵兵制爲何是個爛點子〉：「《時代》（*Time*）雜誌刊登了一篇很長的報導」，請見：Mark Thompson, “Restoring the Draft: No Panacea,” *Time*, July 21, 2007。

38〈給英國健保的蘋果橘子建議〉：「經濟學部落客諾亞・史密斯（Noah Smith）罵了我們一頓」，請見：Smith, “Market Priesthood,” Noahpinion.com, May 15, 2014。

41〈民主制度的另一種可能？〉：「但經濟學家和多數人不同，大多對投票沒啥興趣」，請見：Dubner and Levitt, “Why Vote?,” *The New York Times Magazine*, November 6, 2005；亦可參見：Dubner, “We the Sheeple,” Freakonomics Radio, October 25, 2012。／**42 懷爾提出的點子投票機制**，請見：Steven P. Lalley and E. Glen Weyl, “Quadratic Voting,” SSRN working paper, February 2015。／**43「兩位經濟學家，也探索過類似的點子」**，請見：Jacob K. Goeree and Jingjing Zhang, “Electoral Engineering: One Man, One Vote Bid,” working paper, August 27, 2012。

43〈如果付政治人物更高薪，會出現更好的政治人物嗎？〉：「克勞迪歐・費拉滋（Claudio Ferraz）與弗瑞德里可・費南（Frederico Finan）的研究報告」，請見：Ferraz and Finan, “Motivating Politicians: The Impacts of Monetary Incentives on Quality and Performance,” NBER working paper, April 2009。／**45「較爲近期的另一份研究發現」**，請見：Finan, Ernest Dal Bó, and Martin Rossi, “Strengthening State Capabilities: The Role of Financial Incentives in the Call to Public Service,” *The Quarterly Journal of Economics* 18, no. 3 (April 2013)。

2 恐怖「韋恩」與「巧手」先生

51 **〈叫「王子殿下・摩根」的人〉**：「汀克寄來《奧蘭多守望報》（*Orlando Sentinel*）的報導」，請見：Joe Williams, "What's in a Name? A Royal Heritage," *Orlando Sentinel*, August 18, 2006。／52 **「《聖地牙哥論壇報》（*San Diego Tribune*）有一則令人惋惜的幫派殺人報導」**，請見："Ex-Navy Marksman Gets 84-to-Life in Gang Shooting," *U-T San Diego*, May 25, 2006。

52 **〈來自天堂的名字〉**：「珍妮佛・老八・李（Jennifer 8. Lee）寄給我們《紐約時報》的報導」，請見：Lee, "And if It's a Boy, Will It Be Lleh?," *The New York Times*, May 18, 2006。／53 **「第七十受歡迎的女嬰名字」**：美國新生兒的命名趨勢，可參考社會安全局（Social Security Administration）的網站：http://www.ssa.gov/oact/babynames/。

54 **〈難以預測的寶寶命名〉**，請見："Hurricane Dealt Blow to Popularity of Katrina as Baby Name," *The New York Times* (Associated Press article), May 13, 2007；此外，如前一條注釋，新生兒的命名趨勢，可參考社會安全局的網站：http://www.ssa.gov/oact/babynames/。

56 **〈「職業名字」大賽的優勝者是……〉**：「一個名叫『巧手』的自慰者」，請見：*State of Idaho v. Dale D. Limberhand*, No.17656, Court of Appeals of Idaho, March 14, 1990。

3 高油價萬歲！

62 **〈如果毒販向沃爾格林藥局學兩招，那就發財了！〉**：「休士頓的電視台報導了……」，請見：

Eileen Faxas, "Up Close: Cost of Generic Drugs Varies Widely," KHOU-TV.com, December 13, 2003。／**64**「**大量的比價資料**」，請見："Generic Prescription Drug Price Comparison Chart," WXYZ-TV.com。／**64**「**《消費者報導》**」，請見："Generic Drugs: Shop Around for the Best Deals," ConsumerReports.org。／**64**「**加州參議員黛安．范士丹（Dianne Feinstein）……提出研究報告**」，請見："Senator Feinstein Urges Californians to Be Aware That Generic Drug Prices Vary Greatly From Pharmacy to Pharmacy," May 8, 2006。／**64**「**《華爾街日報》（*The Wall Street Journal*）詳盡的連鎖店價差報導**」：Sarah Rubenstein, "Why Generic Doesn't Always Mean Cheap," *The Wall Street Journal*, March 13, 2007。

68 〈**兩千五百萬美元免談，……**〉：「寫過文章，探討靠懸賞鼓勵人們解決問題有什麼好處，例如找出疾病的治療方法……」，請見：Levitt, "Fight Global Pandemics (or at Least Find a Good Excuse When You're Playing Hooky)," Freakonomics.com, May 18, 2007；**69**「**或是改善 Netflix 影音服務公司的運算法**」，請見：Levitt, "Netflix $ Million Prize," Freakonomics.com, October 6, 2006。／**69**「**ABC 新聞（ABC News）報導**」，請見：Matthew Cole, "U.S. Will Not Pay $25 Million Osama Bin Laden Reward, Officials Say," ABCNews.com, May 19, 2011。

71 〈**我們可以停用一美分硬幣嗎？**〉：「最近，我上了《六十分鐘》節目的「美分常識」（"Making Cents"）單元」，請見：Morley Safer, "Should We Make Cents?," *60 Minutes*, February 10, 2008.

82 「**來自西貝利的犀利回應**」：「大家還記得嗎？上回李維特宣布……」，請見：Levitt, "The Two Smartest Musicians I Ever Met," Freakonomics.com, April 5, 2006；以及 Levitt, "From Now on I Will Leave the Reporting to Dubner," Freakonomics.com, April 9, 2006。

83〈**運動員願意繳多少稅？**〉：「帕奎奧可能永遠不會再到紐約出賽」，請見：“Manny Pacquiao Won't Ever Fight in New York Due to State Tax Rates,” *The Wall Street Journal*, August 7, 2013。／**84**「**帕奎奧可能再也不會到美國任何地方出賽**」，請見：Lance Pugmire, “Promoter: Manny Pacquiao May Never Again Fight in the U.S.,” *The Los Angeles Times*, May 31, 2013。／**85**「**菲爾．米克森**（**Phil Mickelson**）……『**不得不做出一些非常重大的改變**』」，請見：“Golfer Phil Mickelson Plans ‘Drastic Changes’ Over Taxes,” CBSNews.com, January 21, 2013。／**85**「**《富比士》雜誌的科爾特．巴登豪森**（**Kurt Badenhausen**）**寫了……探討米克森必須繳給英國的稅**」，請見：Badenhausen, “Phil Mickelson Wins Historic British Open and Incurs 61% Tax Rate,” Forbes.com, July 22, 2013。／**86**「**米克．傑格**（**Mick Jagger**）**……逃離英國**」，請見：Larry King interview with Jagger on *Larry King Live*, CNN, May 18, 2010。

99〈**高油價萬歲！**〉：本文的歷史油價取自美國能源資訊部（U.S. Energy Information Administration）；亦請見ＡＡＡ網站：fuelgaugereport.com。／**101**「**我有一篇文章很榮幸獲選刊登在……**」，請見：Aaron S. Edlin and Pinar Karaca Mandic, “The Accident Externality From Driving,” *The Journal of Political Economy* 114.5 (2006)。／**101**「**美國國家科學院**（**National Academy of Sciences**）**的報告指出**」，請見：*Tires and Passenger Vehicle Fuel Economy: Informing Consumers, Improving Performance*, The National Academies Press, Special Report 286 (2006)。／**102**高油價帶來更多摩托車傷亡，請見：He Zhu, Fernando A. Wilson, and Jim P. Stimpson, “The Relationship Between Gasoline Price and Patterns of Motorcycle Fatalities and Injuries,” *Injury Prevention* (2014)。

4 蘋果橘子創意大賽

108 **〈幫美國想一句箴言？〉**：「英國辦了一場眾人興趣缺缺的『國家箴言』徵文活動」，請見：Sarah Lyall, "Britain Seeks Its Essence, and Finds Punch Lines," *The New York Times*, January 26, 2008。／108 **「討論六字箴言的新書」**，請見：Rachel Fershleiser and Larry Smith (eds.), *Not Quite What I Was Planning: Six-Word Memoirs by Writers Famous and Obscure* (HarperCollins, 2008)。附帶一提，這本書的作者瑞秋·弗希萊瑟（Rachel Fershleiser）是「蘋果橘子經濟學部落格」的第一位編輯。

5 杞人憂天

112 **〈馬兒乖乖〉**：「『美國疾病控制與預防中心』一九九〇年的報告」，請見："Current Trends Injuries Associated with Horseback Riding—United States, 1987 and 1988," Centers for Disease Control。／113 **「因爲騎馬而受傷的人，通常受到酒精影響」**，請見："Alcohol Use and Horseback-Riding-Associated Fatalities—North Carolina, 1979-1989," Centers for Diease Control。

114 **〈美國運輸部部長對我的安全座椅研究的回應〉**：「在官方部落格上，指出……」，請見：Ray LaHood, "Current Data Makes It Clear: Child Safety Seats and Booster Seats Save Lives, Prevent Injury," Fast Lane (U.S. Dept. of Transportation blog), October 22, 2009。／114 **「我的兒童安全座椅研究」**，請見：Levitt and Dubner, *SuperFreakonomics* (William Morrow, 2009)；亦請見：Dubner and Levitt, "The Seat-Belt Solution," *The New York Times Magazine*, July 10, 2005。／114 **「先前，我告訴現任美國教育部部長鄧肯，我做**

了教師作弊的研究」，請見：Levitt and Dubner, *Freakonomics* (William Morrow, 2005)。

119 〈「石油頂峰」：媒體新版的鯊魚攻擊事件〉：「最近登上……的封面故事」，請見：Peter Maass, “The Breaking Point,” *The New York Times Magazine*, August 21, 2005。

124 〈關於「石油頂峰論」的發展，我也想參一咖打賭〉：「約翰．提爾尼（John Tierney）寫了一篇……專欄」，請見：Tierney, “The $10,000 Question,” *The New York Times*, August 23, 2005。／126「遺憾的是，西蒙斯先生已於……過世」，請見：Tierney, “Economic Optimism? Yes, I'll Take That Bet,” *The New York Times*, December 27, 2010。

126 〈肥胖要人命？〉：「……亨利．薩弗（Henry Saffer）寫過一篇有趣的論文」，請見：Shin-Yi Chou, Michael Grossman, and Henry Saffer, “An Economic Analysis of Adult Obesity: Results from the Behavioral Risk Factor Surveillance System,” NBER working paper No.9247, October 2002。／127「提出論文，懷疑抽菸情形減少，是否眞的會造成體重上升」，請見：Jonathan Gruber and Michael Frakes, “Does Falling Smoking Lead to Rising Obesity?,” NBER working paper No.11483, July 2005。／127「對肥胖的恐懼，可能和肥胖本身是一樣大的問題」，請見：J. Eric Oliver, *Fat Politics: The Real Story Behind America's Obesity Epidemic* (Oxford University Press, 2006)。／128「觀光船公司用的是舊制標準」：Al Baker and Matthew L. Wald, “Weight Rules for Passengers Called Obsolete in Capsizing,” *The New York Times*, July 1, 2006。

129 〈康納曼親自回答大家的問題〉：請見 Kahneman, *Thinking, Fast and Slow* (Farrar, Straus and Giroux, 2011)。

136 〈美國不該打擊網路撲克的四個原因〉：「美國政府最近下令關閉……」，請見：Matt Richtel, “U.S.

Cracks Down on Online Gambling," *The New York Times*, April 15, 2011。／**138「我最近……合著了一篇研究」**：Levitt and Thomas J. Miles, "The Role of Skill Versus Luck in Poker," NBER working paper No.17023, May 2011。

139 **〈害怕陌生人的代價〉**：「發言人告訴《華盛頓郵報》」，請見：Amy Gardner, "9 Muslim Passengers Removed From Jet," *The Washington Post*, January 2, 2009。／**141「那麼孩童綁架案呢？……《史雷特》（*Slate*）雜誌二〇〇七年的一篇文章指出」**：Christopher Beam, "800,000 Missing Kids? Really?," Slate.com, January 17, 2007。

6 如果你不作弊，代表你不夠盡力

142 **〈「灌」出來的性感〉**：「把錢投進『誠實箱』的辦公室員工……」，請見：Levitt and Dubner, *Freakonomics* (William Morrow, 2005)。／**143「法哈德．曼朱（Farhad Manjoo）提到，……比賽」**：Manjoo, "How Bots Rigged D.C.'s 'Hot' Reporter Contest," Salon.com, August 22, 2007。／**144「我們兩個作者曾被指控灌票」**，請見：Melissa Lafsky, "*Freakonomics v. Lolita*: Can You Tell the Difference?," Freakonomics.com, June 18, 2007。

144 **〈你爲什麼要說謊？……〉**：「賽薩．馬汀內里（César Martinelli）與蘇珊．帕克（Susan W. Parker）的新論文」，請見：Martinelli and Parker, "Deception and Misreporting in a Social Program," Centro de Investigacion Economica discussion paper 06-02, June 2006。／**147「曾撰文探討過醫院缺乏手部清潔的問題」**，請見：Dubner and Levitt, "Selling Soap," *The New York Times Magazine*, September 24, 2006。／**147「網路**

約會最常出現的謊言，以及選舉民調有多麼不可靠」，請見：Levitt and Dubner, *Freakonomics* (William Morrow, 2005)。

147 **〈如何在孟買搭火車逃票？〉**：「部落客甘尼許・考卡尼（Ganesh Kulkarni）」，請見：Kulkarni, "What a Business Model!," ganeshayan.blogspot.com, March 21, 2007。

158 **〈想抓職棒禁藥，可以這麼做〉**：「亞龍・詹寧斯基（Aaron Zelinsky）……反類固醇策略」，請見：Aaron Zelinsky, "Put More Muscle in Baseball Drug Tests," *The Hartford Courant*, December 18, 2007。

159 **〈如何假裝沒作弊〉**：「幾天內就被發現」，請見：adanthar, "Beat: Absolute is *actually* rigged (serious) (read me)," September 15, 2007, twoplustwo.com。

161 **〈「絕對撲克」爆發作弊醜聞〉**：「《華盛頓郵報》也有詳細的追蹤報導」，請見：Gilbert M. Gaul, "Cheating Scandals Raise New Questions About Honesty, Security of Internet Gambling," *The Washington Post*, November 30, 2008。／163「最新情形」，請見：Gaul, "Timeline: Catching the Cheaters," *The Washington Post*。

163 **〈逃漏稅是不對的？也或者，乖乖繳稅的人是笨蛋？〉**：「我和李維特寫過一篇討論逃漏稅的專欄文章」，請見：Dubner and Levitt, "Filling in the Tax Gap," *The New York Times Magazine*, April 2, 2006。／165「簡易報稅法」，請見：Austan Goolsbee, "The Simple Return: Reducing America's Tax Burden Through ReturnFree Filing," The Hamilton Project discussion paper 2006-04, July 2006.

165 **〈華盛頓特區「最好」的學校在作弊嗎？〉**：「《今日美國報》（*USA Today*）進行的調查」，請見：Jack Gillum and Marisol Bello, "When Standardized Test Scores Soared in D.C., Were the Gains Real?," *USA Today*, March 30, 2011。／165「**卡雅・亨德森（Kaya Henderson），下令要求檢討此事**」，請見：Gillum, Bel-

lo, and Scott Elliott, "D.C. to Dig Deeper on Test Score Irregularities," *USA Today*, March 30, 2011。／166 **「我和布萊恩．雅各（Brian Jacob）曾調查芝加哥學校的教師作弊事件」**，請見：Levitt and Dubner, *Freakonomics* (William Morrow, 2005)；亦請見：Brian A. Jacob and Levitt, "Rotten Apples: An Investigation of the Prevalence and Predictors of Teacher Cheating," *The Quarterly Journal of Economics* (August 2003)。

7 對地球來說，這樣真的比較好嗎？

170 **〈《瀕臨滅絕物種保護法》反而有害？〉**：「李斯特正在和……合寫一篇新論文」，請見：John A. List, Michael Margolis, and Daniel E. Osgood, "Is the Endangered Species Act Endangering Species?," NBER working paper No.12777, December 2006。／171 **「山姆．佩茲曼（Sam Peltzman）也觀察到，在一千三百種被列入瀕臨絕種保育名單的物種中，只有三十九種後來不再瀕臨絕種」**，請見：Sam Peltzman, "Regulation and the Natural Progress of Opulence," American Enterprise Institute monograph, May 23, 2005。

171 **〈想幫助環保？那就開車吧！〉**：「透過堤爾尼的《紐約時報》部落格」，請見：John Tierney, "How Virtuous Is Ed Begley Jr.?," *The New York Times* (TierneyLab), February 25, 2008。／172 **「古德並不是右派的瘋子」**，請見：Chris Goodall, *How to Live a LowCarbon Life* (Earthscan, 2007)。

173 **〈自己動手做／種，真的比較好嗎？〉**：「我和李維特先前討論過」，請見：Dubner and Levitt, "Laid-Back Labor," *The New York Times Magazine*, May 6, 2007。／176 **「想一想『食物里程』（"food miles"）的主張，以及……發表的文章」**，請見：Christopher L. Weber and H. Scott Matthews, "Food-Miles and the Relative Climate Impacts of Food Choices in the United States," *Environmental Science & Technology* 42, no.10

(April 2008)。

177 **〈環保幫你賺大錢〉**：「美聯社……一篇瑪麗・麥克費森・連恩（Mary MacPherson Lane）的報導」，請見：Mary MacPherson Lane, "Brothel Cuts Rates for 'Green' Customers," Associated Press, October 17, 2009。

180 **〈盡量減少食品包裝比較好？〉**：「馬鈴薯和葡萄也是類似數字」，請見："Food Packaging and Climate Change," carboncommentary.com, October 29, 2007。／182 **「研究估計，美國消費者大約扔掉自己購買的一半食品」**，請見：J. Lundqvist, C. de Fraiture, and D. Molden, "Saving Water: From Field to Fork—Curbing Losses and Wastage in the Food Chain," SIWI policy brief (2008)。

183 **〈吃肉比煤炭或天然氣管線影響環境更大〉**：「他和 350.org 並未積極推廣大家吃純素」：350.org 於二〇一五年二月再度被問到事情是否依舊如此時，發言人表示：「不，我們並未積極推廣大家吃純素。不過，我們也並未積極要大家少開車、多做回收、少用紙，或是其他許許多多打擊氣候變遷的重要方法。350.org 的宗旨並非改變個人的生活風格，因爲已經有許多重要的團體在做這件事，我們的工作是組織打擊氣候變遷問題的社會運動。」／184 **「世界保育基金會（World Preservation Foundation）近日的報告證實」**，請見："Reducing Shorter-Lived Climate Forcers Through Dietary Change," World Preservation Foundation。／185 **「麥吉本最近幫《獵戶座》（*Orion*）雜誌寫的一篇文章」**，請見：Bill McKibben, "The Only Way to Have a Cow," *Orion*, April 2010。

188 **〈寶貝，你開的是 Prius 嗎？〉**：「艾莉森與史蒂夫・瑟克斯頓（Alison and Steve Sexton）的論文」，請見："Conspicuous Conservation: The Prius Effect and Willingness to Pay for Environmental Bona Fides," working paper, June 30, 2011。／189 **「史蒂夫解釋」**，請見：Stephen J. Dubner, "Hey Baby, Is That a Prius You're

Driving?," Freakonomics Radio, July 7, 2011。

8 驚爆二十一點

192〈拉斯維加斯眞的太棒了!〉:「爲了寫《紐約時報》的超級盃賭博專欄」,請見:Dubner and Levitt, "Dissecting the Line," *The New York Times Magazine*, February 5, 2006。

195〈就差那麼一張牌,……〉:「布蘭登·亞當斯(Brandon Adams)……優秀作家」,請見:Adams, *Broke: A Poker Novel* (iUniverse, 2006)。

201〈我能打進冠軍巡迴賽的機率是多少?〉:「我的朋友安德斯·艾瑞克森(Anders Ericsson)提出了一個熱門的神奇數字……需要一萬個小時的練習」,請見:Dubner and Levitt, "A Star is Made," *The New York Times Magazine*, May 7, 2006;K. Anders Ericsson, Neil Charness, Paul J. Feltovich, and Robert R. Hoffman, *The Cambridge Handbook of Expertise and Expert Performance*, Cambridge University Press, 2006。

209〈NFL的損失規避〉:「大概每個人都會,不論是當沖客或捲尾猴都一樣」,請見:Dubner and Levitt, "Monkey Business," *The New York Times Magazine*, June 5, 2005。

211〈畢利契克眞的是好教練!〉:「球隊太常採取『棄踢』(punt)策略了」,請見:David Romer, "Do Firms Maximize? Evidence from Professional Football," *Journal of Political Economy* 118, no.2 (2006)。/**212「我在研究足球的時候,也發現罰球也有這種現象」**,請見:Pierre-André Chiappori, Steven D. Levitt, and Timothy Groseclose, "Testing Mixed-Strategy Equilibria When Players Are Heterogeneous: The Case of Penalty Kicks in Soccer," *The American Economic Review* 92, no.4 (September 2002)。

212 **〈主場優勢有多大？為什麼？〉**：請見 Tobias Moskowitz and L. Jon Wertheim, *Scorecasting: The Hidden Influences Behind How Sports Are Played and Games Are Won* (Crown Archetype, 2011)。／**213** **「李維特研究過主場居於劣勢的隊伍」**，請見：Levitt, "Why Are Gambling Markets Organised So Differently From Financial Markets?," *The Economic Journal* 114 (April, 2004)。／**213** **「後來，我們兩個在《紐約時報》上，又進一步探討這個主題」**，請見：Dubner and Levitt, "Dissecting the Line," *The New York Times Magazine*, February 5, 2006。／**214** **「探討德國甲級足球聯賽（Bundesliga）主場優勢現象的研究論文」**，請見：Thomas J. Dohmen, "In Support of the Supporters? Do Social Forces Shape Decisions of the Impartial?," IZA discussion paper No.755, April 2003。

215 **〈我愛匹茲堡鋼人隊的十個理由〉**：「聲音聽起來就像沙礫和意第緒語（Yiddish）被放進果汁機裡一起打」，請見：Myron Cope, *Double Yoi!* (Sports Publishing, 2002)。／**218** **「佛朗哥．哈里斯（Franco Harris）……甚至有人寫書探討他的獨特魅力（就是在下）」**，請見：Stephen J. Dubner, *Confessions of a Hero-Worshiper* (William Morrow, 2003)。／**220** **「很少有講美式足球的好書」**，請見：Roy Blount Jr., *About Three Bricks Shy of a Load* (Little, Brown and Company, 1974)。

9 何時搶銀行最好？

226 **〈搶銀行的最佳時機〉**：「我想起最近我去愛荷華州聽到的一個故事」，請見："Burnice Comes Home," *Time*, July 8, 1966。／**228** **「根據ＦＢＩ提供的數據」**：請見ＦＢＩ的「全國犯罪案件通報系統」（National Incident-Based Reporting System, ＮＩＢＲＳ）。／**228** **「英國銀行協會（British Bankers'**

Association）的搶匪資料」，請見：Barry Reilly, Neil Rickman, and Robert Witt, "Robbing Banks: Crime Does Pay—But Not Very Much," *Significance* (The Royal Statistical Society, June 2012)。

230 **〈別提醒罪犯他們是罪犯〉**：「我和……進行研究時，也無法重現這種結果」，請見：Roland G. Fryer, Steven D. Levitt, and John A. List, "Exploring the Impact of Financial Incentives on Stereotype Threat: Evidence From a Pilot Study," *American Economic Review: Papers & Proceedings* 98, no.2 (2008)。／231 **「最近提出一份有趣的新研究」**，請見：Alain Cohn, Michel André Maréchal, and Thomas Noll "Bad Boys: The Effect of Criminal Identity on Dishonesty," University of Zurich working paper No.132 (October 2013)。

239 **〈煮飯別把飯燒焦了！〉**：「一九九九年至二〇〇四年間，十三個非洲國家的意見調查顯示」，請見：The Demographic and Health Surveys Program, U.S. Agency for International Development。

241 **〈美式足球員布瑞斯持槍入獄是特例嗎？〉**：「幾年前，我幫《紐約時報雜誌》寫過一篇文章」，請見：Dubner, "Life Is a Contact Sport," *The New York Times Magazine*, August 18, 2002。／243 **「依照ESPN的報導來看」**，請見：Arty Berko, Steve Delsohn, and Lindsay Rovegno, "Athletes and Guns," *Outside the Lines* and ESPN.com, December 15, 2006。

247 **〈減少槍殺案的最好辦法？〉**：「我和庫克……一起執行過一項研究計劃」，請見：Philip J. Cook, Jens Ludwig, Sudhir Venkatesh, and Anthony A. Braga, "Underground Gun Markets," *The Economic Journal* 117, no.524 (November 2007)。

255 **〈我們被邀請擔任警探影集的顧問！〉**：「娛樂新聞網 Deadline.com 刊出消息」，請見：Nellie Andreeva, "NBC Buys 'Freakonomics'-Inspired Drama Procedural Produced by Kelsey Grammer, Deadline.com, August

7, 2012。

10 多討論一點性好嗎？我們可是經濟學家

257 **〈最新消息：足球迷沒有想像中的急於上床〉**：有關世界盃的妓院「人潮一直沒有出現」，可參見：Mark Landler, "World Cup Brings Little Pleasure to German Brothels," *The New York Times*, July 3, 2006。

258 **〈一個小小的提議：或許我們該抽性交稅？〉**：「伯納德・格萊斯頓（Bernard Gladstone），亦曾替羅德島州提出類似法案」，請見："The Nation: Sex Tax," *Time*, January 25, 1971。／260 **「可能成爲罕見的人民過度繳納之稅項」**，請見："Sex Tax: 'Broad-Based,'" *The Tech* (MIT newspaper), January 13, 1971。

260 **〈多討論一點性好嗎？我們可是經濟學家〉**：「女性遇到壓力時會喘不過氣」，請見：Steven E. Landsburg, "Women Are Chokers," Slate.com, February 9, 2007。／260 **「小氣其實是一種大方」**，請見：Landsburg, "What I Like About Scrooge," Slate.com, December 20, 2006。／260 **「他的作品包括……」**，可參見：Landsburg, *The Armchair Economist* (Free Press, 1993)；Landsburg, *Fair Play* (Free Press, 1997)；Landsburg, *More Sex Is Safer Sex* (Free Press, 2007)。

262 **〈我是高級應召女郎，大家想問什麼都可以〉**：關於愛莉的職業的完整探討，請見：Levitt and Dubner, *SuperFreakonomics* (William Morrow, 2009)。此外，愛莉也上過杜伯納的節目：Dubner, "The Upside of Quitting," Freakonomics Radio, September 30, 2011。

269 **〈蘋果橘子經濟學電台讓世界不同！〉**：「法律允許駕駛撞行人那一集」，請見：Dubner, "The Most Dangerous Machine," Freakonomics Radio, May 1, 2014。／269 **「『用實證對抗貧窮』那一集」**，請見：

Dubner, "Fighting Poverty With Actual Evidence," Freakonomics Radio, November 27, 2013。／**269「在美國買酪梨其實是在資助墨西哥的犯罪集團那一集」**，請見：Dubner, "What Came First, the Chicken or the Avocado?," Freakonomics Radio, April 24, 2014。／**269「網路約會面面觀」**，請見：Dubner, "What You Don't Know About Online Dating," Freakonomics Radio, February 6, 2014；這集節目介紹史丹佛經濟學家保羅・歐耶爾（Paul Oyer）的研究，歐耶爾是《交友網站學到的十堂經濟學》（*Everything I Ever Needed to Know About Economics I Learned from Online Dating*）的作者（Harvard Business Review Press, 2014）。

11 水果牌萬花筒

282〈如果你喜歡惡作劇……〉：「你得承認，下列這個惡作劇很妙」，請見：Sarah Lyall, "In Literary London, the Strange Case of the Steamy Letter," *The New York Times*, August 31, 2006。

283〈從A到A+……到低於平均〉：請見：Jim Collins, *Good to Great: Why Some Companies Make the Leap... and Others Don't* (HarperCollins, 2001)。／**284「湯姆・畢德士（Thomas Peters）與羅勃・華特曼（Robert Waterman）的經典著作」**，請見：Thomas J. Peters and Robert H. Waterman, Jr., *In Search of Excellence: Lessons from America's Best-Run Companies* (Harper & Row, 1982; HarperBusiness Essentials, 2004)。

287〈爲什麼我喜歡寫經濟學家的事？〉：「例如我母親深藏許久的信仰故事」，請見：Dubner, *Turbulent Souls: A Catholic Son's Return to His Jewish Family* (William Morrow, 1998)；republished as *Choosing My Religion: A Memoir of a Family Beyond Belief* (HarperPerennial, 2006)。／**287「我也訪問過『大學炸彈客』泰德・卡辛斯基（Ted Kaczynski）」**，請見：Dubner, "I Don't Want to Live Long. I Would Rather Get the Death Penalty Than Spend the Rest of My Life in Prison," *Time*, October 18, 1999。／287**「NFL新秀」**，請見：Dubner, "Life Is a Contact Sport," *The New York Times Magazine*, August 18, 2002。／287**「只偷紋銀的飛賊」**，請見：Dubner, "The Silver Thief," *The New Yorker*, May 17, 2004。／287**「例如我寫了經濟學家佛萊爾的事之後」**，請見：Dubner, "Toward a Unified Theory of Black America," *The New York Times Magazine*, March 20, 2005。

12 一日蘋果橘子，終身蘋果橘子……

311 **〈海盜經濟學的第一堂課〉**：問答整理者海根是「蘋果橘子經濟學部落格」的研究助理，對「蘋果橘子」的部落格與系列書籍，以及其他許多事情，貢獻良多；他目前正在哥倫比亞大學（Columbia University）念社會學博士。／311**「快桅阿拉巴馬號（*Maersk Alabama*）的船員……回家」**，請見：Matt Zapotosky, "Amid Breakfast of Champions, Pirated Ship's Crew Shares a Story of Turnabout," *The Washington Post*, April 17, 2009。／311**「基於美國與索馬利亞海盜聯盟之間日益緊張的關係」**，請見：Reuters, "Pirates Attack U.S. Ship Off Somalia," *The New York Times*, April 14, 2009。／312**「看不見的鉤子」**，請見：Peter T. Leeson, *The Invisible Hook: The Hidden Economics of Pirates* (Princeton, 2009)。

316 **〈看得見的手〉**：「所做的最新研究顯示」，請見：Jennifer L. Doleac and Luke C.D. Stein, "The Visible Hand: Race and Online Market Outcomes," SSRN working paper, May 1, 2010。

321 **〈你的無私有多無私？〉**：「最近發表了一篇論文」，請見：Philip H. Brown and Jessica H. Minty, "Media Coverage and Charitable Giving After the 2004 Tsunami," William Davidson Institute working paper No.855, Decem-

ber 2006。／324「不同災難收到的援助，原本就分配得很不平均」，可參見：“Tsunami Aid ‘Went to the Richest,” BBC.com, June 25, 2005。／325「請先讓自己變成有魅力的金髮女郎」，請見：Craig E. Landry, Andreas Lange, John A. List, Michael K. Price, and Nicholas G. Rupp, “Toward an Understanding of the Economics of Charity: Evidence from a Field Experiment,” *Quarterly Journal of Economics* 121, no.2 (May 2006)。

334〈賄賂孩子要他們考試考好一點〉：「最近正在把研究結果寫成初步報告」，請見：Steven D. Levitt, John A. List, Susanne Neckermann, and Sally Sadoff, “The Impact of Short-Term Incentives on Student Performance,” University of Chicago working paper, September 2011。

337〈蝦子經濟學〉：「某篇學術文章說，蝦子的實質價格……下跌了五成左右」，請見：U. Rashid Sumaila, A. Dale Marsden, Reg Watson, and Daniel Pauly, “A Global Ex-Vessel Fish Price Database: Construction and Applications,” *Journal of Bioeconomics* 9, no.1 (April, 2007)。／340「《史雷特》雜誌有一篇文章曾經提到」，請見：Brendan Koerner, “The Shrimp Factor,” Slate.com, January 13, 2006。

340〈現代女性，妳為什麼這麼不快樂？〉：「上週他們先是登上《紐約時報》的專欄」，請見：Betsey Stevenson and Justin Wolfers, “Divorced From Reality,” *The New York Times*, September 29, 2007。／341「沃菲斯與史蒂文森還發表了必定引起諸多爭議的新研究」，請見：Stevenson and Wolfers, “The Paradox of Declining Female Happiness,” IZA discussion paper No.42347 (2009)。／342「但是，有不少證據顯示……我們自我評估快樂的方法，仍有很大的改善空間」，請見：Marianne Bertrand and Sendhil Mullainathan, “Do People Mean What They Say? Implications for Subjective Survey Data,” MIT Economics working paper No.01-04 (January 2001)。

國家圖書館出版品預行編目(CIP)資料

蘋果橘子創意百科：何時搶銀行等131個驚人良心建議 / 李維特（Steven D. Levitt）, 杜伯納（Stephen J. Dubner）作；許恬寧譯.
-- 初版. -- 臺北市 : 大塊文化, 2015.10
368 面；14.8x21 公分. -- (from ; 112)
譯自 : When to rob a bank :... and 131 more warped suggestions and well-intended rants
ISBN 978-986-213-631-7(平裝)

1.經濟學

550　　104017388

LOCUS

LOCUS

LOCUS

LOCUS